Daniela Schmidt-Kohl **@klickerkram**

TÖPFER DICH *glücklich*

Einzigartige Dekoration modellieren

CV

Vorwort

Das Selbermachen und ich, wir haben eine Art Freundschaft fürs Leben geschlossen. Seit ich denken kann, beschäftige ich mich mit unterschiedlichsten kreativen Materialien und Techniken. Ein steter Begleiter waren dabei schon immer Modelliermassen aller Art.

Etwas mit den eigenen Händen zu erschaffen ist ein »Glücklichmacher« und Modelliermasse ist der perfekte Werkstoff dafür. Aus ihr lassen sich tolle Dekoartikel, Accessoires und kleine Geschenke herstellen, die mit ein paar Tricks und Kniffen (fast) wie echte Keramik aussehen – ganz ohne Brennofen!

In diesem Buch zeige ich dir Modelliermasseprojekte für das ganze Jahr. Ob frühlingshafte Geschenkanhänger, eine sommerliche Wanddekoration, eine herbstliche Schale oder ein winterlicher Kerzenhalter, für jeden Geschmack ist etwas dabei.

Ich erkläre dir außerdem, welche Eigenschaften des Grundmaterials du dir zunutze machen kannst, worauf du beim Basteln achten solltest und wie du mit verschiedenen Techniken ganz unterschiedliche Oberflächen gestalten kannst.

Von schnell umsetzbaren, kleineren Projekten bis hin zu größeren Dekoartikeln – Schritt für Schritt zeige ich dir den Weg zum fertigen Lieblingsteil!

Noch mehr kreative Ideen zu ganz unterschiedlichen Materialien findest du auf meinem Instagram-Account @klickerkram.

Und jetzt wünsche ich dir viel Freude beim Stöbern, Werkeln und Dekorieren,

deine

Daniela

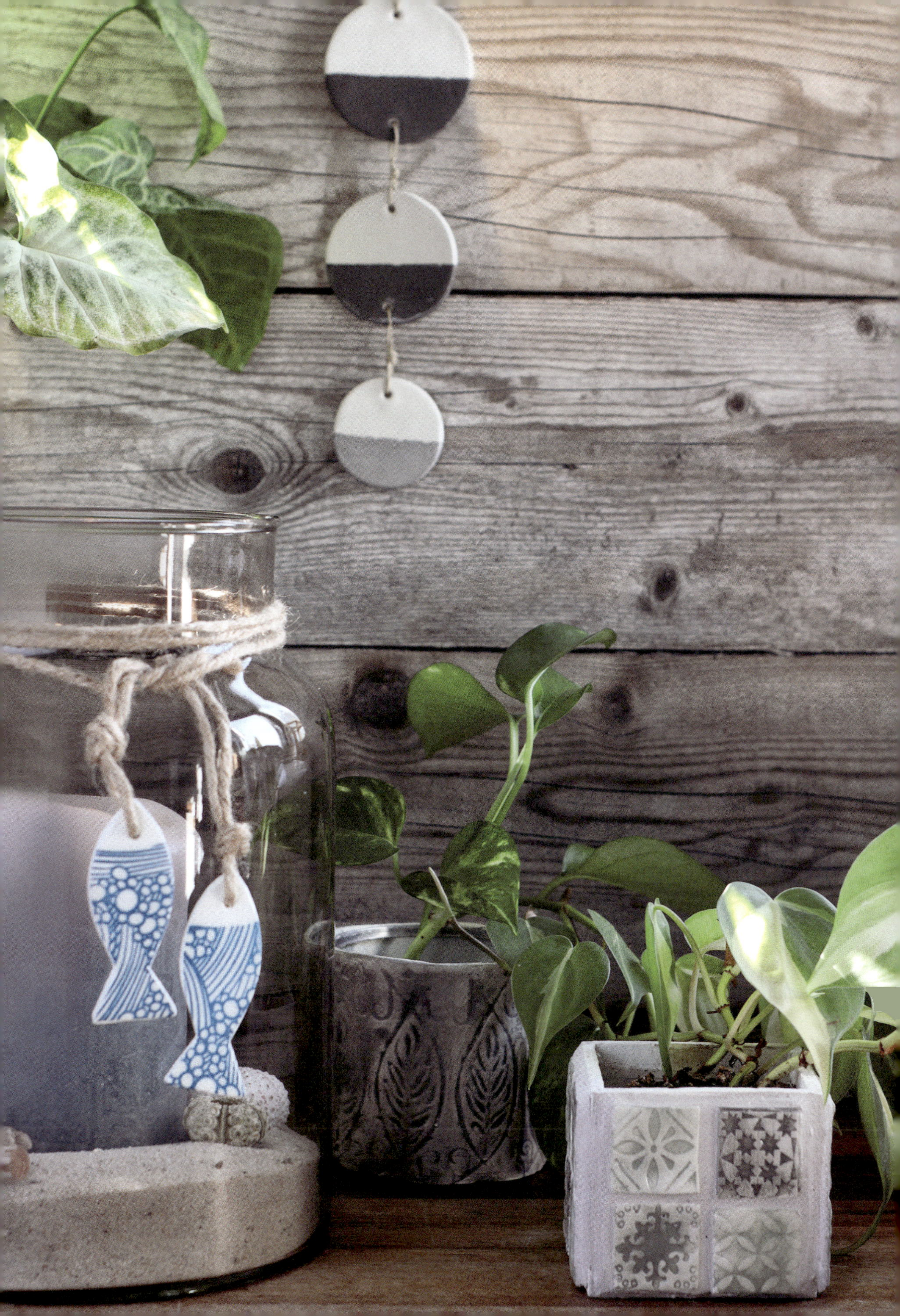

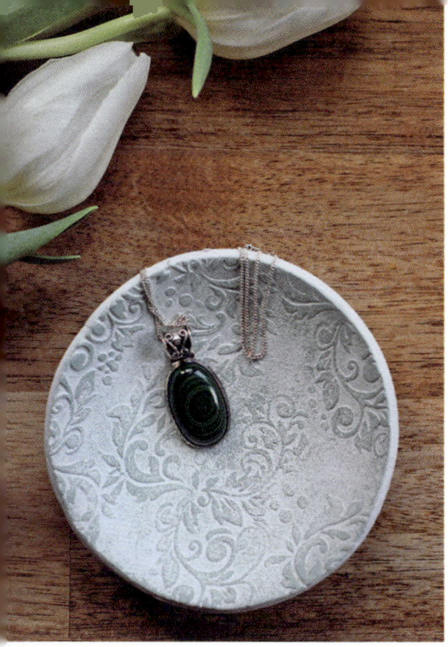
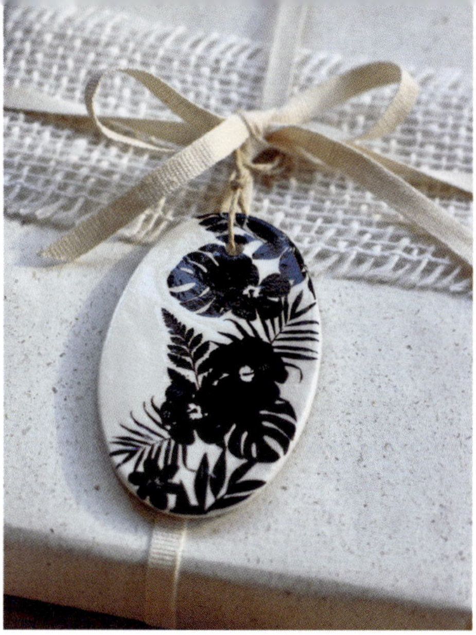
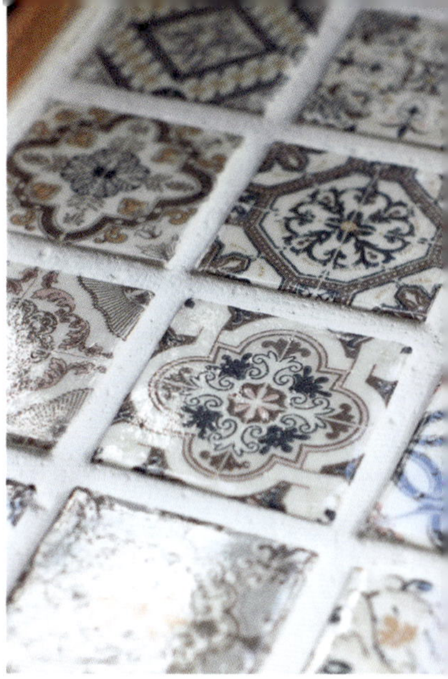

Inhalt

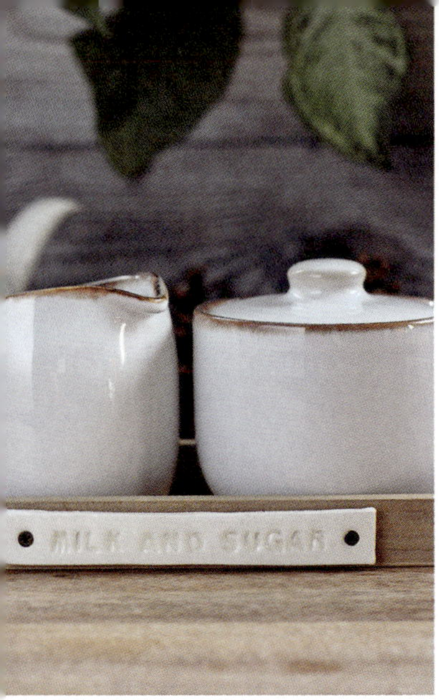

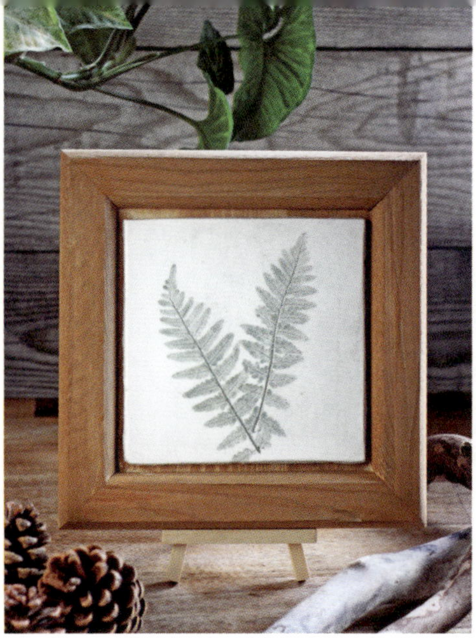
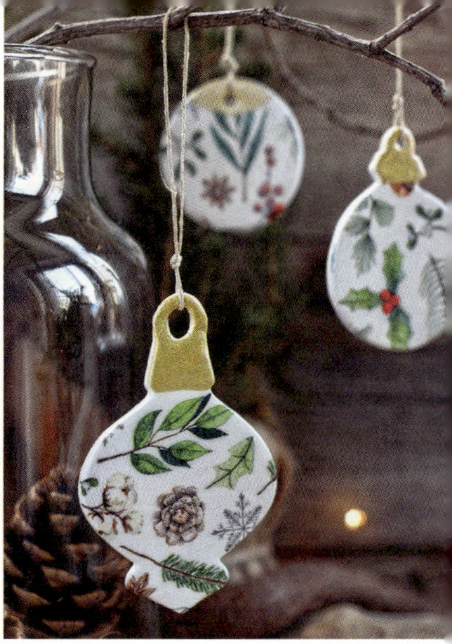

Ideen für den Herbst 74

Ideen für den Winter 104

Materialkunde

Wir arbeiten in diesem Buch mit Modelliermasse und mit lufthärtendem Ton. Die unterschiedlichen Eigenschaften dieser zwei Materialien kannst du dir zunutze machen und schauen, welches von beiden besser zu deinem Werkstück passt. Grundsätzlich kannst du aber alle Projekte in diesem Buch mit Modelliermasse oder Ton herstellen, du bist hier nicht festgelegt.

Dein fertiges Werkstück wird natürlich nicht so widerstandsfähig wie echte Keramik sein, das gilt es im späteren Umgang damit zu beachten.

MODELLIERMASSE

Lufthärtende Modelliermasse ist ein Werkstoff, mit dem du Wohnaccessoires und Dekoartikel herstellen kannst. Sie lässt sich leicht formen und ist in der Handhabung Knete oder Ton sehr ähnlich. Aus ihr kannst du keramikähnliche Objekte kreieren, die sich mit den unterschiedlichsten Techniken bemalen und verzieren lassen. Im Handel ist Modelliermasse in unterschiedlichen Farben erhältlich, was du für dein jeweiliges Werkstück nutzen kannst.

Für die Projekte in diesem Buch kommt ausschließlich weiße Modelliermasse zum Einsatz. Sie trocknet weiß auf, so sparst du dir den Farbauftrag, wenn du ein weißes Ergebnis haben möchtest.

Modelliermasse neigt jedoch beim Trocknen zum Biegen, daher solltest du dein Werkstück während des Trocknens im Auge behalten und zwischendurch wenden.

Außerdem lässt sich Modelliermasse nach dem Antrocknen nicht wieder verarbeitbar machen.

LUFTHÄRTENDER TON

Lufthärtender Ton ist in der Verarbeitung ähnlich zu handhaben wie Modelliermasse. Er kann getrocknet oder gebrannt werden. Ton trocknet grau auf, sodass ein weiterer Farbauftrag nötig ist, solltest du kein graues Ergebnis haben wollen. Diese Tatsache lässt sich aber auch als Gestaltungsmittel nutzen. Es sieht zum Beispiel sehr schön aus, wenn du Werkstücke mit geprägten Schriften weiß tünchst und sich die Schrift durch den grauen Ton absetzt.

Außerdem lässt sich Ton durch Zugabe von Wasser wieder verarbeitbar machen, sollte er angetrocknet sein.

Auch biegt sich Ton eher weniger während des Trocknungsvorgangs und lässt sich sogar im gehärteten Zustand reparieren, sollte dir einmal etwas kaputt gehen! Hierzu kannst du Schlicker verwenden. Dies ist in Wasser aufgeweichter Ton, den du einfach in einem Einmachglas aufbewahren kannst. Er sollte eine schlammähnliche Konsistenz haben. Bricht einmal ein Gegenstand, verbindest du einfach beide Teile wieder mithilfe des Schlickers.

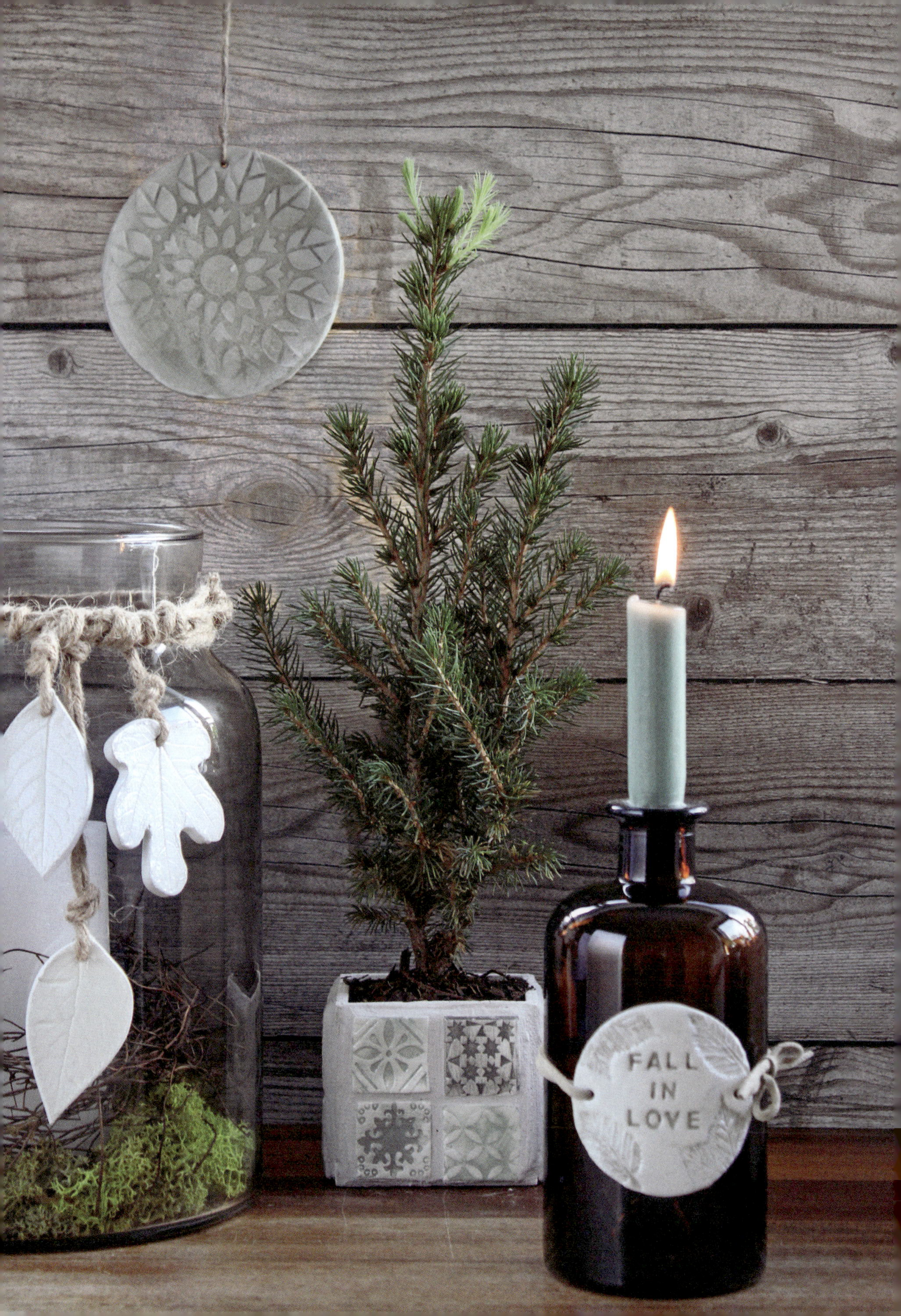
FALL
IN
LOVE

Werkzeuge und Hilfsmittel

SCHÜSSEL MIT WASSER

Das wichtigste Werkzeug im Umgang mit Modelliermasse und Ton sind deine Finger und ein Schüsselchen mit Wasser. Mit angefeuchteten Händen glättest du Rillen und Kanten deines Werkstücks.

NUDELHOLZ

Zum Ausrollen bieten sich Nudelhölzer aus Plastik an, da diese glatter sind und die Modelliermasse nicht aufrauen.

BACKPAPIER

Als Unterlage eignet sich Backpapier gut; von diesem lässt sich die Modelliermasse leicht wieder entfernen.

MODELLIERWERKZEUGE

Du findest spezielle Modellierwerkzeuge im Handel, kannst aber auch Gegenstände aus dem Haushalt verwenden, wie Messer, Löffel, Holzspieße und -spatel, Zahnstocher oder Ähnliches.

NADEL

Zum Entfernen von Luftblasen im ausgerollten Ton nutzt du am besten eine Nadel; hierzu stichst du mit der Nadelspitze in die Luftblase und streichst die Luft behutsam aus. Mit einem befeuchteten Finger lässt sich die Modelliermasse an den aufgestochenen Stellen gut wieder glätten.

SPITZES, GLATTES MESSER

Mit diesem lassen sich Modelliermasse und Ton wunderbar schneiden.

VIERKANTHÖLZER

Diese helfen dir, die Modelliermasse gleichmäßig hoch auszurollen. Hierfür legst du die Hölzer links und rechts als Höhen-Abstandshalter neben die auszurollende Modelliermasse und rollst diese dann aus. Ich nutze, je nach Projekt, Vierkanthölzer in 0,3 und 0,5 cm Stärke. Hast du keine Vierkanthölzer zur Hand, so eignen sich auch andere Gegenstände, wie zum Beispiel Fliesen oder aufeinandergeklebte Holzspatel, die du vielleicht noch in deiner Bastelkiste hast.

DÜNNER STROHHALM

Ein dünner Strohhalm oder ein hohler Cakepop-Stiel sind nützlich, um Löcher in dein Werkstück stechen zu können. Durch den Hohlraum im Strohhalm wird die Modelliermasse ausgestochen und nicht verdrängt, sodass sich dein Werkstück nicht verzieht.

SEHR FEINES SCHLEIFPAPIER

Mit diesem kannst du auch nach dem Trocknen noch unschöne Stellen beseitigen.

AUSSTECHFORMEN

Ausstechformen aller Art sind ein nützliches Hilfsmittel. Mit ihnen lassen sich zum Beispiel Grundformen für Anhänger oder Schalen ausstechen.

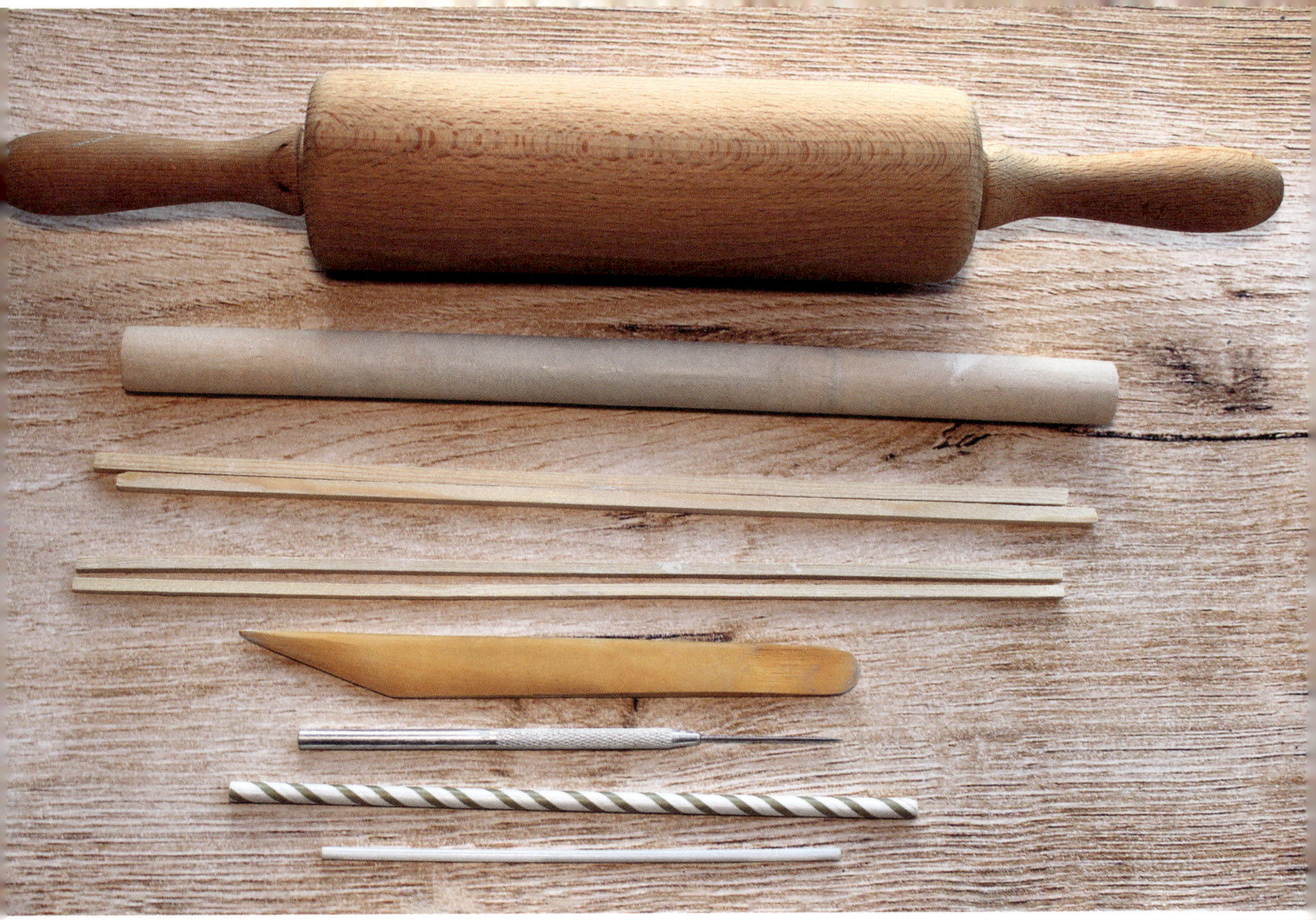

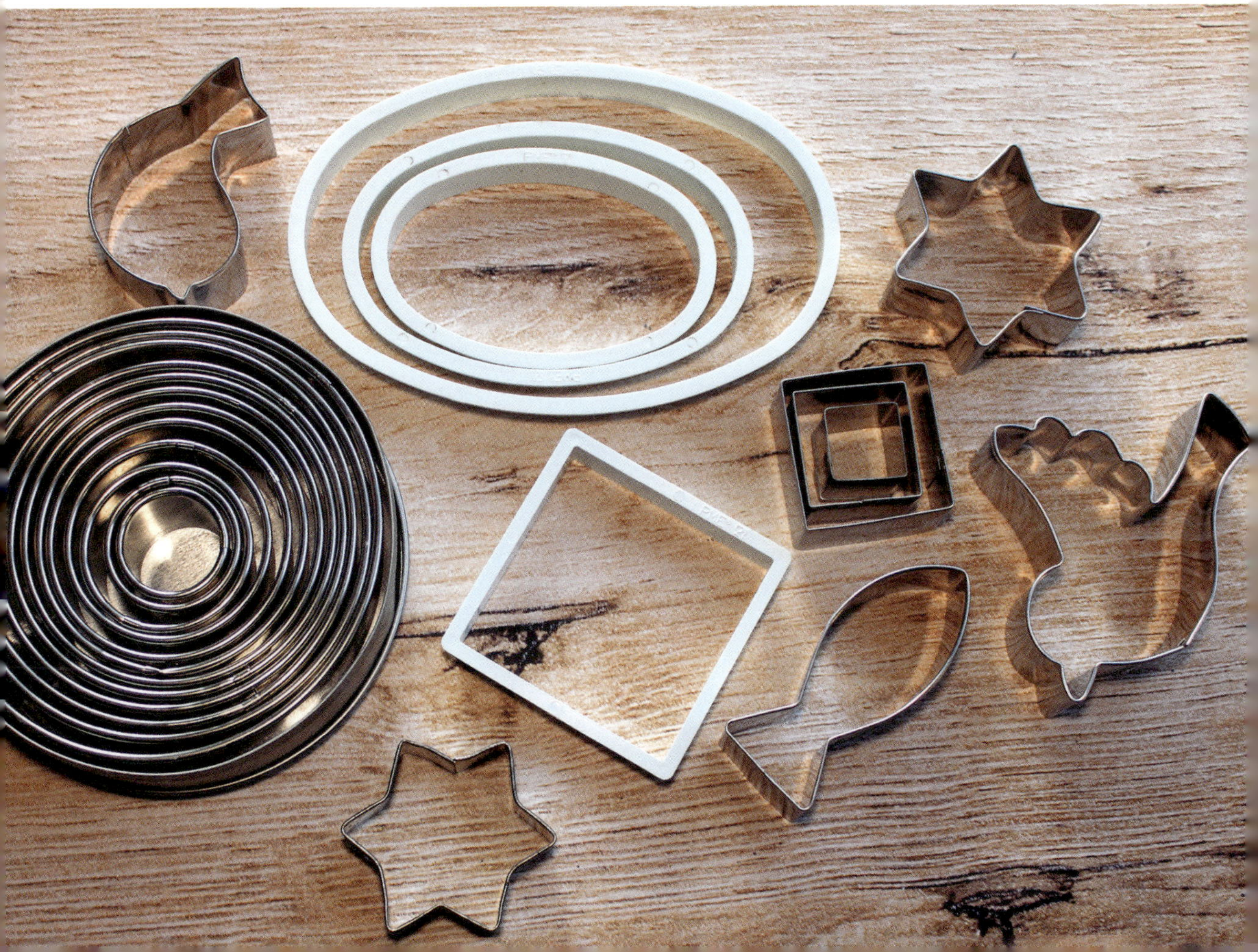

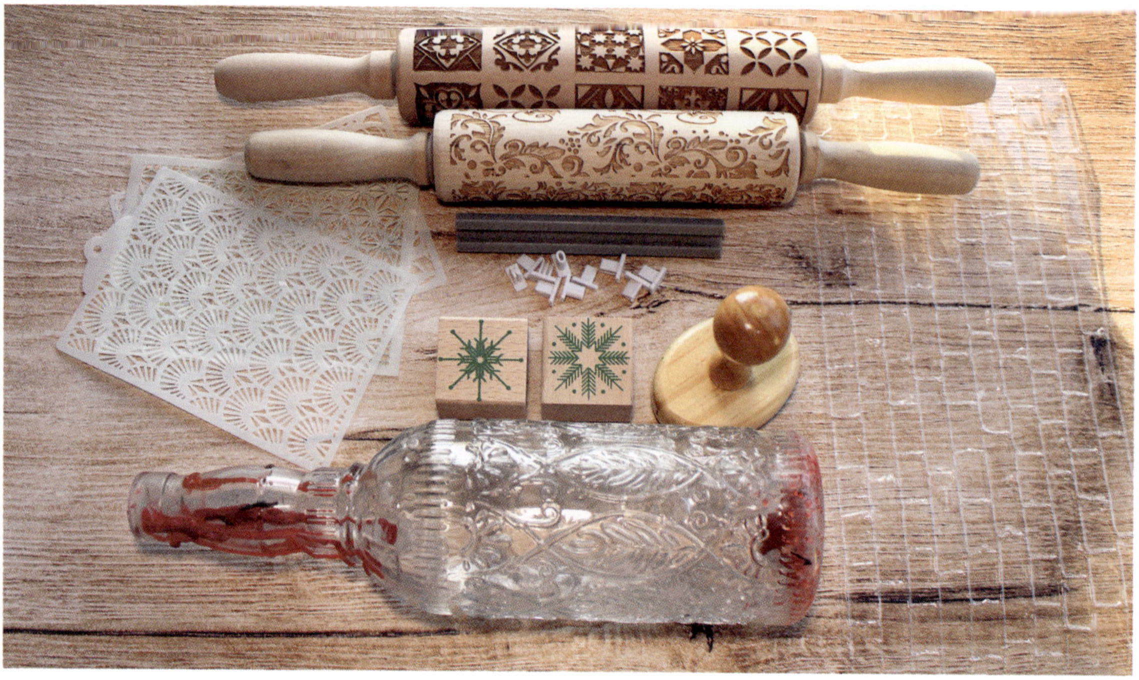

STRUKTURGEBENDE GEGENSTÄNDE

Möchtest du dein Werkstück mit Texturen versehen, so eignen sich viele unterschiedliche Gegenstände dafür. Du kannst
Stempel,
Texturmatten,
Nudelhölzer mit Motiv,
Schablonen,
Strukturpaste oder
Alltagsgegenstände mit Mustern
zum Erzeugen dieser Texturen nutzen.

Je nachdem, was du verwendest, entstehen Vertiefungen oder erhabene Strukturen. Dies lässt sich nach dem Trocknen unterschiedlich in der Gestaltung nutzen.

FARBEN UND LACKE

Bei der Gestaltung nach dem Trocknen des Werkstücks kommen Acryl-, Bastel- oder Kreidefarben, Lackstifte oder auch Serviettentechnik zum Einsatz. Um den keramikähnlichen Look zu erzielen, habe ich hochglänzenden Klarlack (Triple-Gloss-Lack) verwendet. Alternativ zum Triple-Gloss-Lack kannst du Gießharz (Epoxidharz) benutzen. Achte hierbei aber unbedingt auf entsprechende Sicherheitsvorkehrungen!

PINSEL UND SCHWÄMMCHEN

Für die anschließende Gestaltung deines Werkstücks benötigst du je nach Technik Pinsel und/oder Schwämmchen für den Farb- oder Lackauftrag.

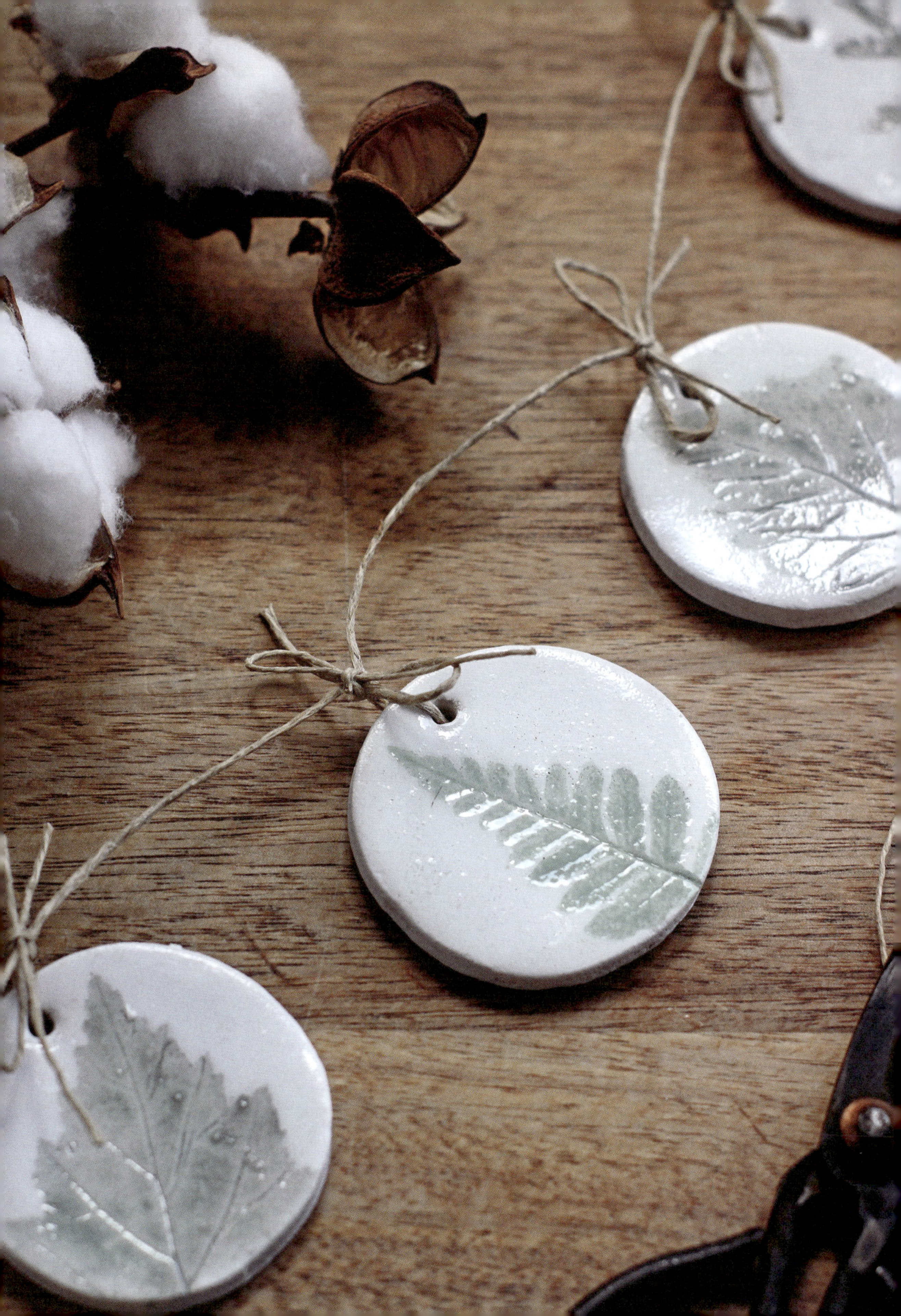

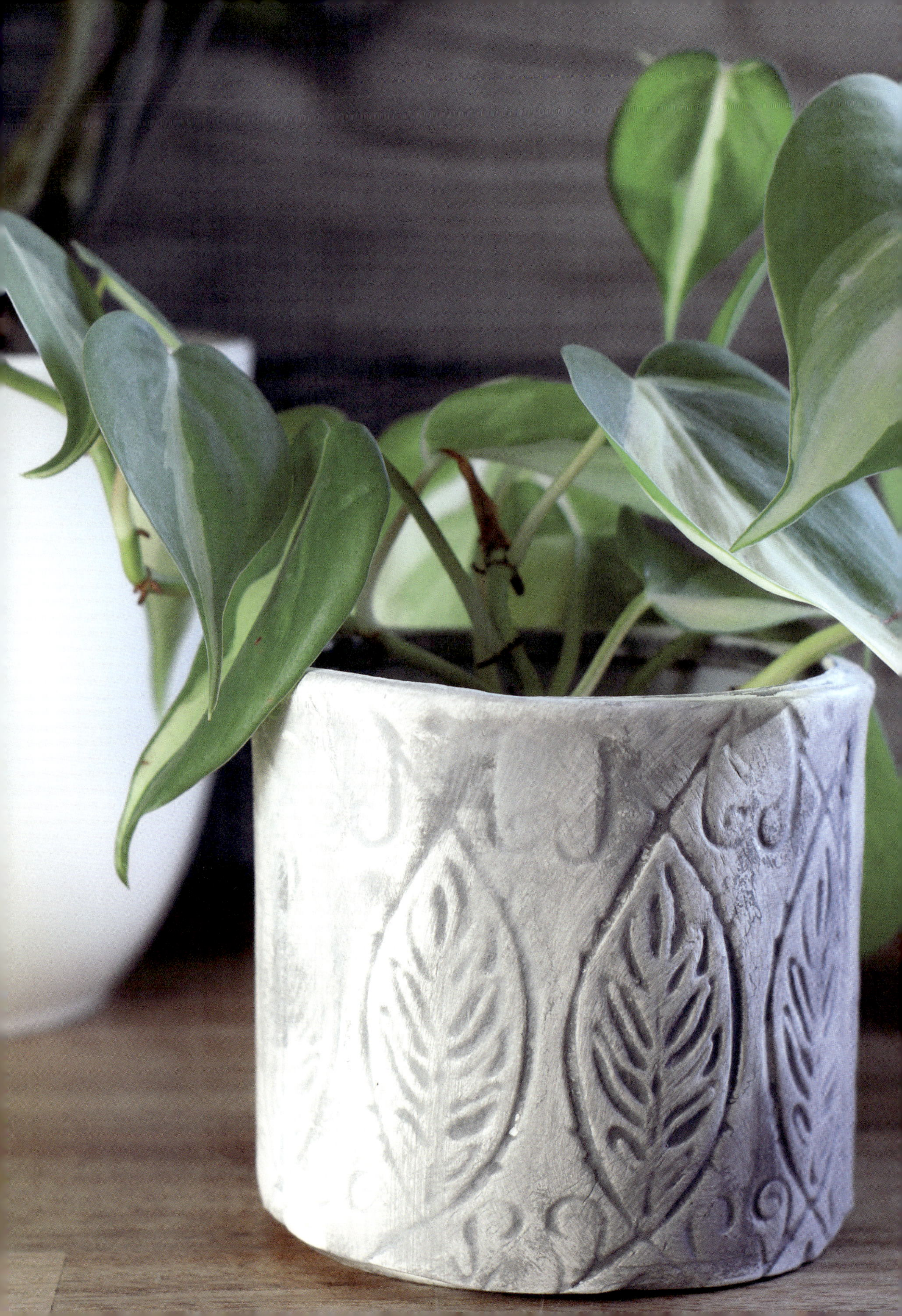

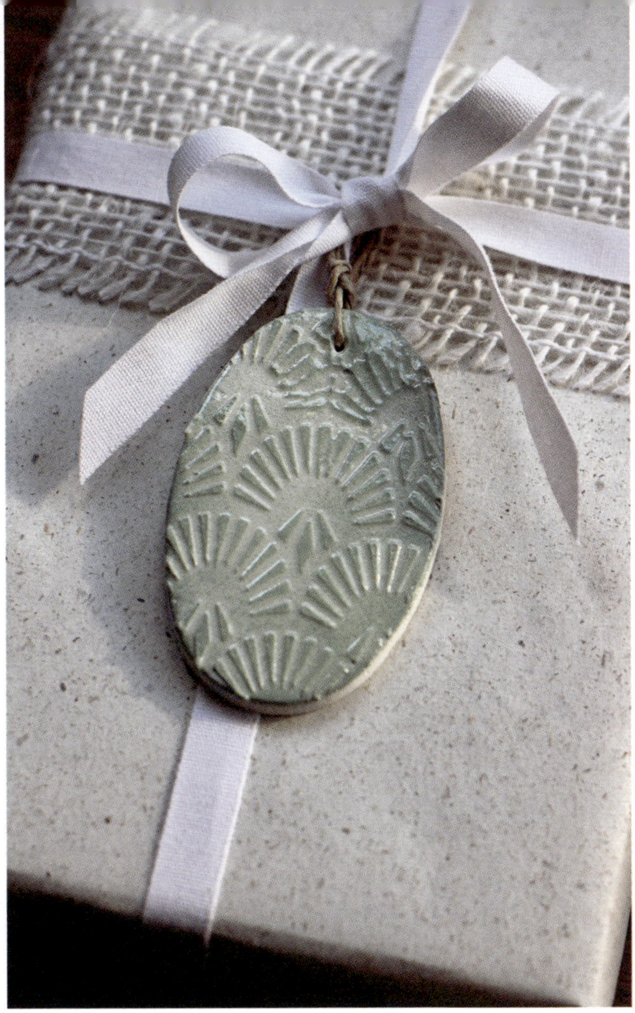

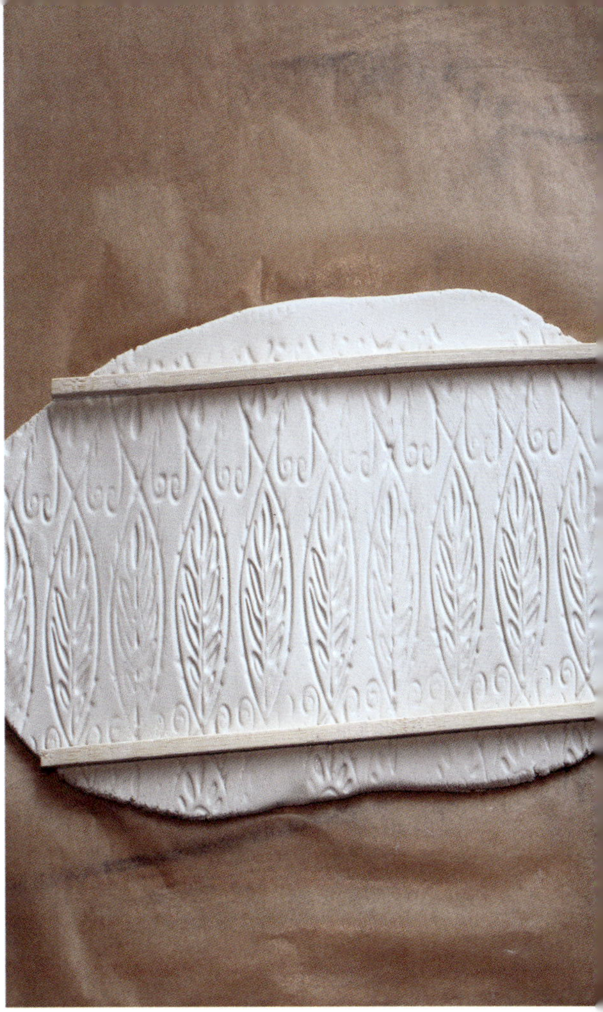

Ideen für den Frühling

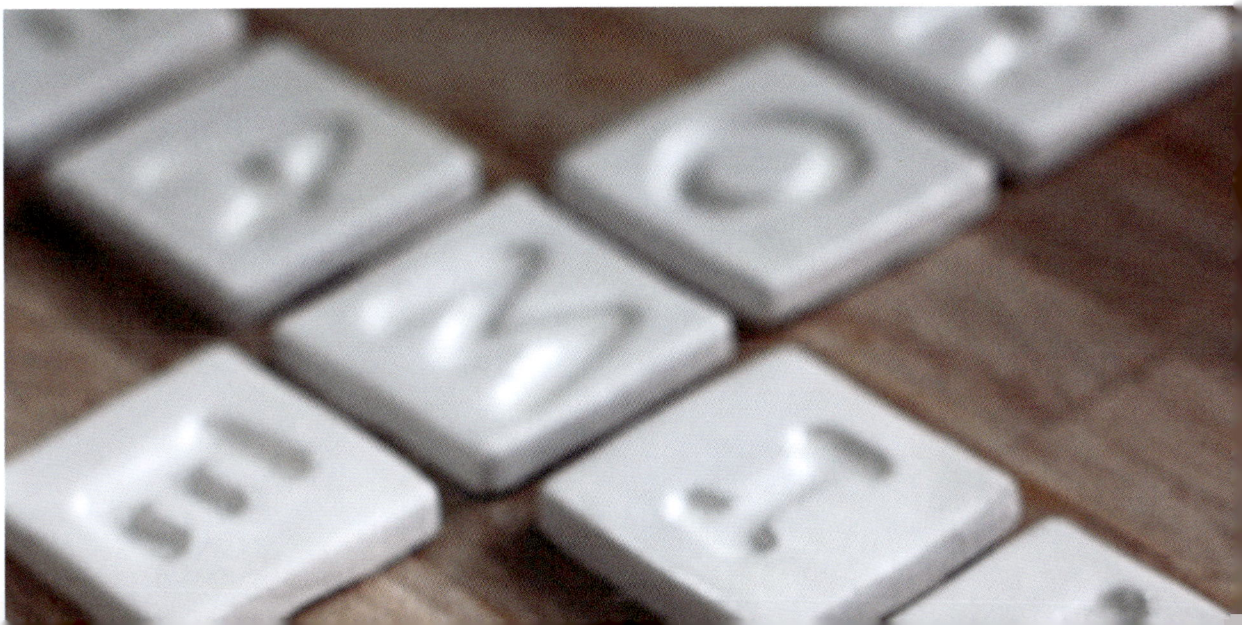

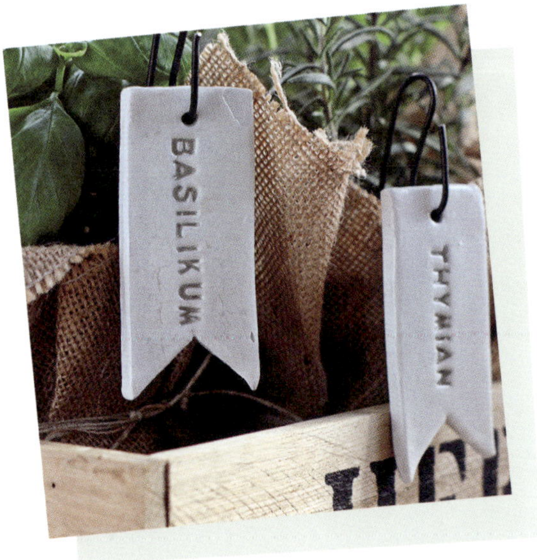

Kräuterstecker

FÜR DIE FENSTERBANK

Hast du auch gern einen eigenen kleinen Kräutergarten auf der Fensterbank? Grade, wenn du die Pflänzchen selbst ziehst, sind diese Kräuterstecker nützlich und ein hübsches Accessoire – so gerät nichts durcheinander.

Du benötigst:

- Lufthärtenden Ton
- Backpapier als Unterlage
- Vierkanthölzer 0,5 cm
- Nudelholz
- Schüssel/n mit Wasser
- Schablone Fähnchen (s. oben)
- Scharfes Messer
- Dünnen Strohhalm oder hohlen Cakepop-Stiel
- Buchstabenstempel
- Feines Schleifpapier bei Bedarf
- Schwämmchen
- Acrylfarbe, weiß
- Pinsel
- Triple-Gloss-Lack
- Zahnstocher bei Bedarf
- Eisendraht, Ø 2 mm
- Rundholz oder dicken Stift bei Bedarf

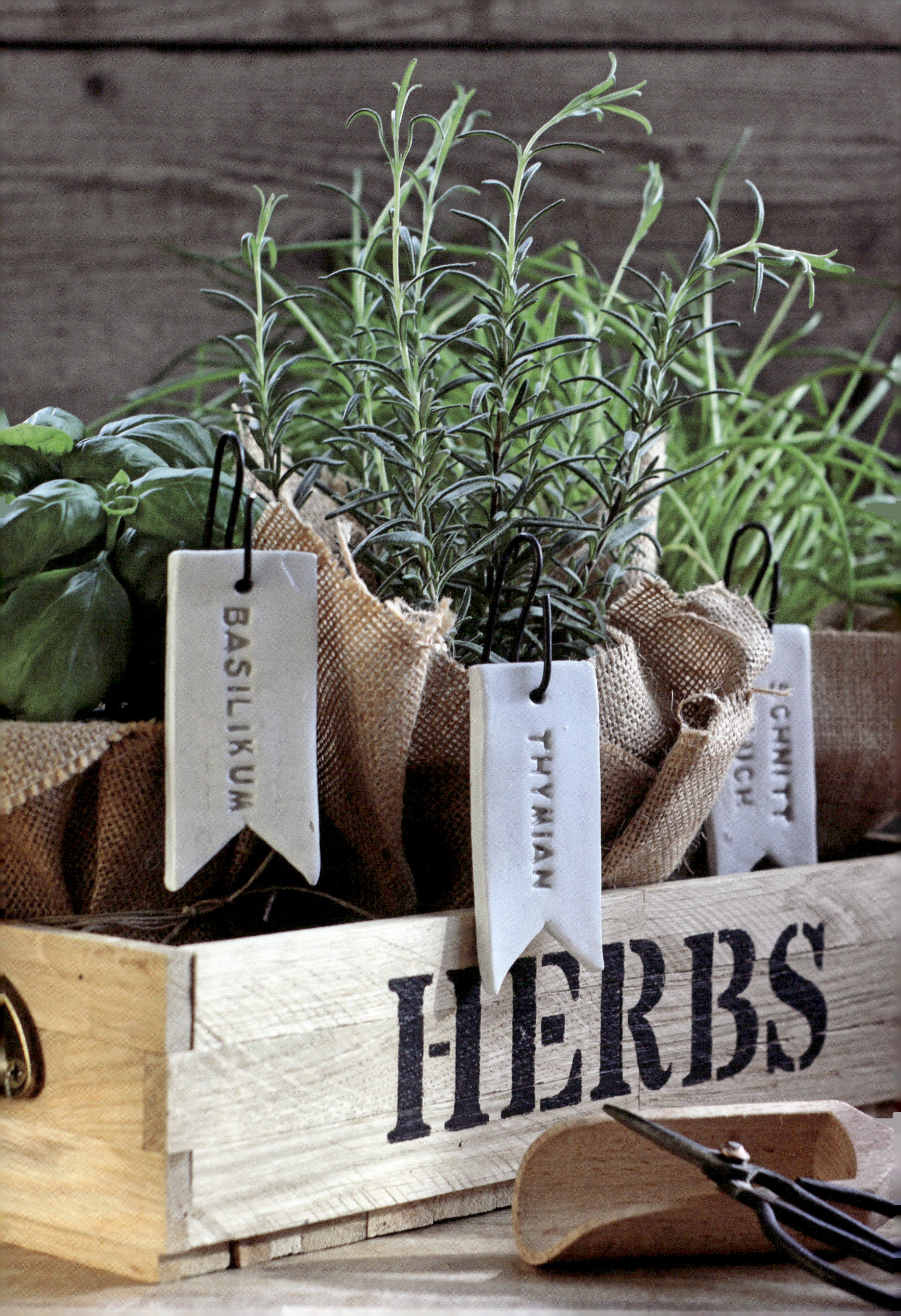
BASILIKUM
THYMIAN
SCHNITT
LAUCH
HERBS

TIPP

Möchtest du die Kräuterstecker draußen verwenden, empfehle ich eine Anfertigung aus ofenhärtender Modelliermasse (z. B. Fimo) oder eine zusätzliche Versiegelung des Tons mit Tondicht.

Und so geht es:

1 Den Ton auf dem Backpapier mithilfe der Vierkanthölzer gleichmäßig hoch mit dem Nudelholz ausrollen.

2 Mithilfe der Schablone Fähnchen aus dem Ton ausschneiden.

3 Jedes Fähnchen mit einem Loch für den Haken versehen, dafür den Strohhalm oder den Cakepop-Stiel verwenden.

4 Namen der Wunschkräuter auf die Fähnchen stempeln, dabei darauf achten, Worte gegebenenfalls zu trennen. Die Fähnchen auslösen und alle Kanten mit einem mit Wasser befeuchteten Finger glätten.

5 Die Fähnchen trocknen lassen. Anschließend bei Bedarf schleifen und mit dem Schwämmchen weiß tünchen. Das Schwämmchen sorgt dafür, dass keine Pinselstriche auf dem Werkstück zurückbleiben. Die Farbe trocknen lassen.

6 Nach dem Trocknen der Farbe die Fähnchen mit Triple-Gloss-Lack überziehen. Für eine möglichst authentische Keramikoptik den Lack eher großzügig verwenden und eventuelle Luftblasen, die sich gerne in den Buchstaben bilden, ausstreichen. Sollten sich die Blasen nicht mit dem Pinsel ausstreichen lassen, diese einfach mit einem Zahnstocher aufstechen.

7 Nun drei etwa 25 cm lange Stücke Eisendraht zuschneiden.

8 Aus dem Eisendraht Haken biegen. Hier kann ein Rundholz oder dicker Stift zu Hilfe genommen werden.

9 Die Fähnchen an die Haken hängen.

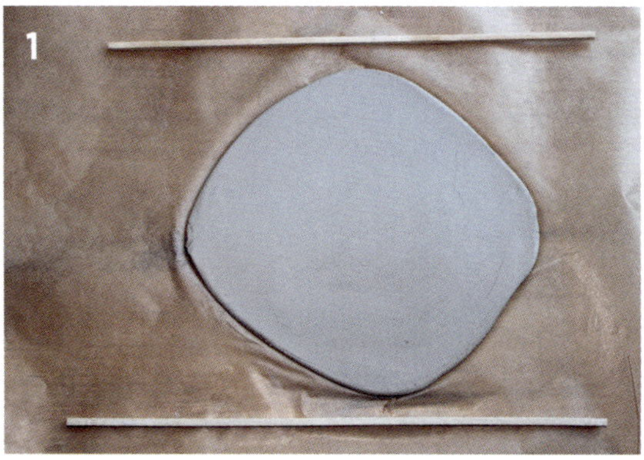

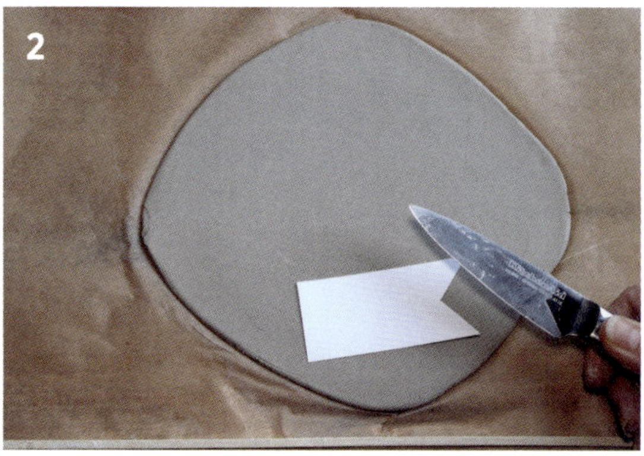

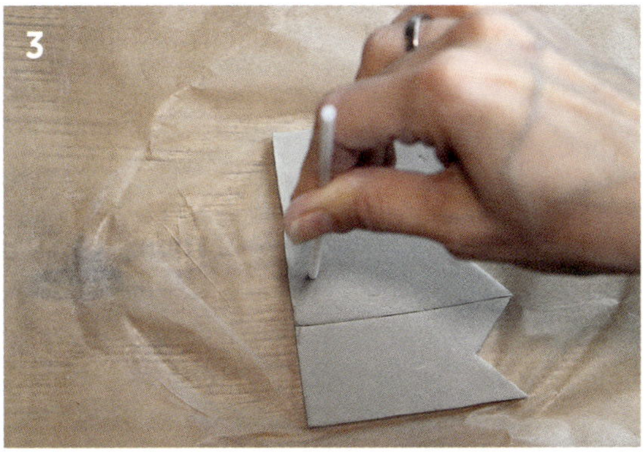

3

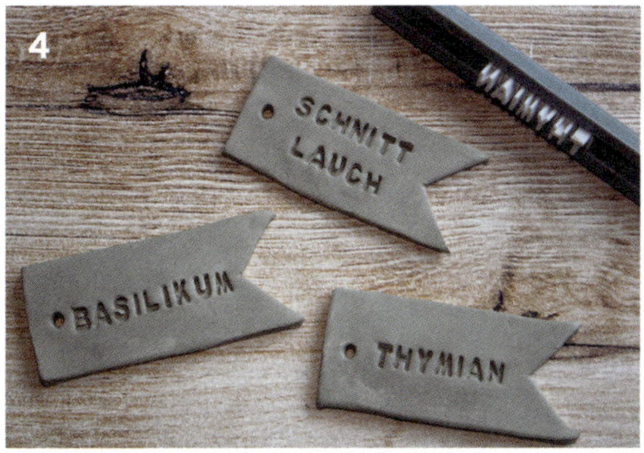
SCHNITT
LAUCH
BASILIKUM
THYMIAN

4

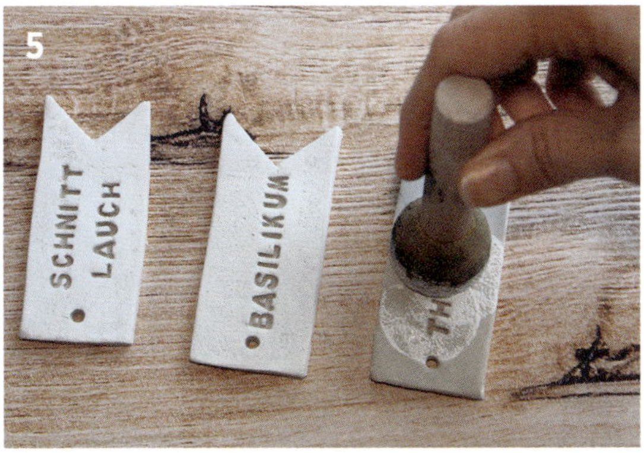
SCHNITT
LAUCH
BASILIKUM

5

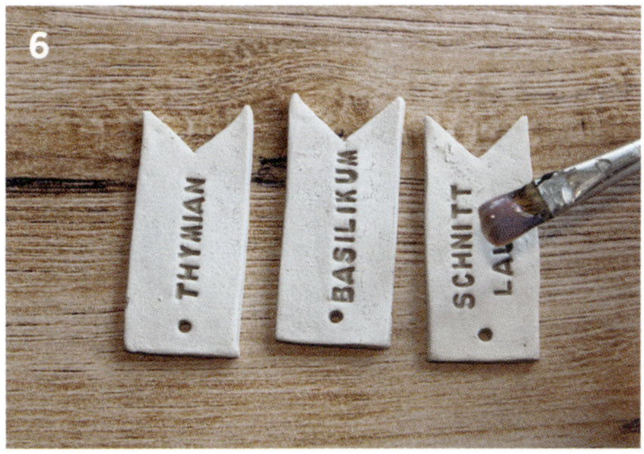
THYMIAN
BASILIKUM
SCHNITT

6

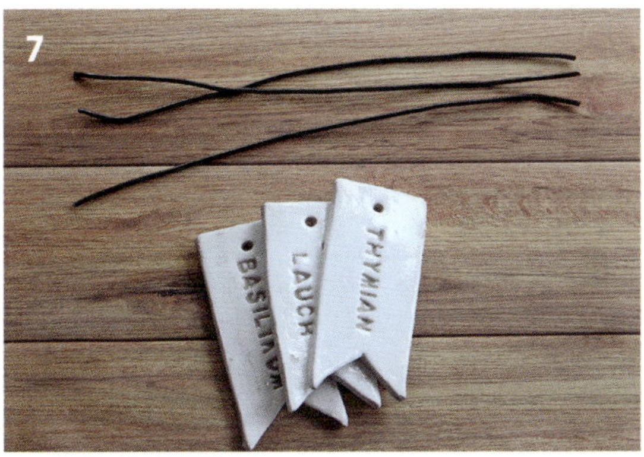
LAUCH
THYMIAN

7

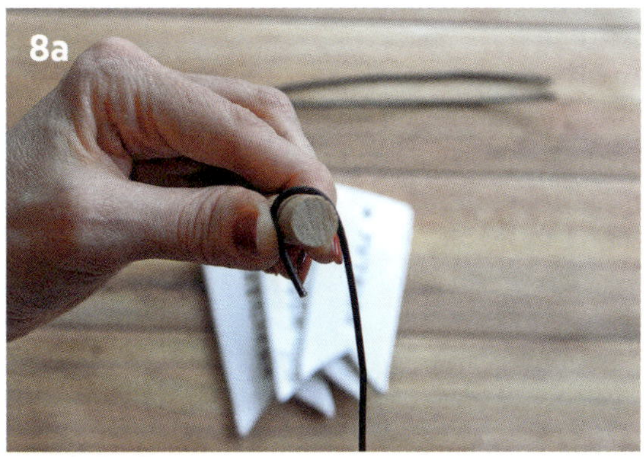

8a

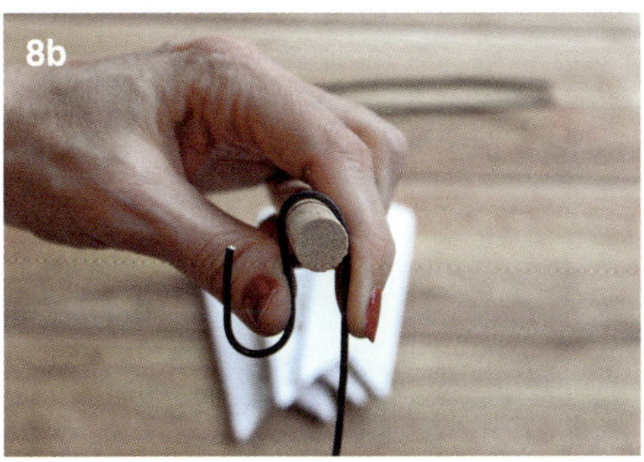

8b

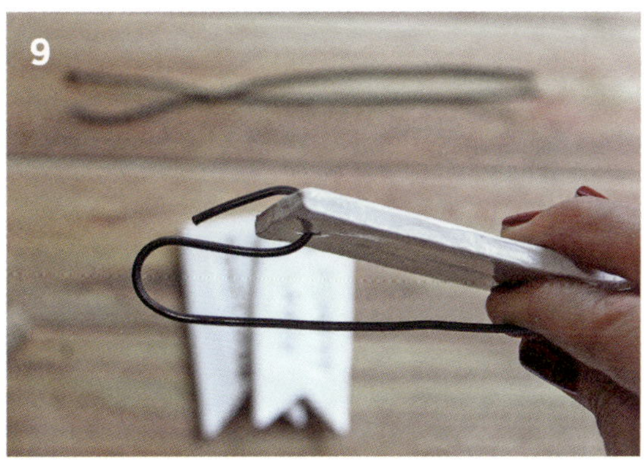

9

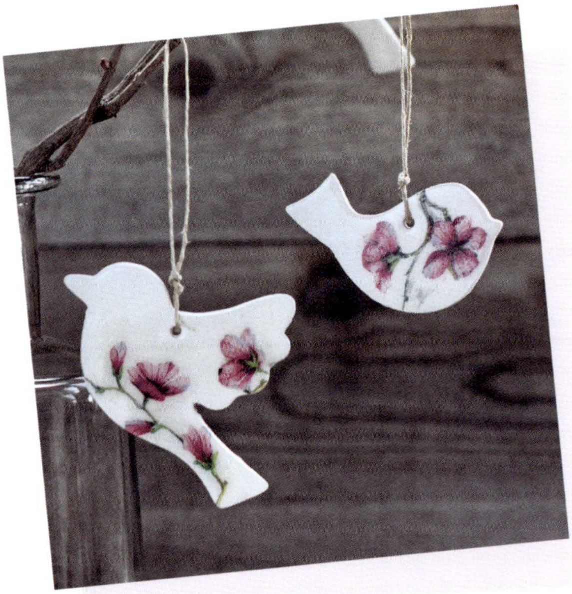

Vogelanhänger

Diese süßen Vögelchen eignen sich prima als Frühlingsdekoration. Du kannst sie an einen Ast hängen, sie als Geschenkanhänger oder auch als Osterschmuck nutzen.

Du benötigst:

- Modelliermasse
- Backpapier als Unterlage
- Vierkanthölzer 0,3 cm
- Nudelholz
- Schüssel/n mit Wasser
- Ausstechform oder Schablone Vogel (s. Seite 20)
- Dünnen Strohhalm oder hohlen Cakepop-Stiel
- Serviette mit Blumenmotiv
- Schere
- Serviettenkleber
- Pinsel
- Triple-Gloss-Lack
- Zahnstocher bei Bedarf

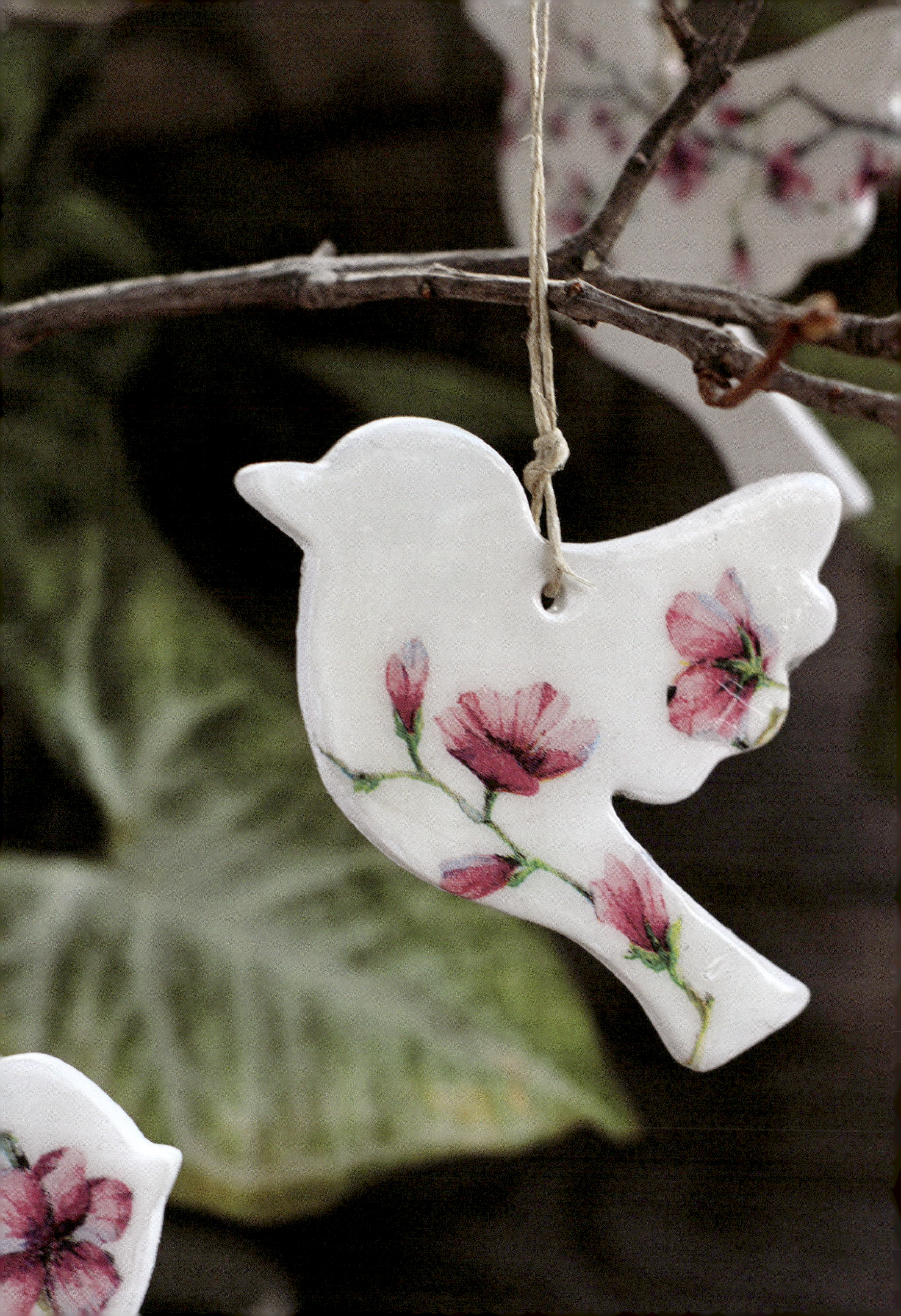

Und so geht es:

1 Die Modelliermasse auf dem Backpapier mithilfe der Vierkanthölzer gleichmäßig hoch mit dem Nudelholz ausrollen.

2 Nun Vögel aus der Modelliermasse ausstechen und die Kanten mit einem befeuchteten Finger glätten.

3 Alle Anhänger mithilfe des Strohhalms oder Cakepop-Stiels mit einem Loch für die Aufhängung versehen und gut trocknen lassen.

4 Dann hübsche Stücke aus der blumigen Serviette ausschneiden und die jeweils oberste Schicht mit Motiv vom Rest der Serviettenschichten trennen.

5 Serviettenkleber auf den getrockneten Vogelanhänger auftragen, jeweils das Serviettenstück auflegen und behutsam mit dem Pinsel und weiterem Kleber glatt streichen. Trocknen lassen.

6 Die Anhänger nach dem Trocknen mit Triple-Gloss-Lack versehen. Den Lack nicht zu sparsam verwenden, um eine möglichst schöne Keramikoptik zu erzielen. Dabei darauf achten, dass sich die Löcher für ein Band nicht zusetzen. Um sie von Lack zu befreien, kann zum Beispiel ein Zahnstocher verwendet werden.

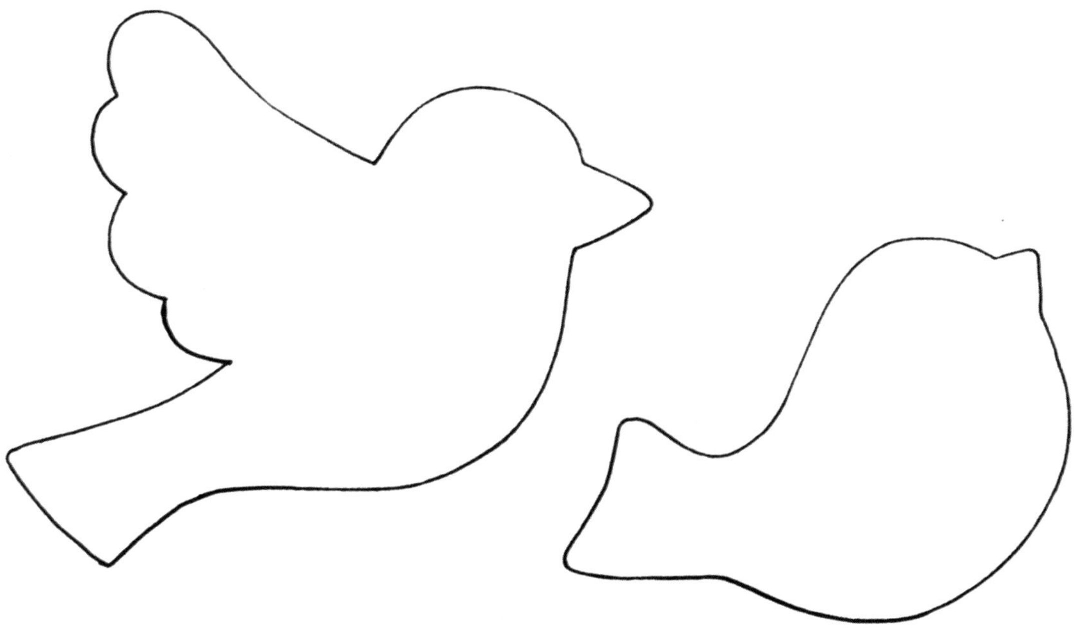

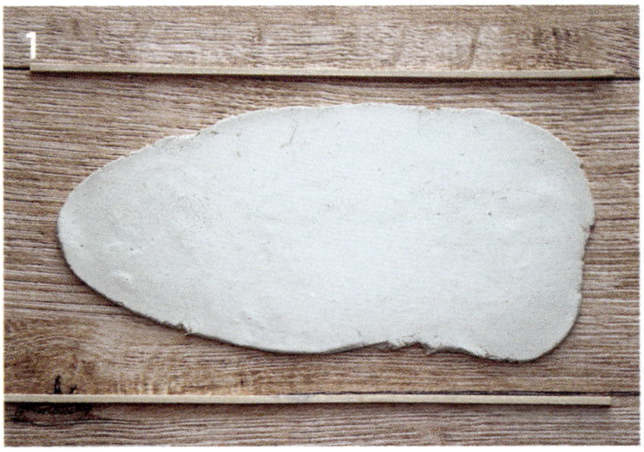

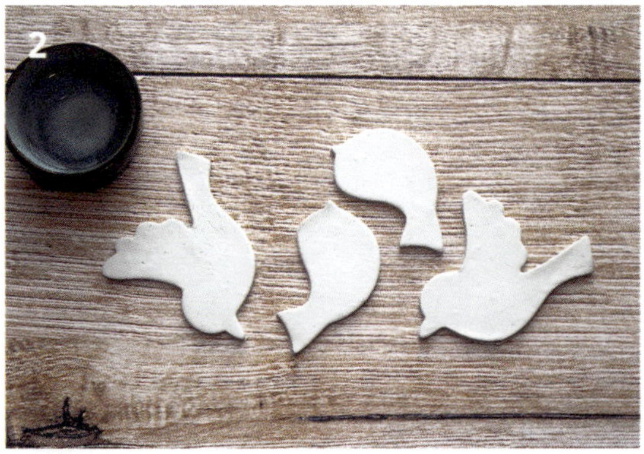

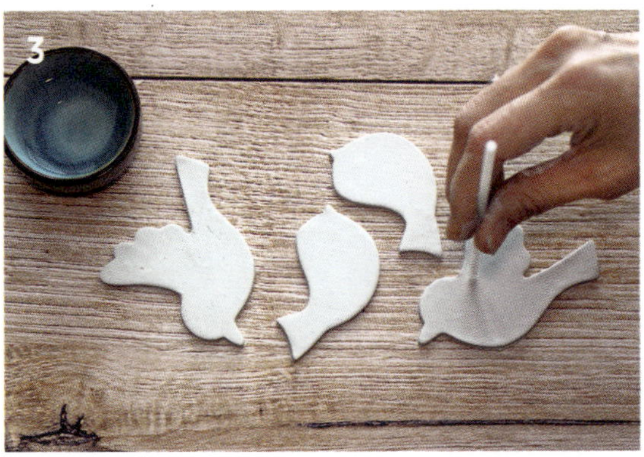

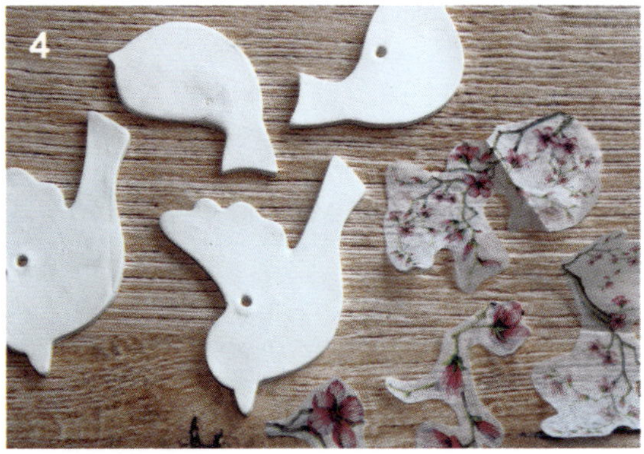

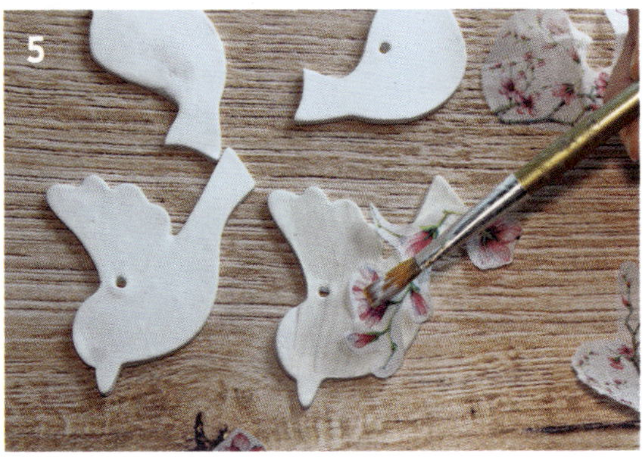

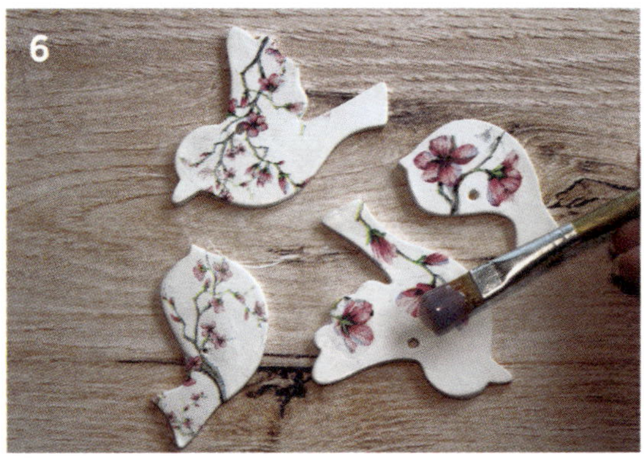

TIPP

Sollte das Serviettenstück Falten werfen, kannst du deinen Finger mit etwas Kleber benetzen und vorsichtig über das Motiv fahren. So kannst du einige Falten herausstreichen.

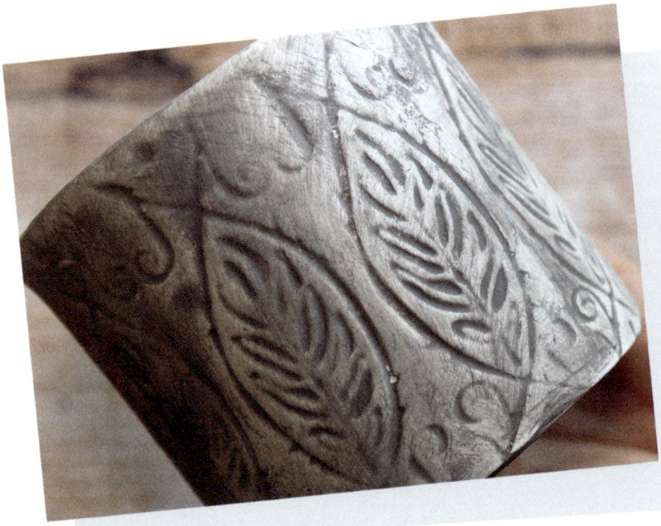

Upcycling-Blumentopf

AUS EINER KONSERVENDOSE

Manchmal braucht es etwas frischen Wind in der Einrichtung. Ganz besonders im Frühling! Hierzu eignen sich neue Übertöpfe wunderbar. Aus leeren Konservendosen, ummantelt mit geprägter Modelliermasse, fertigst du dir sogar dein ganz eigenes Unikat.

Du benötigst:

- Modelliermasse
- Backpapier als Unterlage
- Vierkanthölzer 0,5 cm
- Nudelholz
- Schüssel/n mit Wasser
- Kleine Konservendose
- Maßband oder Lineal
- Flasche mit Relief oder anderes Prägewerkzeug (siehe Kapitel »Werkzeuge und Hilfsmittel«)
- Scharfes Messer
- Modellierwerkzeug mit Spitze
- Schwämmchen
- Acryl-, Kreide- oder Bastelfarbe
- Pinsel
- Matter Klarlack bei Bedarf

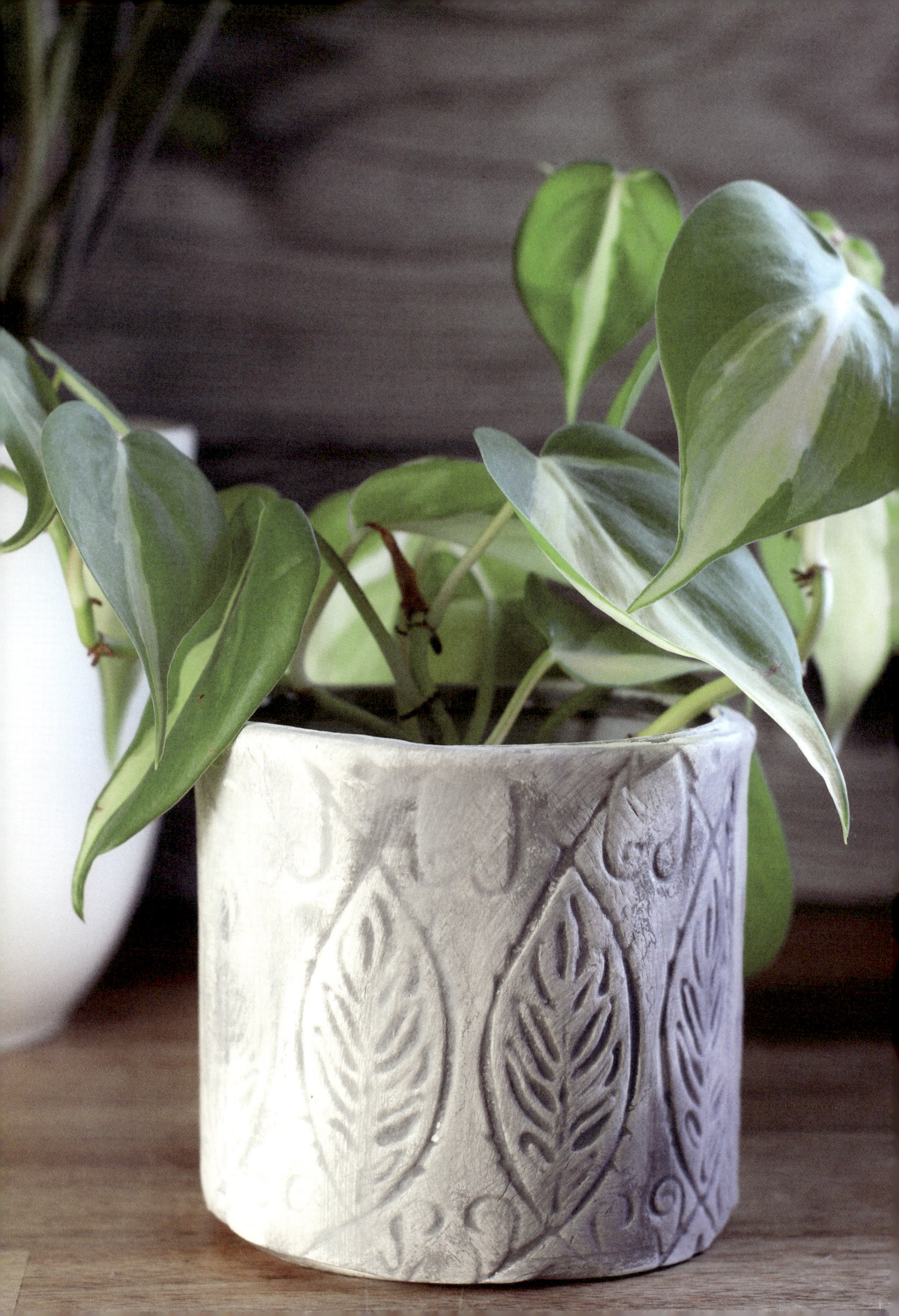

Und so geht es:

1 Die Modelliermasse auf dem Backpapier mithilfe der Vierkanthölzer gleichmäßig hoch mit dem Nudelholz ausrollen. Dabei versuchen, sie möglichst lang und schmal auszurollen. Vorab Umfang und Höhe der Konservendose messen und in der Länge etwa 2 cm, in der Breite etwa 1 cm hinzurechnen. Die Modelliermasse sollte länger und breiter als die Konservendosemaße ausgerollt sein. Nun die Modelliermasse mithilfe des Prägewerkzeuges mit einem Muster versehen.

2 Die eben ermittelte Höhe und Breite an der Modelliermasse abmessen (Zentimeterzugabe nicht vergessen!). Die Vierkanthölzer können als Markierung genutzt werden.

3 Die Modelliermasse im passenden Maß zuschneiden.

4 Nun die Modelliermasse um die Konservendose legen. Dabei darauf achten, dass die Banderole nicht eng anliegt, da sie beim Trocknen schrumpft. Das überstehende Ende der Modelliermasse abschneiden.

5 Die beiden offenen Kanten mithilfe eines Modellierwerkzeugs etwas aufrauen, so lassen sie sich leichter verbinden.

6 Die Kanten miteinander verbinden und die Naht sowie etwaige Unebenheiten mit einem befeuchteten Finger glatt streichen. Den Blumentopf trocknen lassen.

7 Eine extra Schüssel mit Wasser, ein Schwämmchen, Farbe und Pinsel bereitstellen. Nun mit dem Pinsel Farbe in die Vertiefungen des Werkstücks tupfen und sofort mit dem feuchten Schwämmchen mit wenig Druck über den Blumentopf wischen. So bleibt die Farbe in den Vertiefungen zurück und es entsteht ein schöner Vintage-Look. Dabei in kleinen Schritten arbeiten, damit die Farbe nicht zu viel Zeit zum Trocknen hat. Um den Blumentopf etwas widerstandsfähiger zu machen, kann er zusätzlich noch mit mattem Klarlack versehen werden.

TIPP

Sollte dir die Naht während des Trocknens doch reißen, so kannst du diese einfach mit etwas Modelliermasse wieder verschließen.

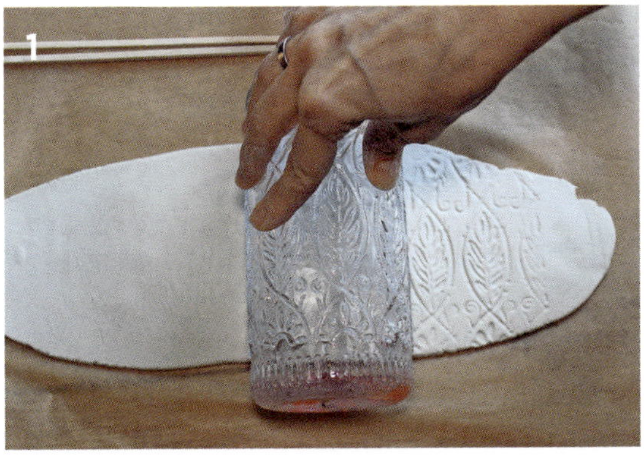
1

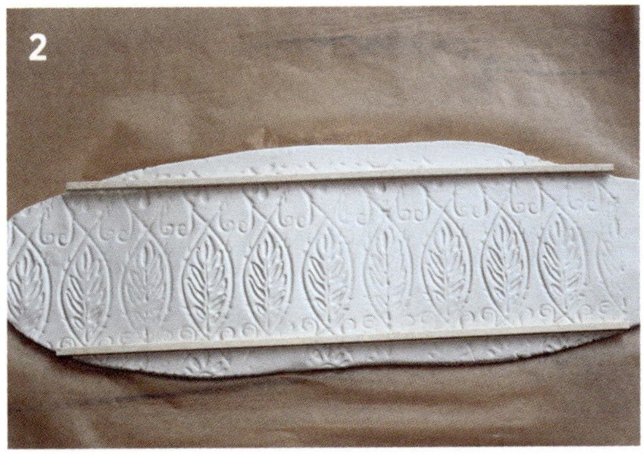
2

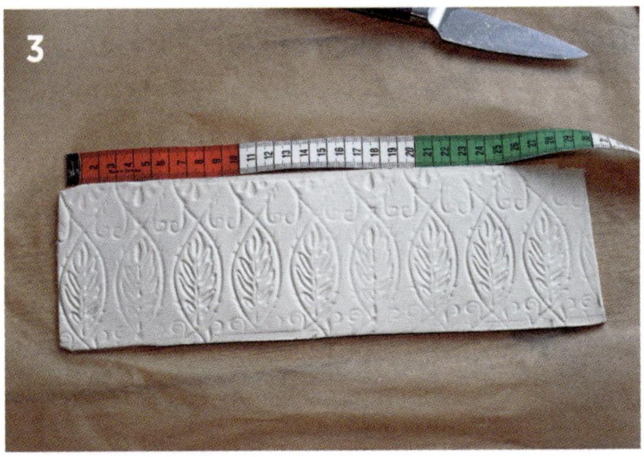
3

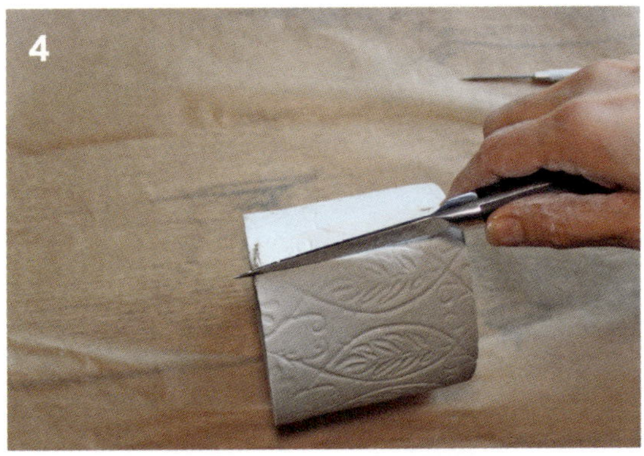
4

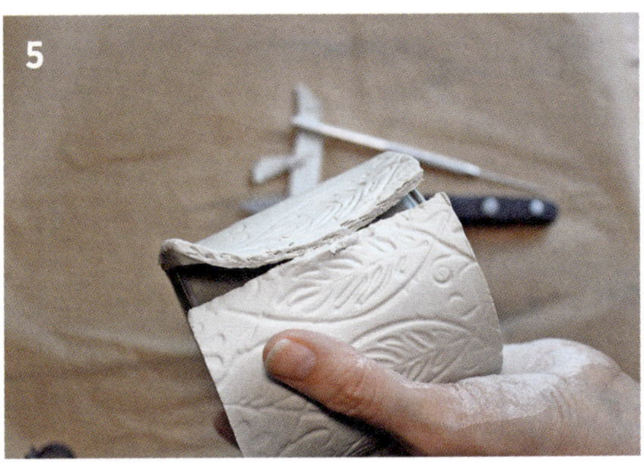
5

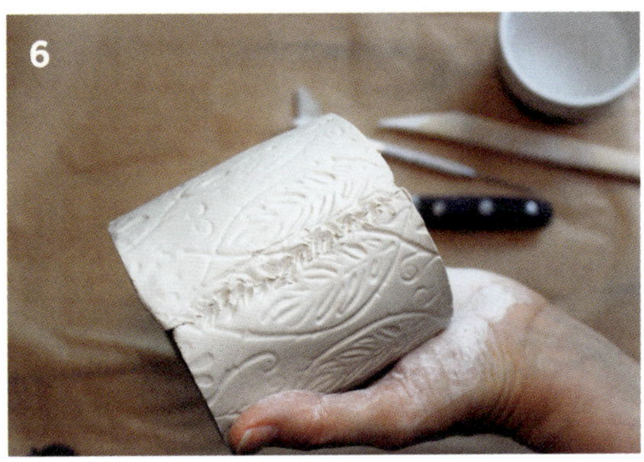
6

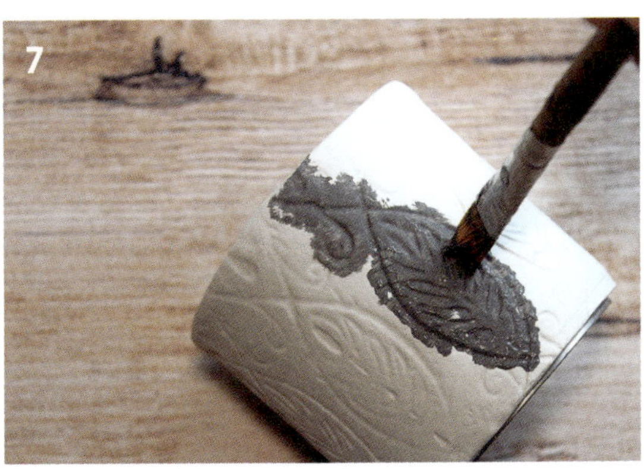
7

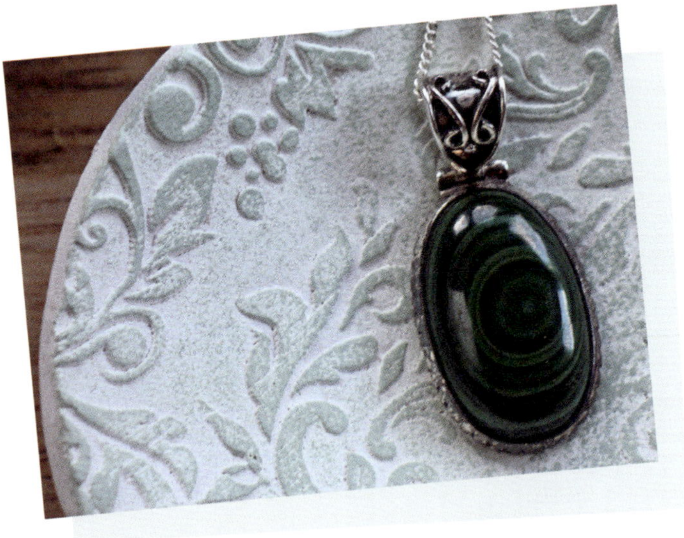

Schale

MIT BLUMIGEM RELIEF

Schälchen und Schüsselchen sind wunderbare Dekoartikel. Sie eignen sich prima als Schmuck- oder Schlüsselablage und lassen sich mit Ton oder Modelliermasse ganz individuell gestalten.

Du benötigst:

- Lufttrocknenden Ton
- Backpapier als Unterlage
- Vierkanthölzer 0,5 cm
- Nudelholz
- Nudelholz mit Muster
- Schüssel/n mit Wasser
- Großen Kreis-Ausstecher oder kleinen Teller/kleine Schüssel als Schablone
- Scharfes Messer
- Dickere Schaumstoffmatte
- Acrylhalbschale
- Schwämmchen
- Acrylfarbe, weiß, grün

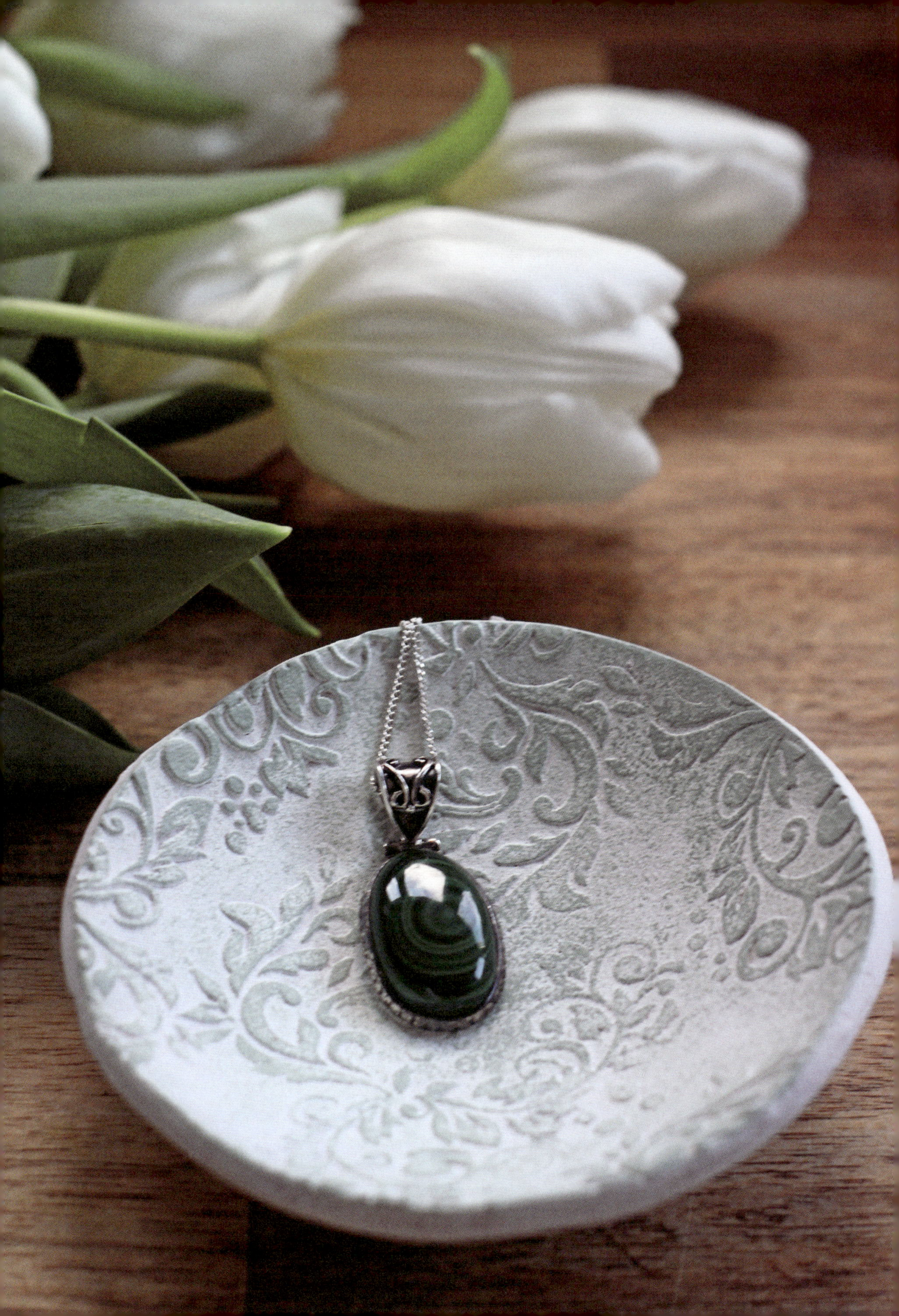

Und so geht es:

1 Den Ton auf dem Backpapier mithilfe der Vierkanthölzer gleichmäßig hoch mit dem Nudelholz ausrollen.

2 Den Ton mit dem Muster-Nudelholz prägen.

3 Einen Kreis aus dem Ton ausstechen oder mithilfe des Tellers bzw. der Schüssel einen Kreis ausschneiden. Die Kanten mit einem mit Wasser befeuchteten Finger glätten.

4 Den Kreis mit Muster nach oben auf den Schaumstoff legen. Die Acrylschale mit der gewölbten Seite auf den Tonkreis legen und den Ton behutsam in den Schaumstoff drücken, dabei die Acrylhalbschale etwas kreisen lassen.

5 Die Tonschale auf der Acrylhalbschale trocknen lassen.

6 Nun die gesamte Schale zunächst mit einem Schwämmchen weiß tünchen.

7 Sehr (!) wenig grüne Acrylfarbe mit dem Schwämmchen aufnehmen und behutsam und mit wenig Druck über die Strukturen der Schale gehen. So verbleibt die Farbe auf den erhabenen Teilen des Musters.

TIPP

Um deiner Schale mehr Stand zu verleihen, kannst du sie zum Beispiel auf einen kleinen Holzring stellen.

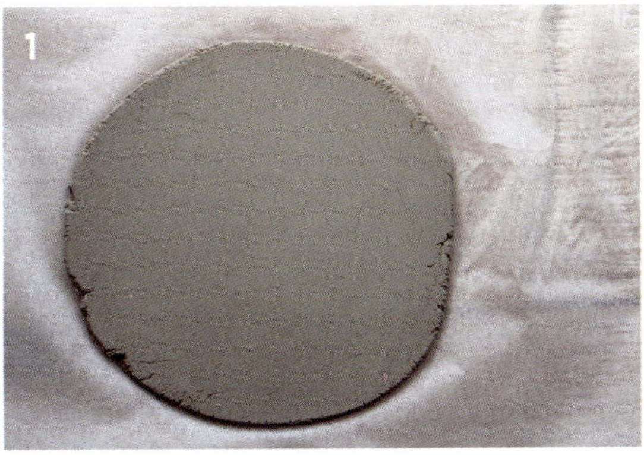
1

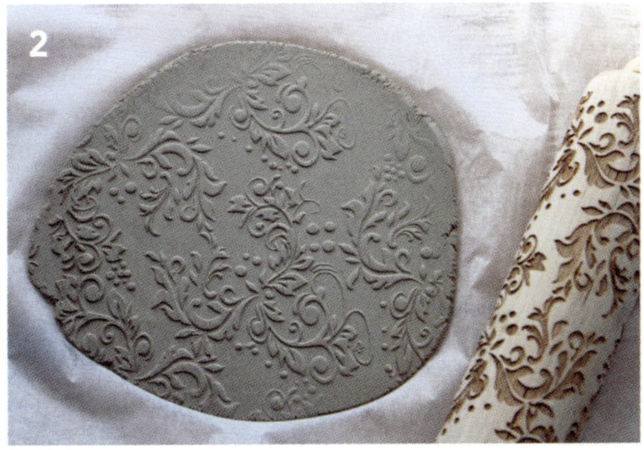
2

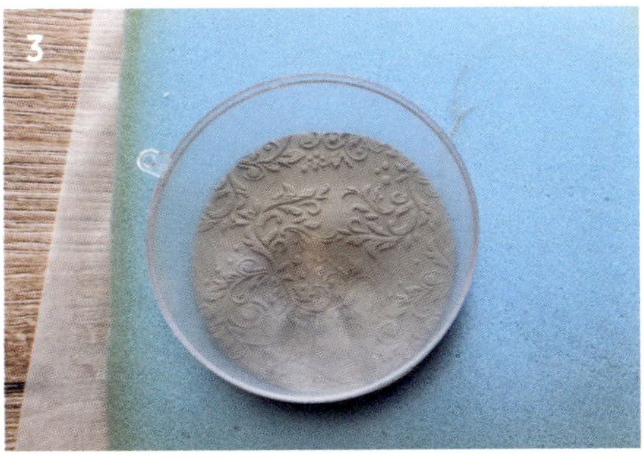
3

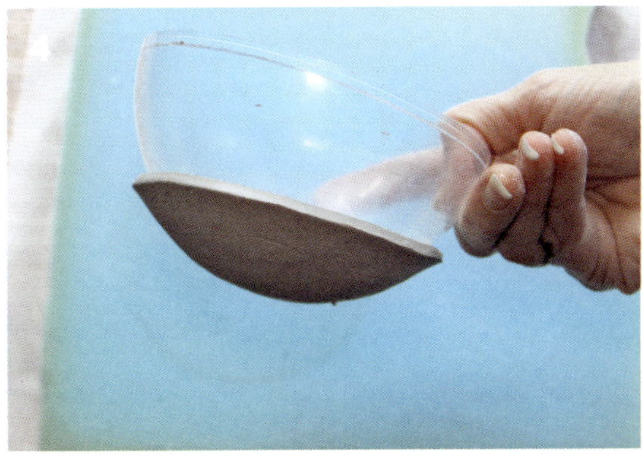
4

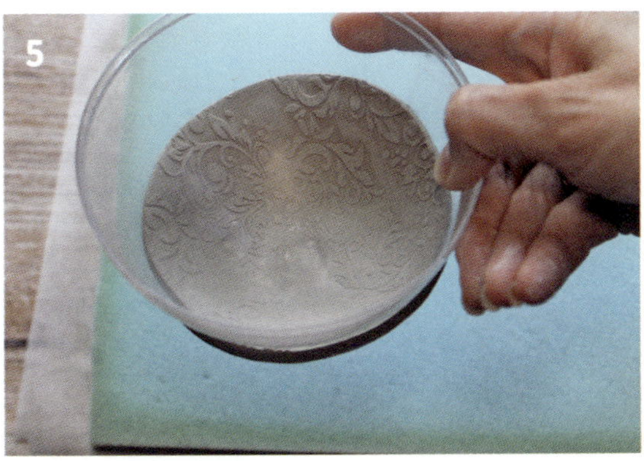
5

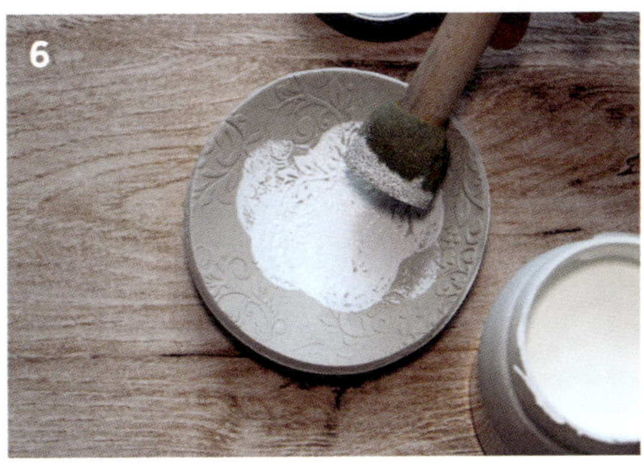
6

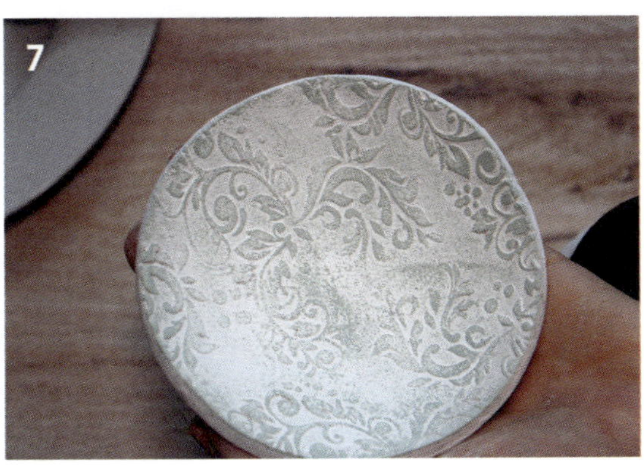
7

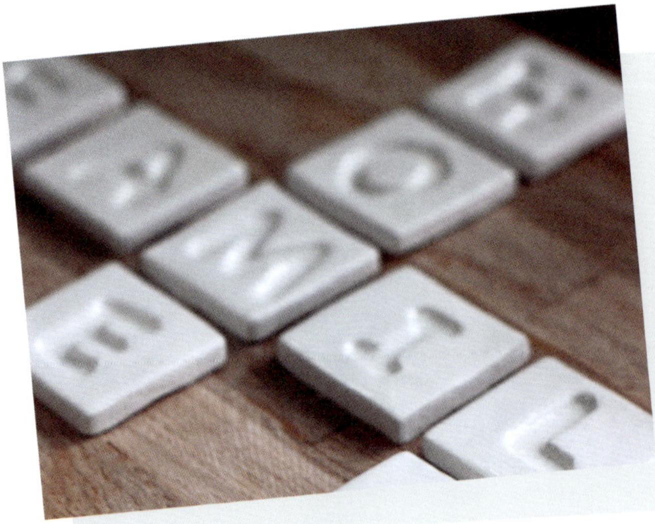

Bild »FAMILY, LOVE, HOME«

Lust auf ein neues Bild? Dieses Dekobild mit Minifliesen im Scrabble-Look ist ein schöner Hingucker und lässt sich ganz individuell beschriften. Es eignet sich auch prima als Geschenk für liebe Freunde.

Du benötigst:

- Modelliermasse
- Backpapier als Unterlage
- Vierkanthölzer 0,3 cm
- Nudelholz
- Schüssel/n mit Wasser
- Moosgummibuchstaben 2 cm
- Ausstechform, viereckig 3 cm
- Nadel
- Pinsel
- Triple-Gloss-Lack
- Montagekleber
- Holzbrettchen (hier 21 x 28 cm)

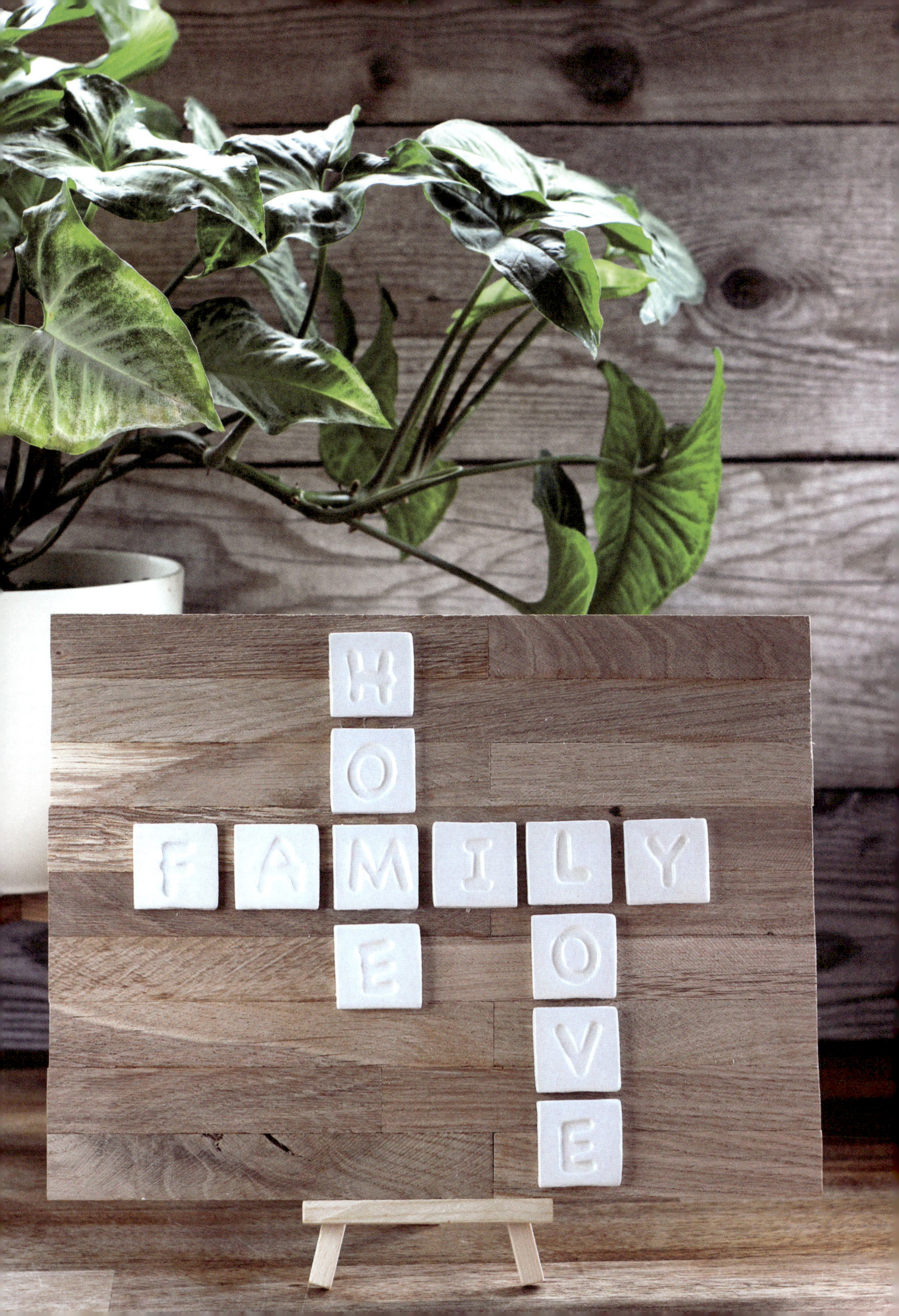
HOME
FAMILY
LOVE

Und so geht es:

1 Die Modelliermasse auf dem Backpapier zwischen den Vierkanthölzern gleichmäßig hoch mit dem Nudelholz ausrollen.

2 Nun die benötigten Buchstaben für den Schriftzug FAMILY LOVE HOME (oder einen anderen nach Wunsch) mit genügend Abstand auf der Modelliermasse verteilen und erneut mit dem Nudelholz darüberrollen.

3 Alle Buchstaben mit der Ausstechform ausstechen.

4 Die Moosgummibuchstaben mithilfe einer Nadel entnehmen.

5 Alle Kanten mit einem befeuchteten Finger glatt streichen und die Fliesen trocknen lassen. Dabei darauf achten, dass sie sich während des Trocknens nicht biegen und gegebenenfalls wenden.

6 Alle Minifliesen großzügig mit Triple-Gloss-Lack bepinseln und trocknen lassen.

7 Die Minifliesen in passender Anordnung mit Montagekleber auf das Brettchen kleben.

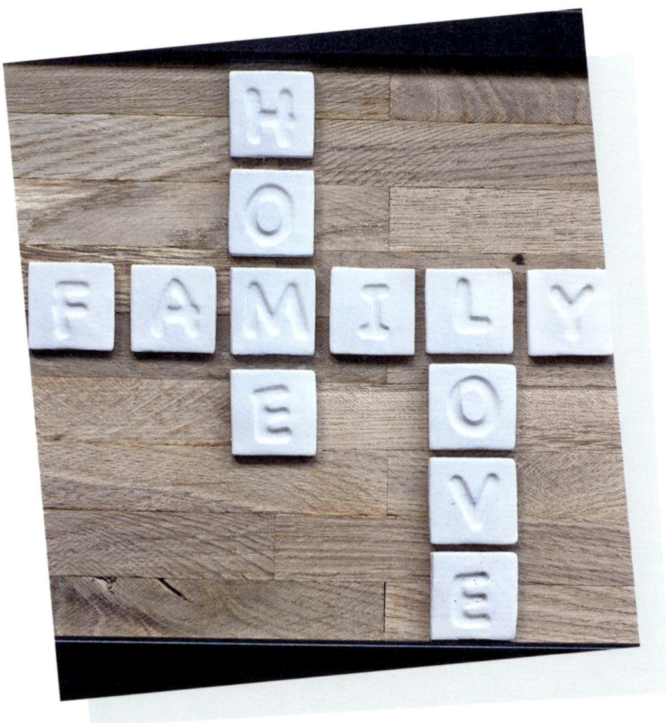

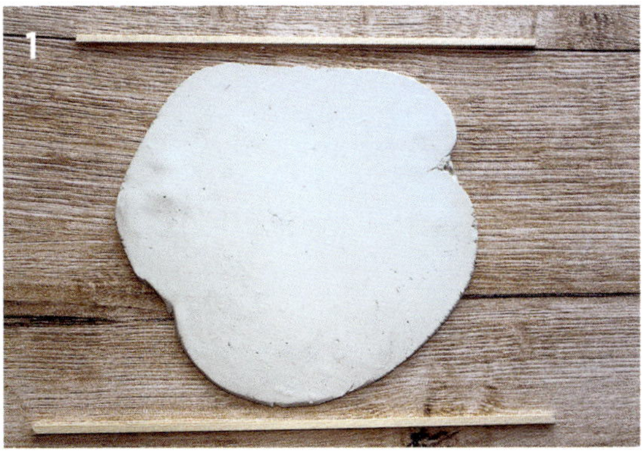
1

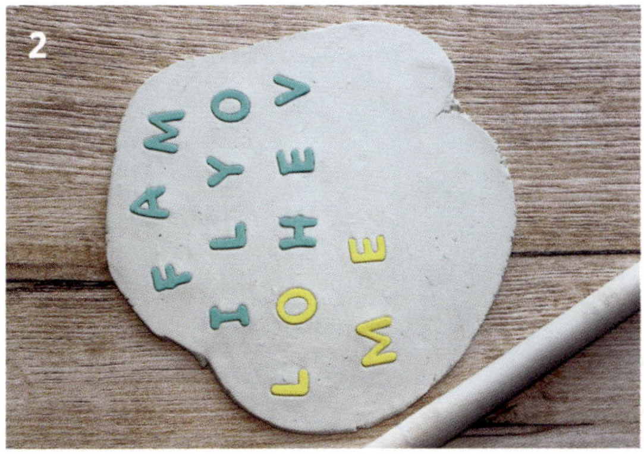
2

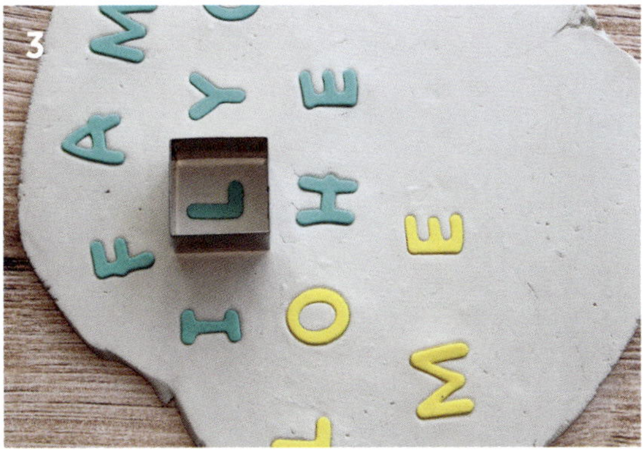
3

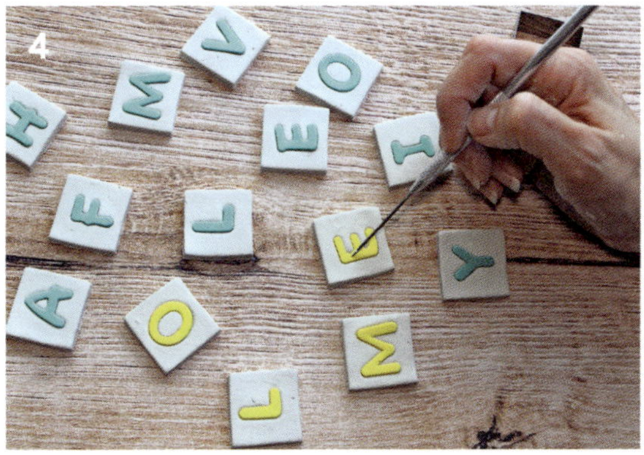
4

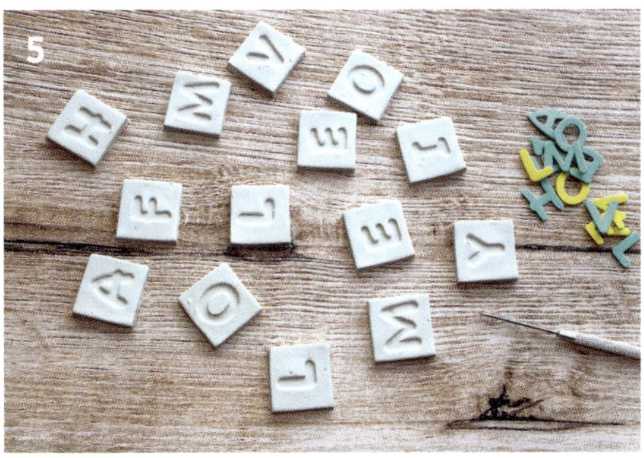
5

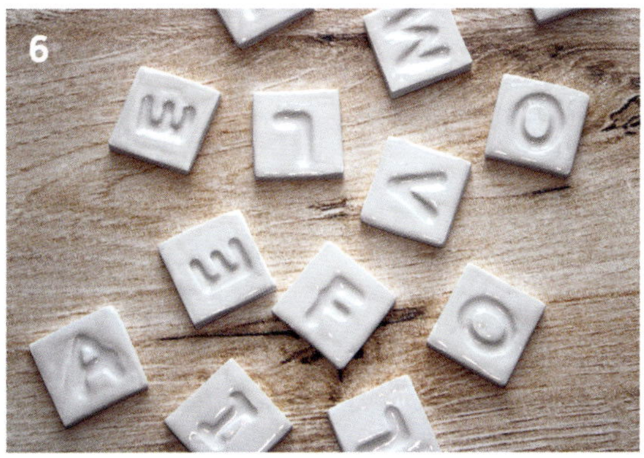
6

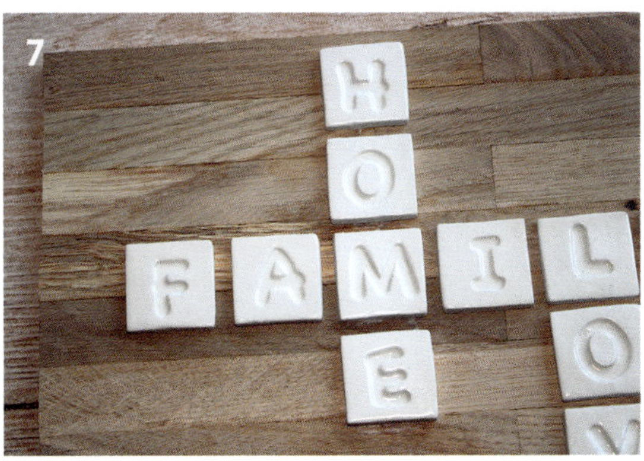
7

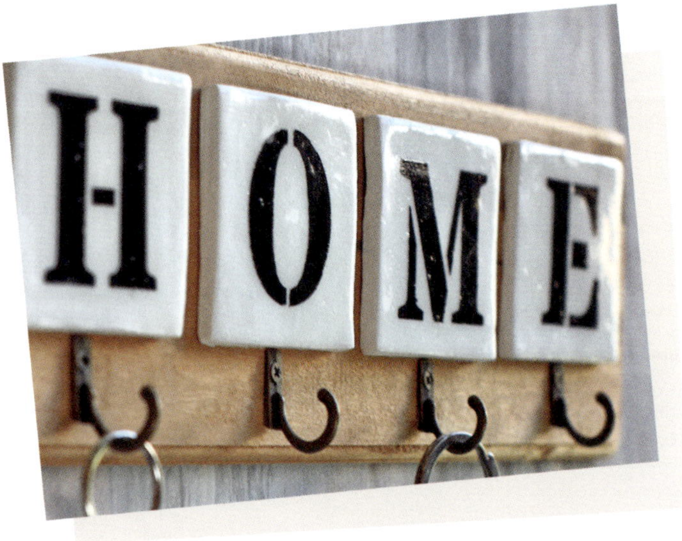

Schlüsselbrett
»HOME«

Mit diesem Schlüsselbrett an der Wand wird garantiert kein Schlüssel mehr verlegt! Und hübsch aussehen tut es außerdem.

Du benötigst:

- Modelliermasse
- Backpapier als Unterlage
- Vierkanthölzer 0,5 cm
- Nudelholz
- Schüssel/n mit Wasser
- Ausstechform, viereckig 6 cm
- Buchstabenschablone 4 cm
- Schwämmchen
- Acrylfarbe, schwarz
- Pinsel
- Triple-Gloss-Lack
- Montagekleber
- Holzschild mit Aufhänger, ca. 10 x 30 cm
- 4 Minihaken ca. 2 cm mit Schrauben
- Handbohrer bei Bedarf
- Schraubenzieher

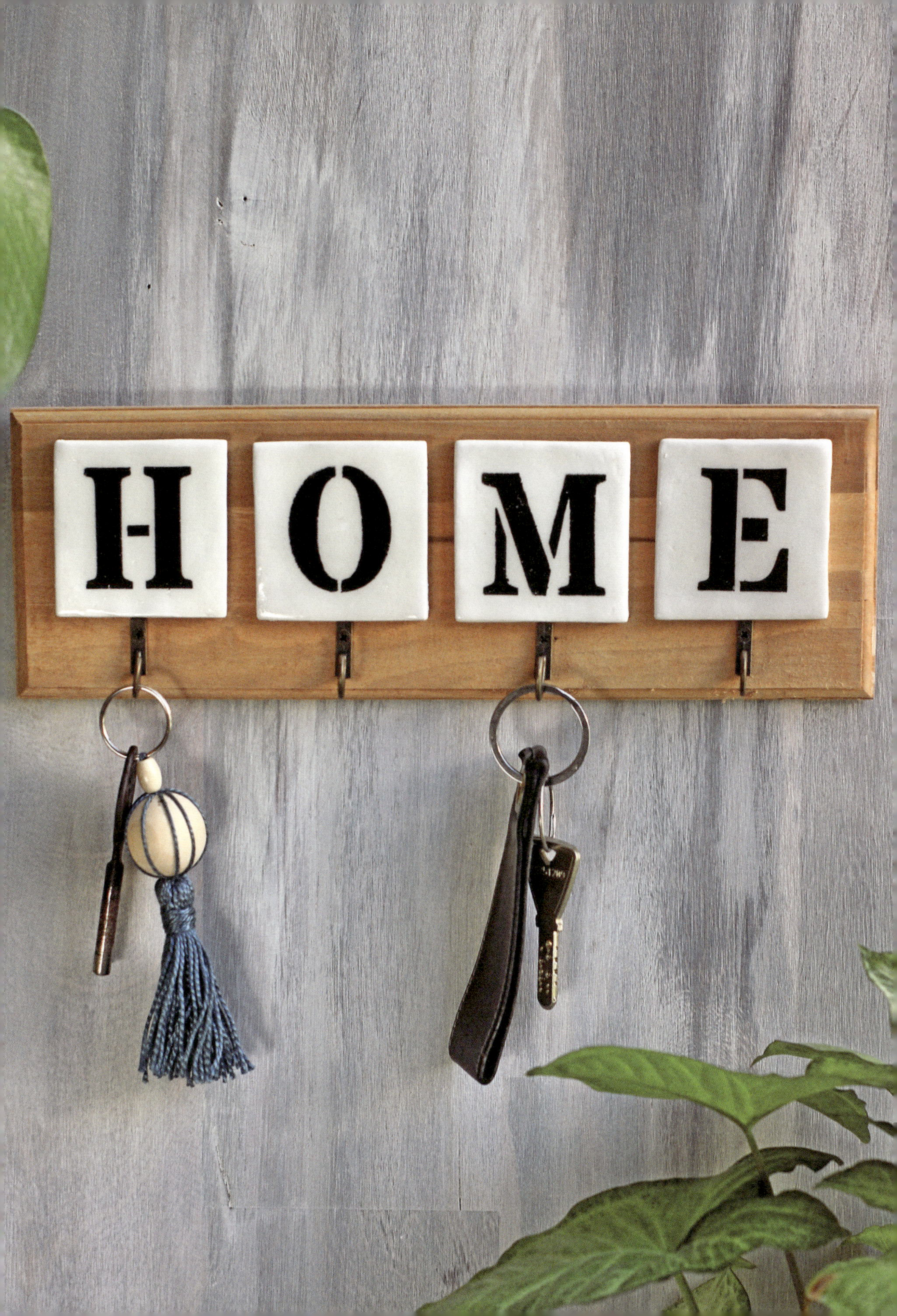
HOME

Und so geht es:

1 Die Modelliermasse auf dem Backpapier zwischen den Vierkanthölzern gleichmäßig hoch mit dem Nudelholz ausrollen.

2 Mit der Ausstechform vier Fliesen ausstechen und trocknen lassen.

3 Nun mithilfe von Schablone und Schwämmchen den Schriftzug HOME mit schwarzer Acrylfarbe auf die Fliesen aufbringen und trocknen lassen.

4 Die Fliesen großzügig mit Triple-Gloss-Lack überziehen und trocknen lassen.

5 Dann die Fliesen mit Montagekleber auf das Holzschild aufbringen, dabei darauf achten, Platz für die Haken zu lassen.

6 Die Stellen, an denen die Haken montiert werden sollen, markieren. Die Löcher eventuell mit einem Handbohrer vorbohren, damit das Holz nachher nicht platzt.

7 Alle Haken mit dem Schraubenzieher mittig unter den Fliesen befestigen.

TIPP

Wenn dir die Farbe des Holzschildes nicht gefällt, kannst du dieses nach Bedarf vorab noch beizen oder ölen.

HOME

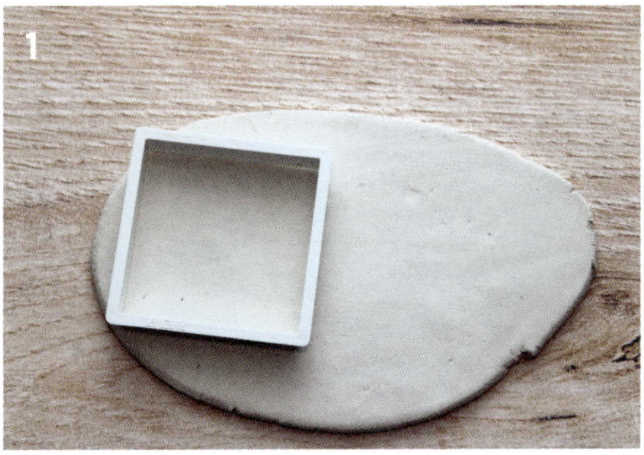
1

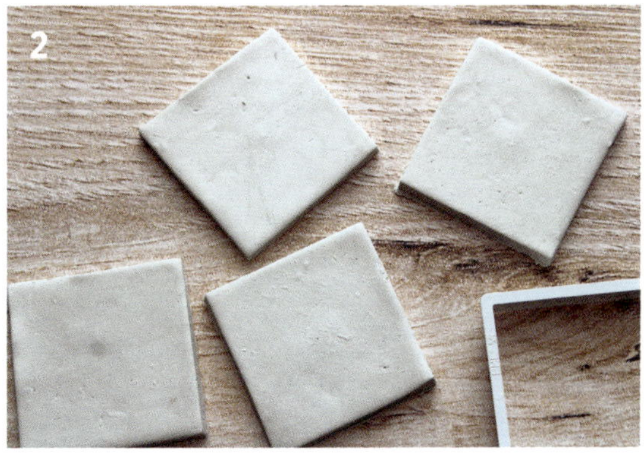
2

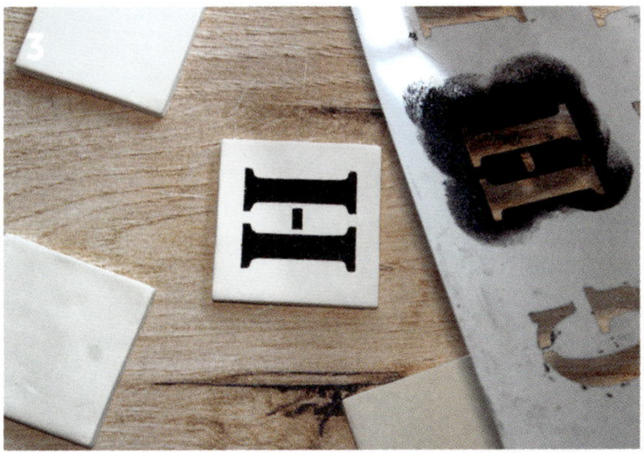
3

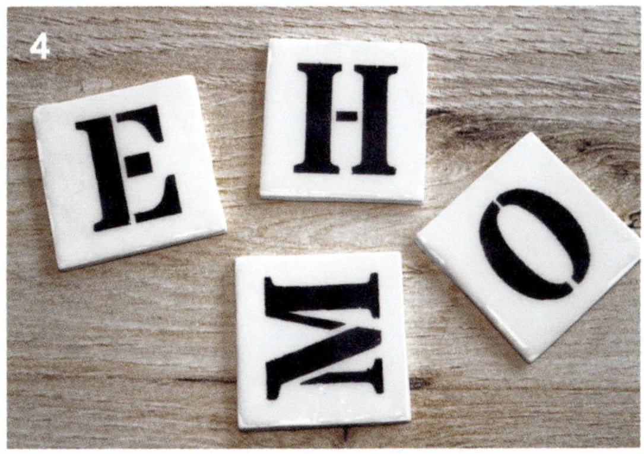
4

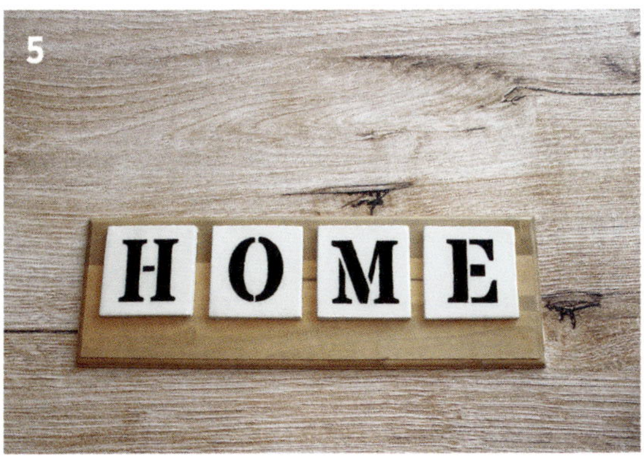
5
HOME

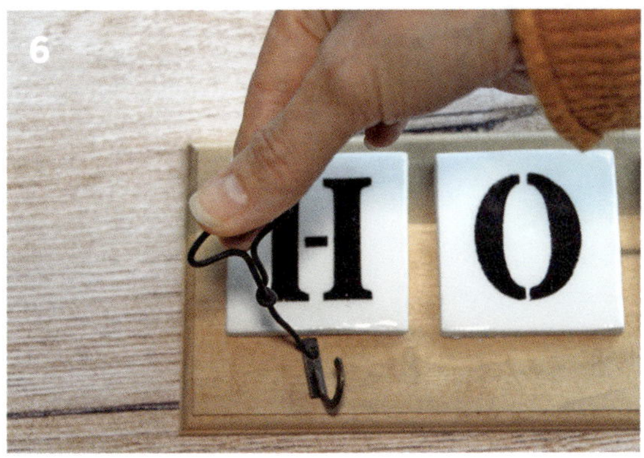
6

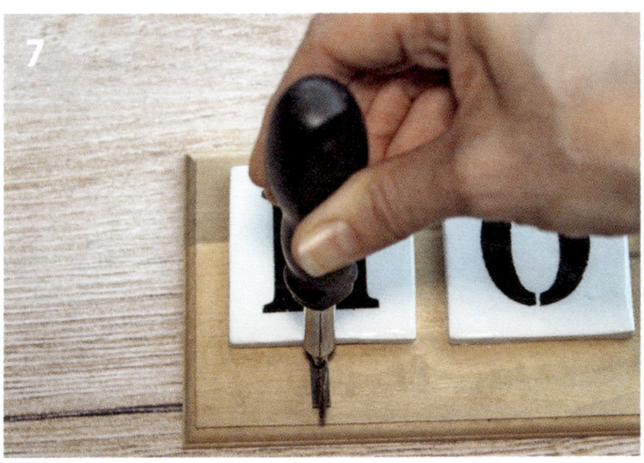
7

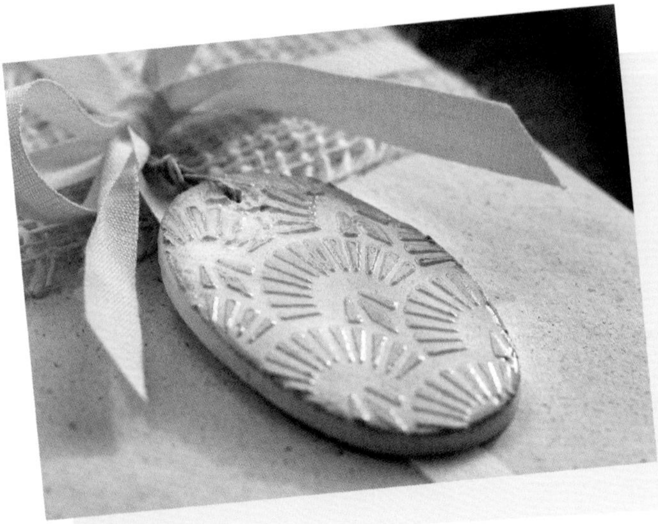

Geschenkanhänger
MIT RELIEF

Wenn du Geschenke genauso gern verpackst wie ich, dann sind diese Anhänger ein schönes Detail, mit dem du jedes Päckchen noch ein bisschen aufwerten kannst.

Du benötigst:

- Modelliermasse
- Backpapier als Unterlage
- Vierkanthölzer 0,3 cm
- Nudelholz
- Schüssel/n mit Wasser
- Ausstechform oval
- Dünnen Strohhalm oder hohlen Cakepop-Stiel
- Schablone mit Muster
- Spatel
- Strukturpaste
- Acryl- oder Kreidefarbe, grün, grau
- Schwämmchen
- Pinsel
- Triple-Gloss-Lack
- Zahnstocher bei Bedarf

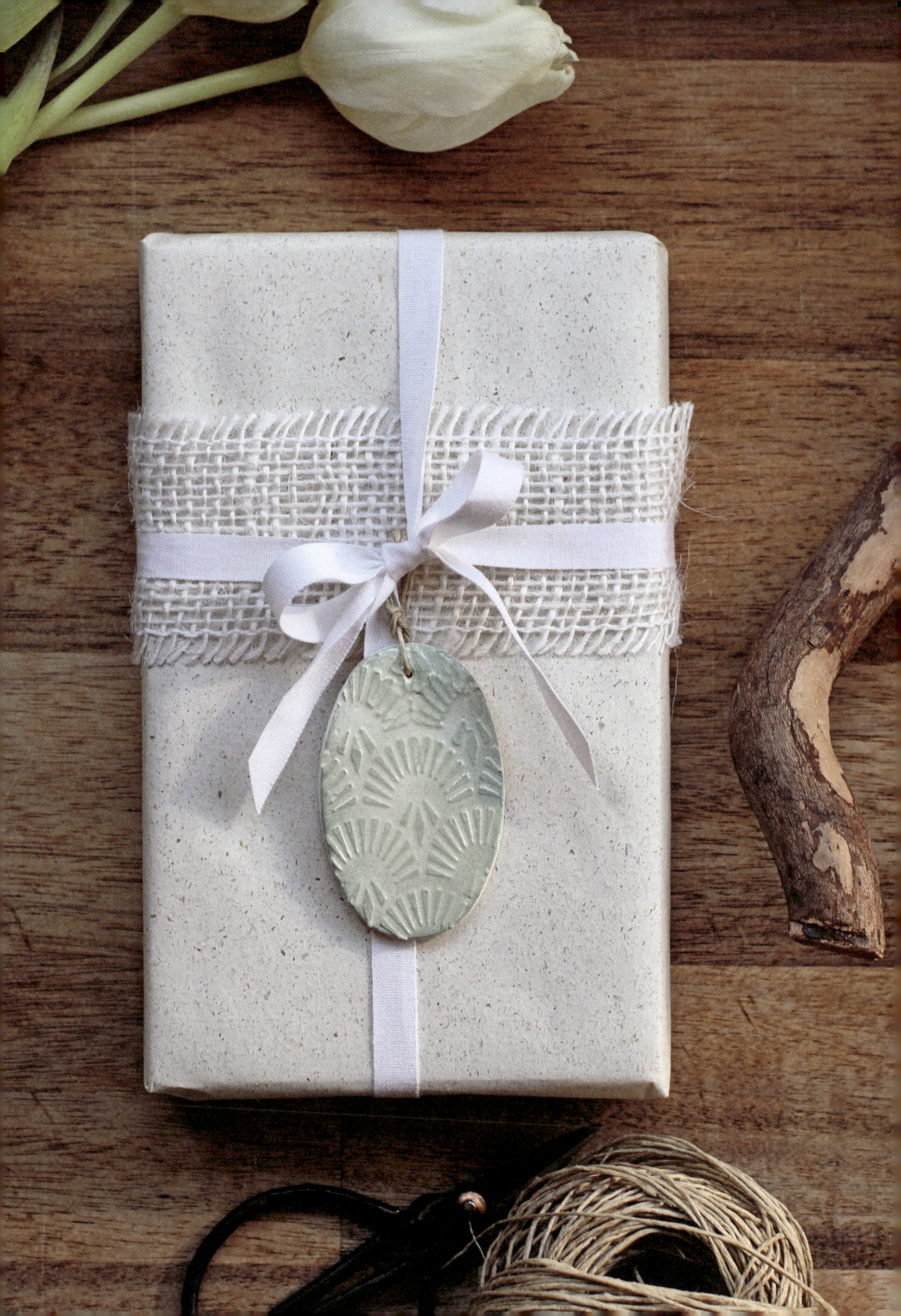

Und so geht es:

1 Die Modelliermasse auf dem Backpapier zwischen zwei Vierkanthölzern gleichmäßig hoch mit dem Nudelholz ausrollen.

2 Mit der Ausstechform Anhänger aus der Modelliermasse ausstechen. Mit dem Strohhalm oder Cakepop-Stiel Löcher für ein Band ausstechen. Alle Kanten mit einem mit Wasser befeuchteten Finger glätten und die Anhänger trocknen lassen.

3 Die Schablone auf einen Anhänger legen und mit dem Spatel Strukturpaste auf die Schablone streichen. Dabei darauf achten, dass die Schablone nicht verrutscht.

4 Die Schablone behutsam abziehen und die Strukturpaste trocknen lassen.

5 Nun jeweils wenig (!) Farbe mit dem Schwämmchen aufnehmen und vorsichtig über den Anhänger streichen. So verbleibt die Farbe überwiegend auf der erhabenen Struktur. Trocknen lassen.

6 Die Anhänger nach dem Trocknen mit Triple-Gloss-Lack versehen. Dabei darauf achten, dass sich die Löcher nicht zusetzen. Zum Entfernen von Lack in den Löchern kann zum Beispiel ein Zahnstocher verwendet werden.

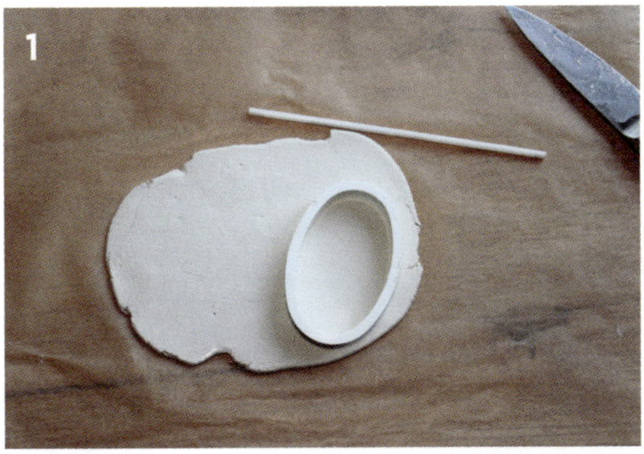
1

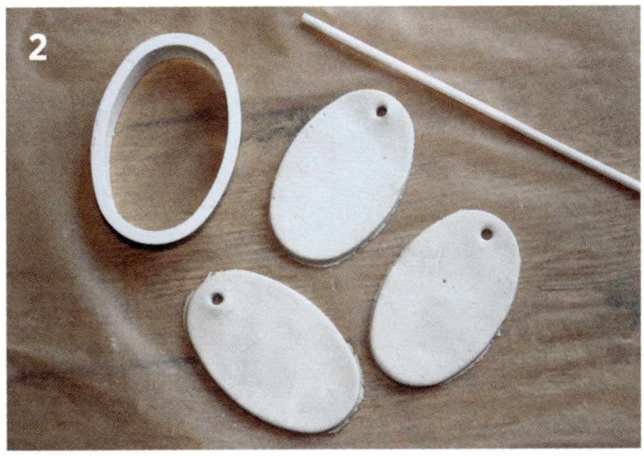
2

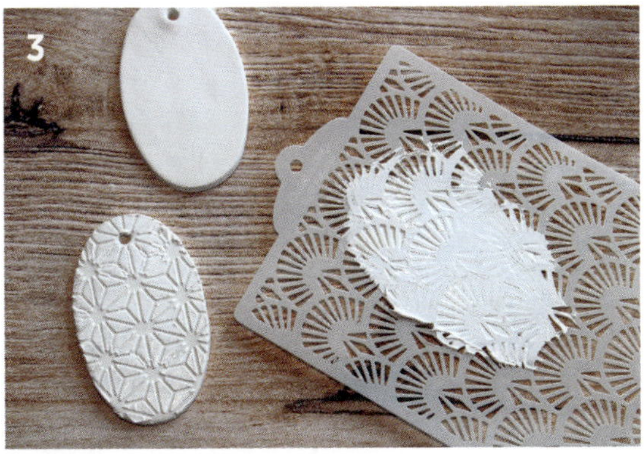
3

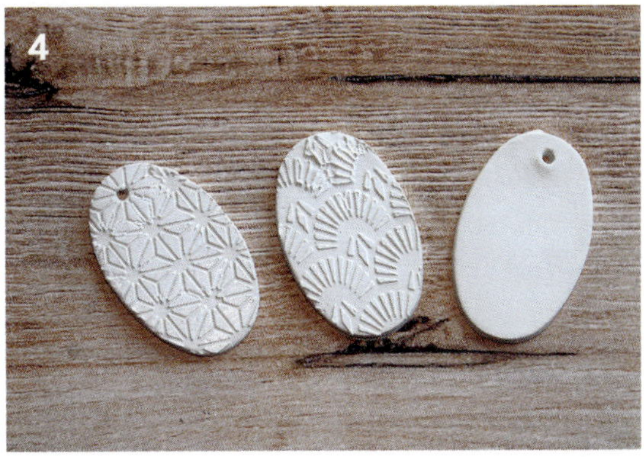
4

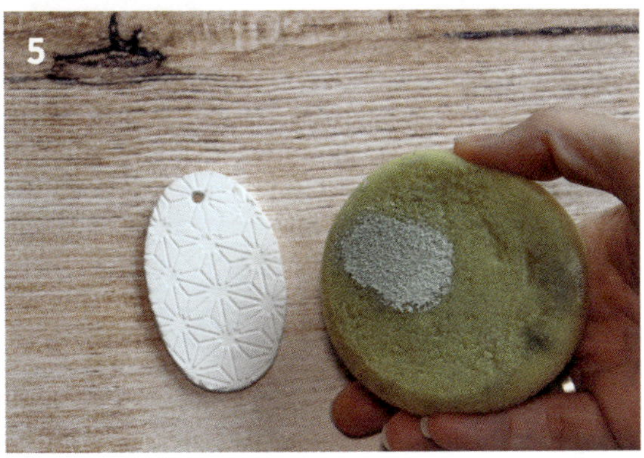
5

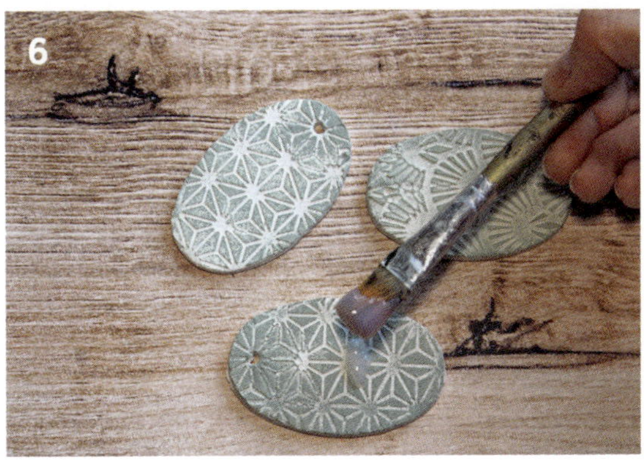
6

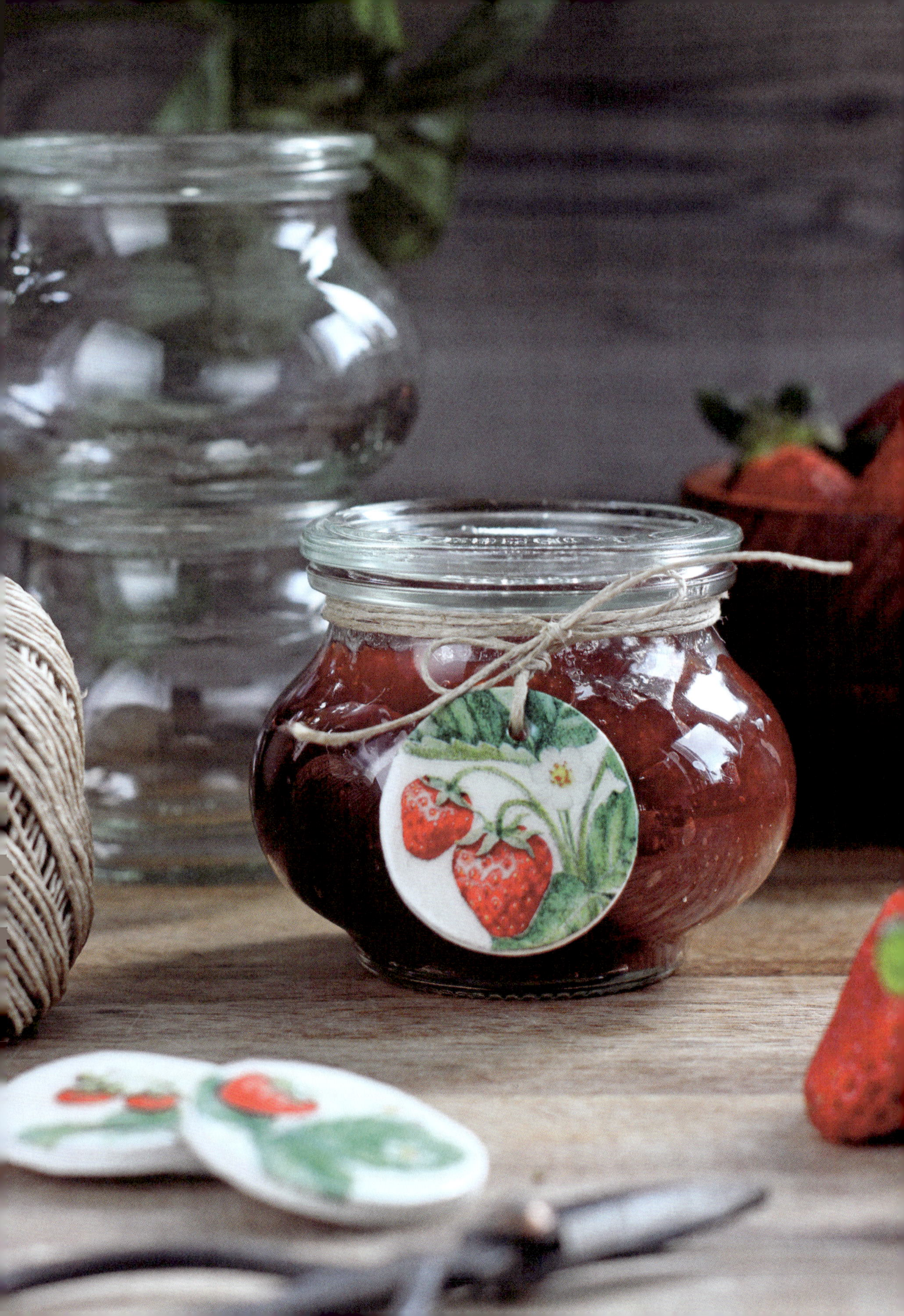

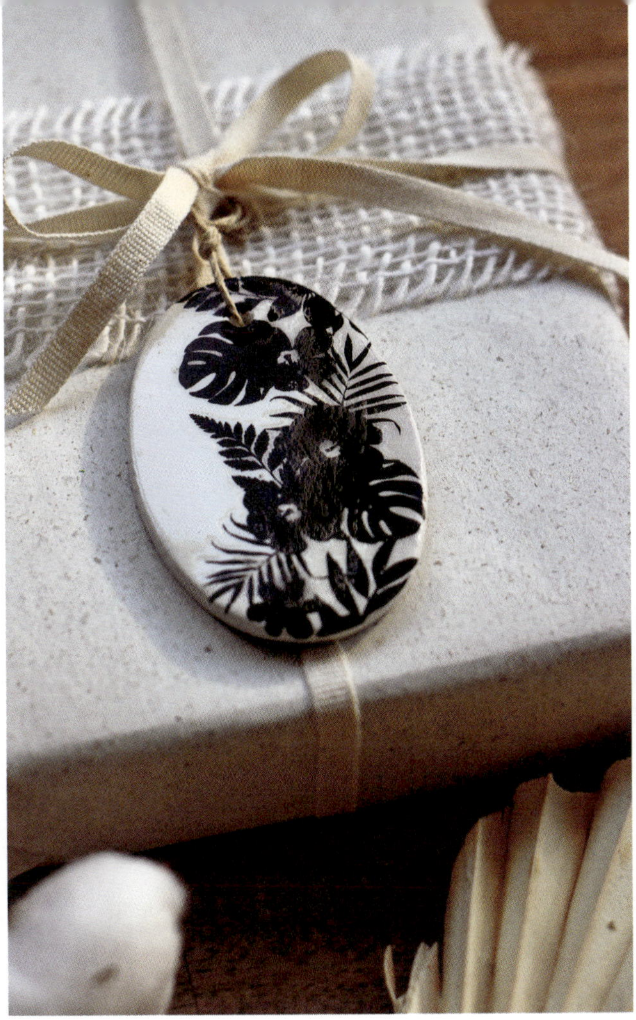

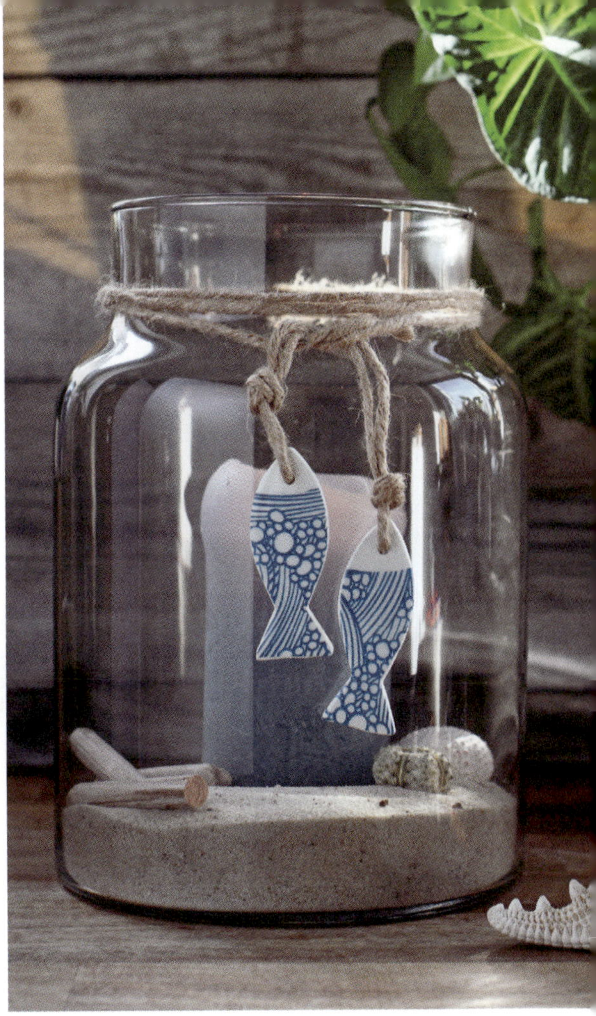

Ideen für den Sommer

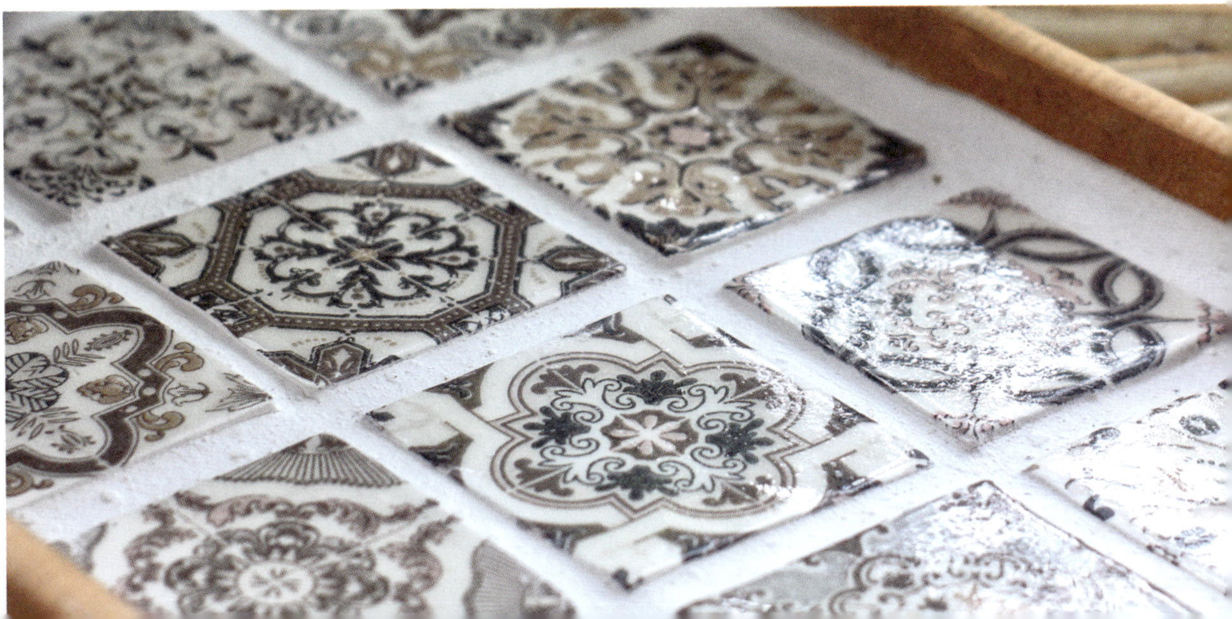

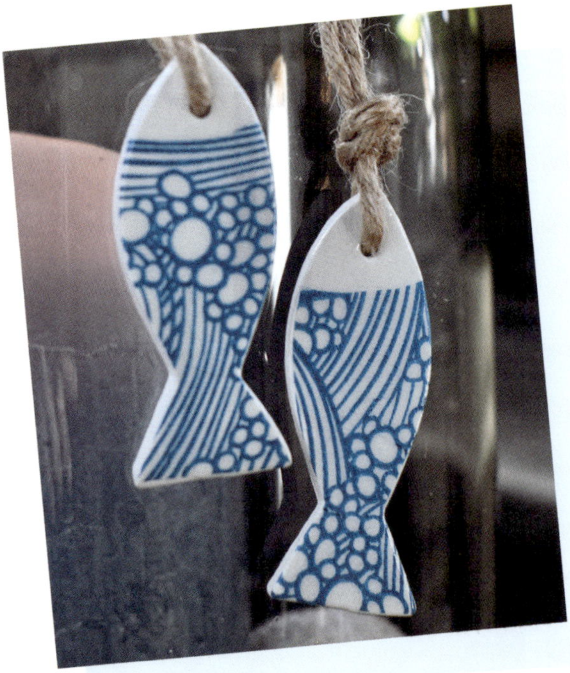

Fliegende FISCHE

Mit diesen Fischen im Keramik-Look holt man sich den Sommer auf den Wohnzimmertisch. An einem kleinen Windlicht dekoriert, sind sie auch ein prima Mitbringsel zur Sommerparty oder eine hübsche Tischdeko-Idee.

Du benötigst:

- Modelliermasse
- Backpapier als Unterlage
- Vierkanthölzer 0,3 cm
- Nudelholz
- Schüssel/n mit Wasser
- Ausstechform Fisch
- Dünnen Strohhalm oder hohlen Cakepop-Stiel
- Serviette mit Wassermotiv
- Schere
- Serviettenkleber
- Pinsel
- Triple-Gloss-Lack
- Zahnstocher bei Bedarf

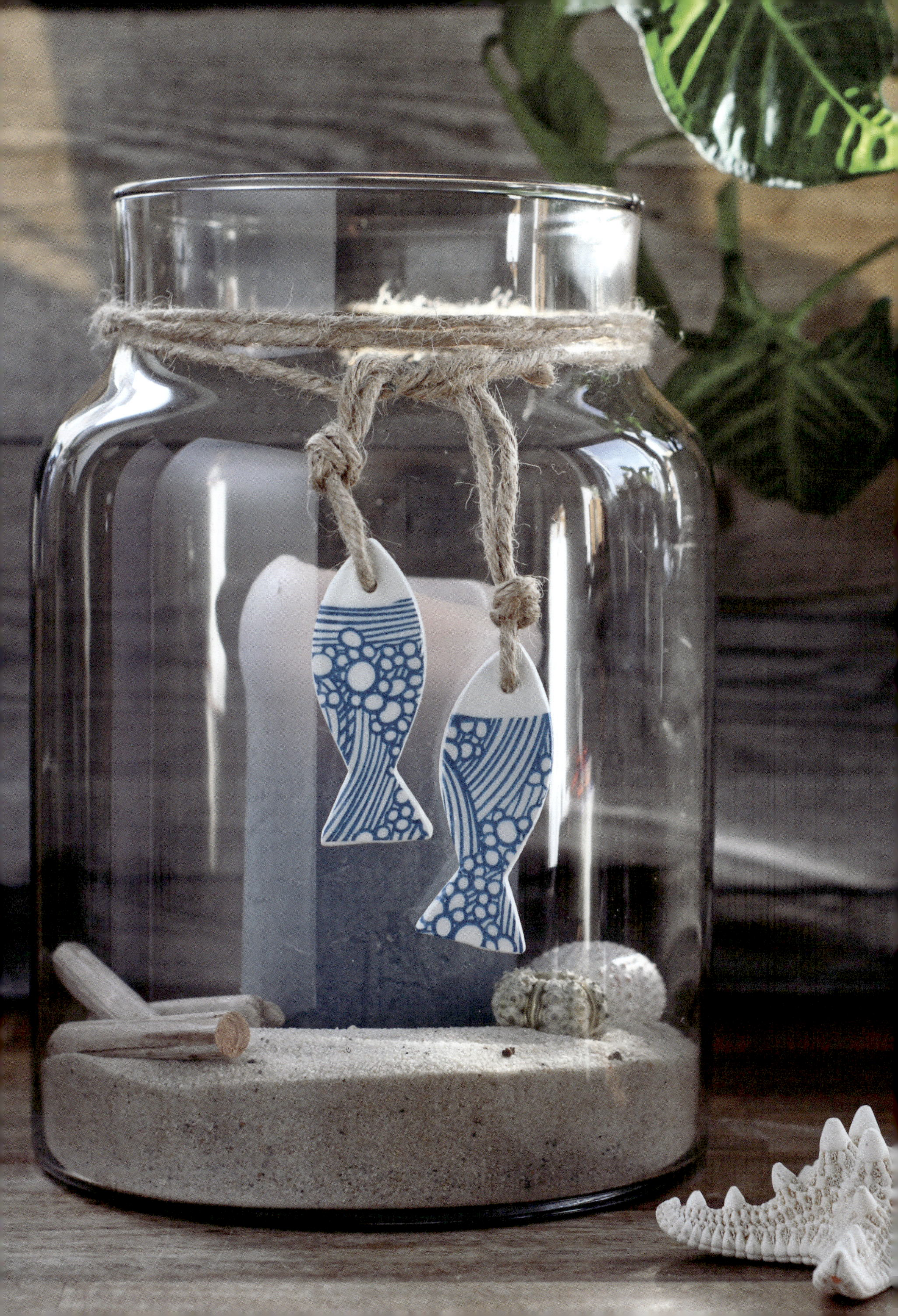

Und so geht es:

1 Die Modelliermasse auf dem Backpapier mithilfe der Vierkanthölzer gleichmäßig hoch mit dem Nudelholz ausrollen.

2 Mit dem Ausstecher beliebig viele Fische ausstechen.

3 Jeden Fisch mithilfe des Strohhalms oder Cakepop-Stiels mit einem Loch versehen und alle Kanten mit einem befeuchteten Finger glatt streichen. Die Anhänger trocknen lassen und sie gegebenenfalls zwischendurch wenden, sollten sie sich biegen.

4 Aus der Serviette Fischkörper in passender Anzahl ausschneiden, dafür kann der Ausstecher als Zeichenschablone genutzt werden. Dann die oberste Schicht der Serviette vom Rest trennen.

5 Je einen Anhänger mit Serviettenkleber bestreichen und ein zugeschnittenes Serviettenstück darauflegen. Nun die Serviette mit weiterem Kleber glatt streichen. Überstehende Ränder einfach um die Kante kleben. Trocknen lassen.

6 Die Anhänger nach dem Trocknen mit Triple-Gloss-Lack überziehen. Dabei darauf achten, dass sich die Löcher nicht zusetzen. Zum Entfernen von Lack in den Löchern kann ein Zahnstocher genutzt werden.

TIPP

Sollte die Serviette Falten werfen, kannst du mit einem mit Kleber benetzten Finger vorsichtig über die Serviette streichen, so lassen sich Falten glätten.

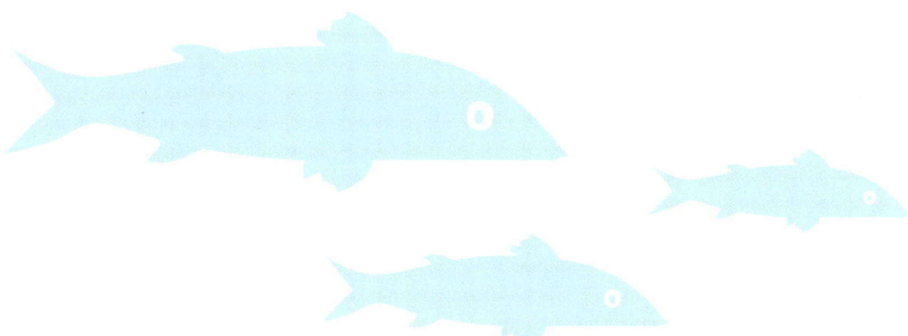

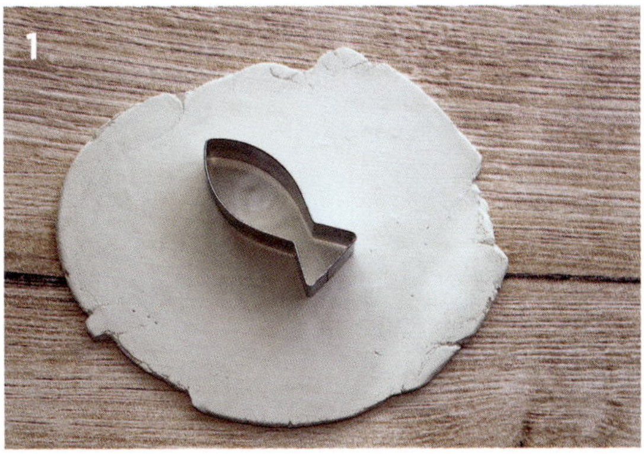
1
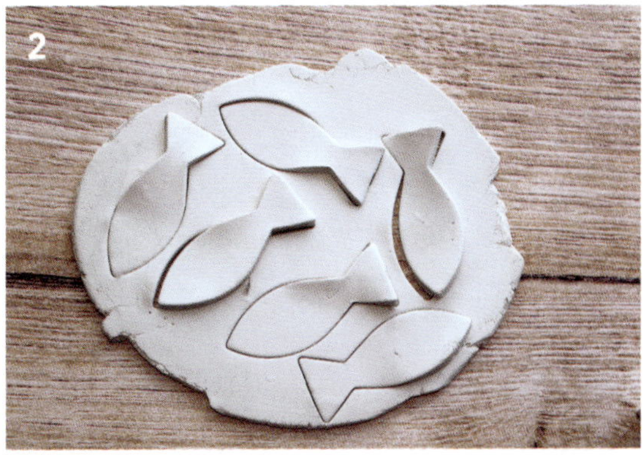
2
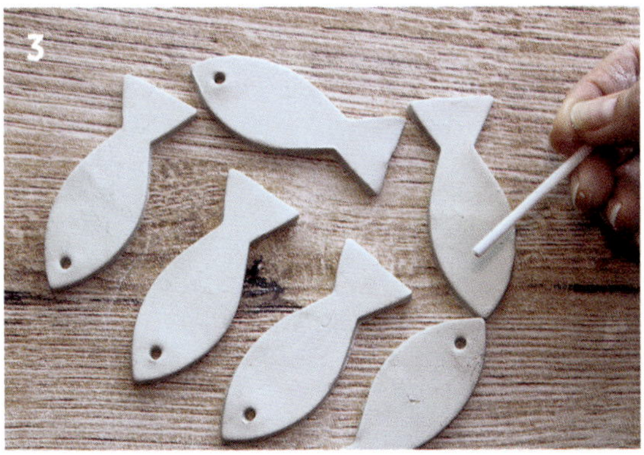
3
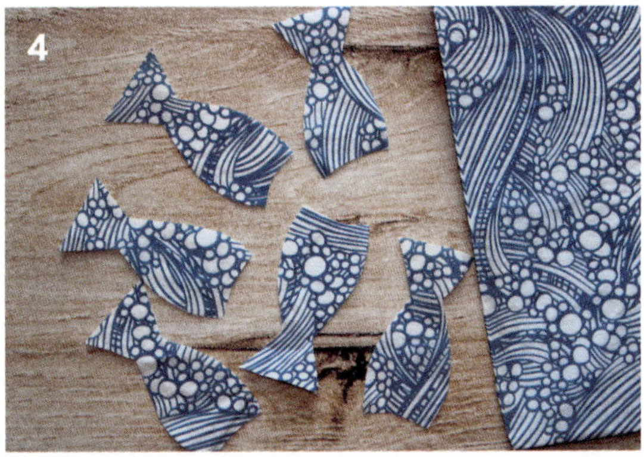
4
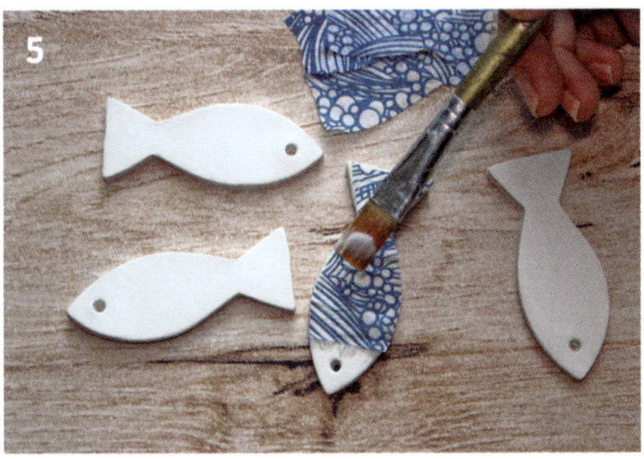
5
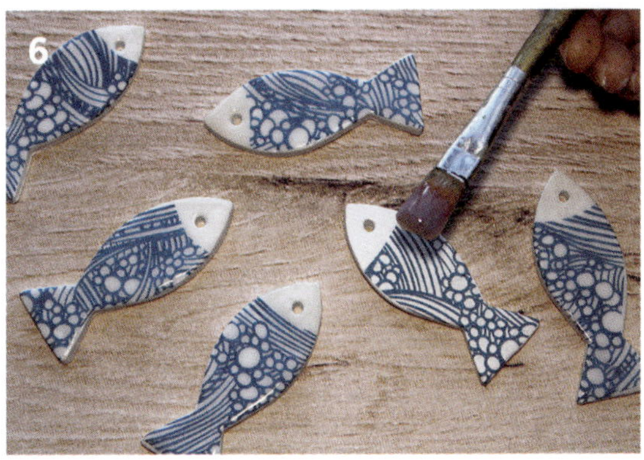
6

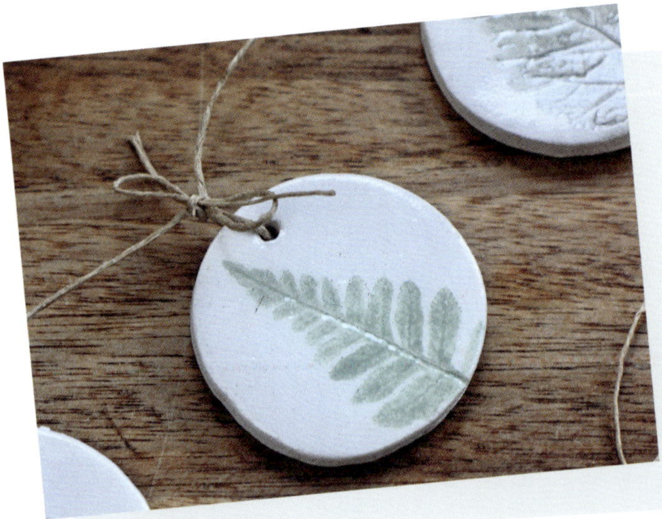

Kleine Girlande MIT PFLANZENABDRÜCKEN

Mit Blättern und anderen Pflanzenteilen lassen sich tolle, filigrane Abdrücke erzeugen und so verewigen. Als Girlande aufgereiht, finden sie sicher ein schönes Plätzchen und verbreiten ihren natürlichen Charme.

Du benötigst:

- Lufttrocknenden Ton
- Backpapier als Unterlage
- Vierkanthölzer 0,3 cm
- Nudelholz
- Schüssel/n mit Wasser
- Kleinere Pflanzenteile
- Nadel oder Pinzette
- Kreis-Ausstecher, Ø 5 cm
- Dünnen Strohhalm oder hohlen Cakepop-Stiel
- Schwämmchen
- Acrylfarbe, weiß, grün, grau
- Sehr dünnen und mittleren Pinsel
- Triple-Gloss-Lack
- Zahnstocher bei Bedarf

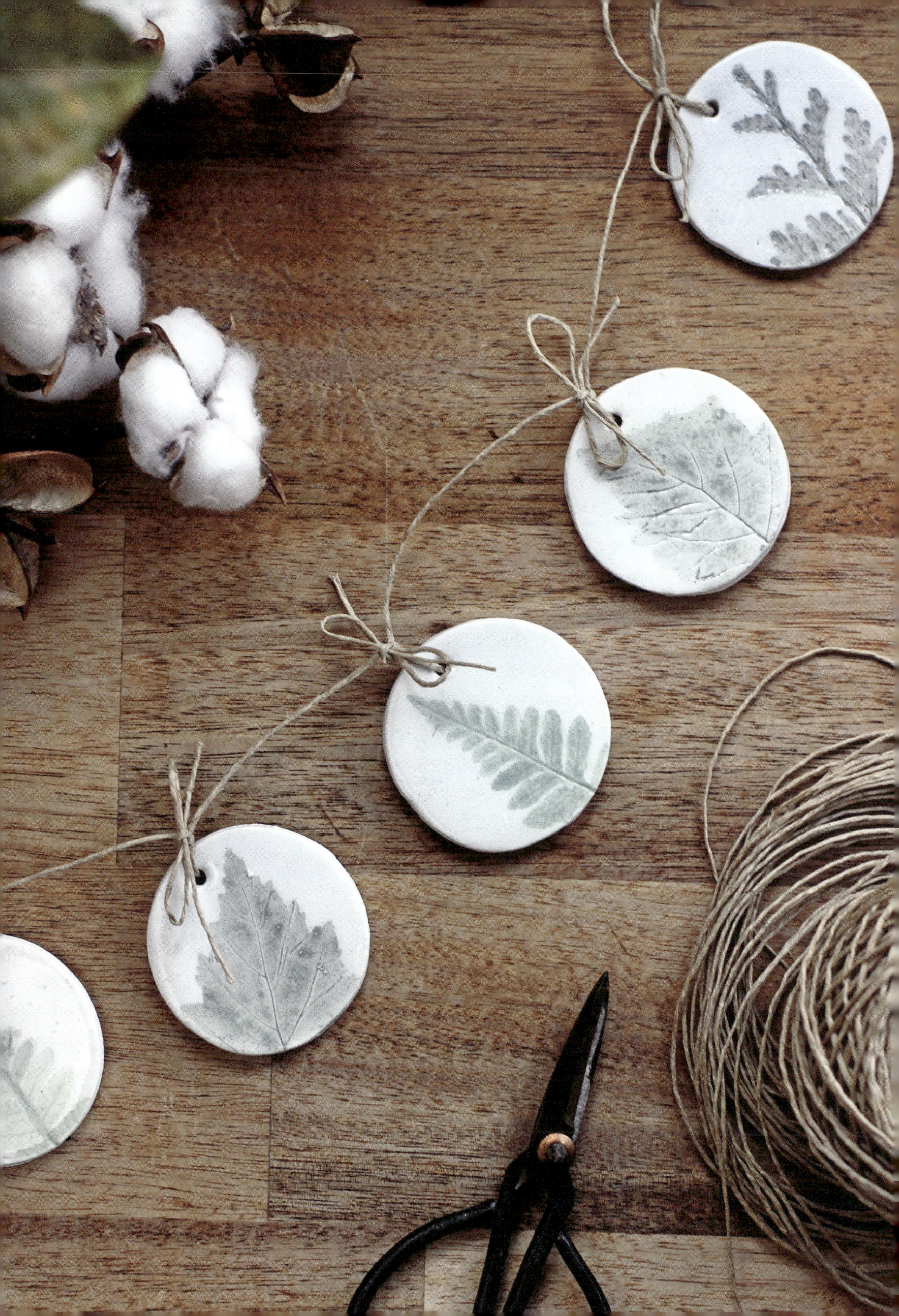

Und so geht es:

1 Den Ton auf dem Backpapier mithilfe der Vierkanthölzer gleichmäßig hoch mit dem Nudelholz ausrollen. Die Pflanzenteile mit etwas Abstand zueinander darauflegen.

2 Nun erneut mit dem Nudelholz über den Ton rollen, sodass sich die Pflanzenteile in den Ton drücken.

3 Alle Pflanzenteile mithilfe einer Nadel oder Pinzette abnehmen.

4 Mit dem Kreis-Ausstecher nach Belieben Anhänger ausstechen. Die Anhänger mithilfe des Strohhalms oder Cakepop-Stiels mit einem Loch für einen Aufhänger versehen. Alle Kanten mit einem mit Wasser befeuchteten Finger glätten und die Anhänger trocknen lassen.

5 Die Anhänger mit dem Schwämmchen weiß tünchen.

6 Aus den Acrylfarben unterschiedliche Grüntöne anmischen, dafür etwas graue Farbe hinzugeben. Nun die Farben so stark verdünnen, dass sie gut fließen können. Dann mit einem sehr dünnen Pinsel die Strukturen der eingedrückten Pflanzenformen mit dem Farbwasser nachzeichnen. Hierbei versuchen, die Farbe eher in die Strukturen laufen zu lassen. Dadurch entsteht eine sehr natürliche Optik und die geprägten Strukturen bleiben gut sichtbar. Trocknen lassen.

7 Die Anhänger nach dem Trocknen großzügig mithilfe des mittleren Pinsels mit Triple-Gloss-Lack überziehen. Dabei darauf achten, dass die Löcher sich nicht zusetzen. Um die Löcher von Lack zu befreien, kann ein Zahnstocher zu Hilfe genommen werden.

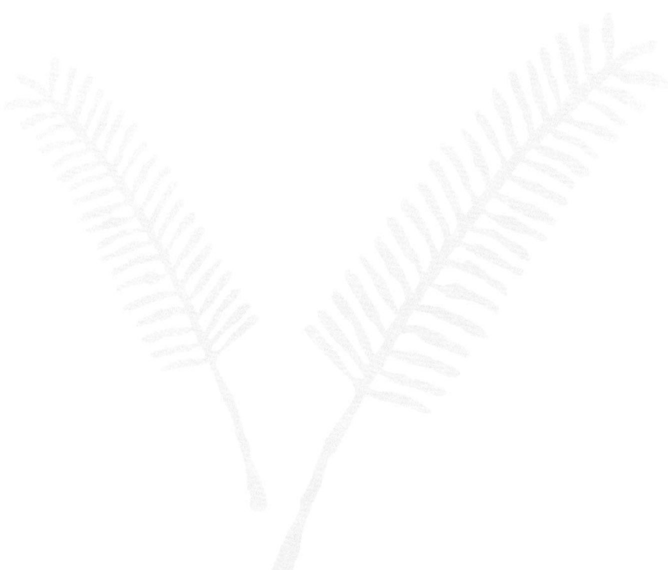

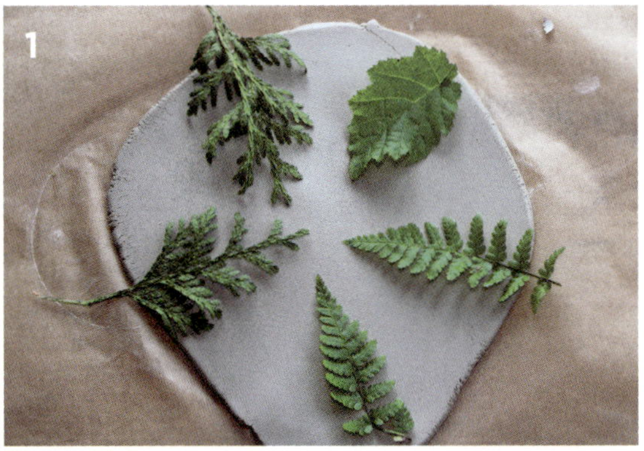
1

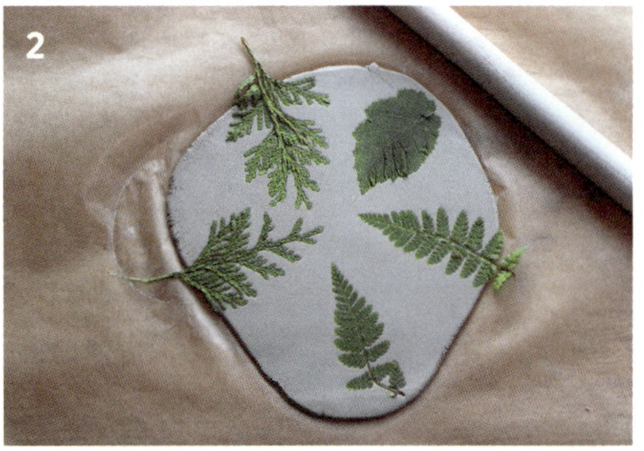
2

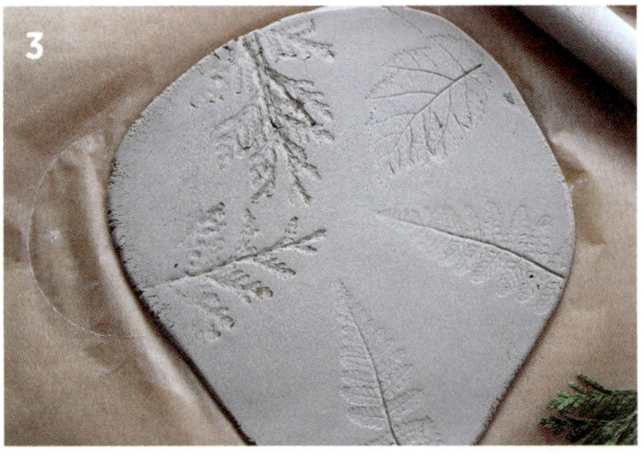
3

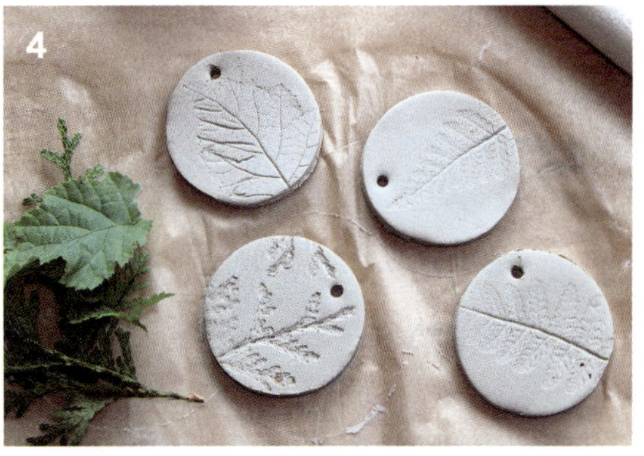
4

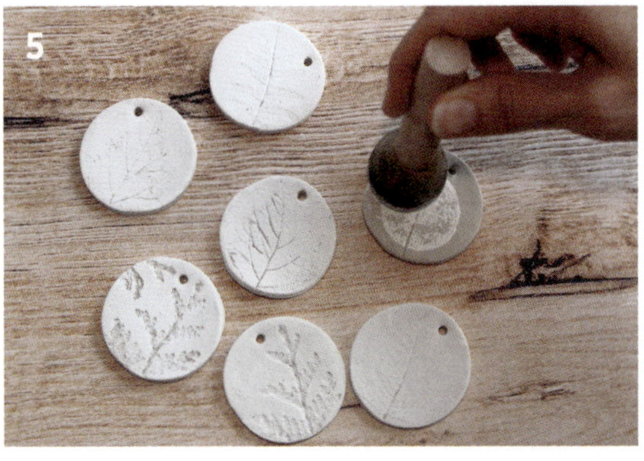
5

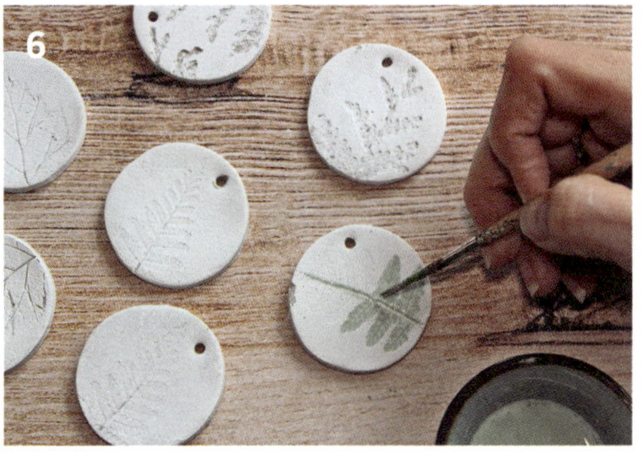
6

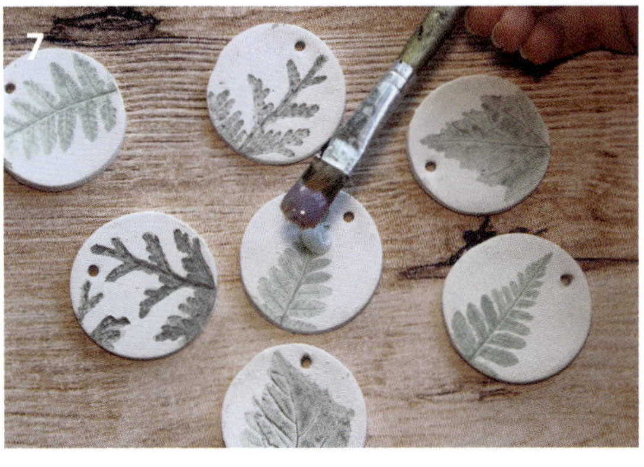
7

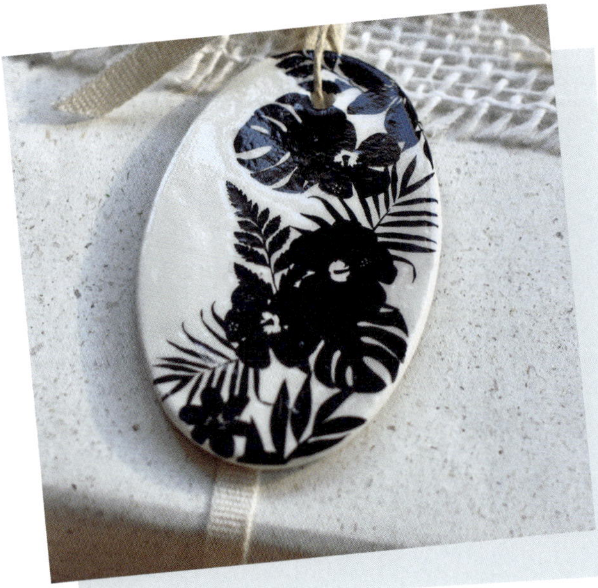

Sommerliche GESCHENKANHÄNGER

Mit temporären Tattoos lassen sich prima und sehr einfach Gegenstände aus Modelliermasse gestalten. Diese schlichten Anhänger wecken durch die sommerlichen Tattoos doch gleich Urlaubsgefühle!

Du benötigst:

- Modelliermasse
- Backpapier als Unterlage
- Vierkanthölzer 0,3 cm
- Nudelholz
- Schüssel/n mit Wasser
- Ausstechformen oval
- Dünnen Strohhalm oder hohlen Cakepop-Stiel
- Temporäre Tattoos mit floralen Mustern
- Schere
- Schwämmchen
- Pinsel
- Triple-Gloss-Lack
- Zahnstocher bei Bedarf

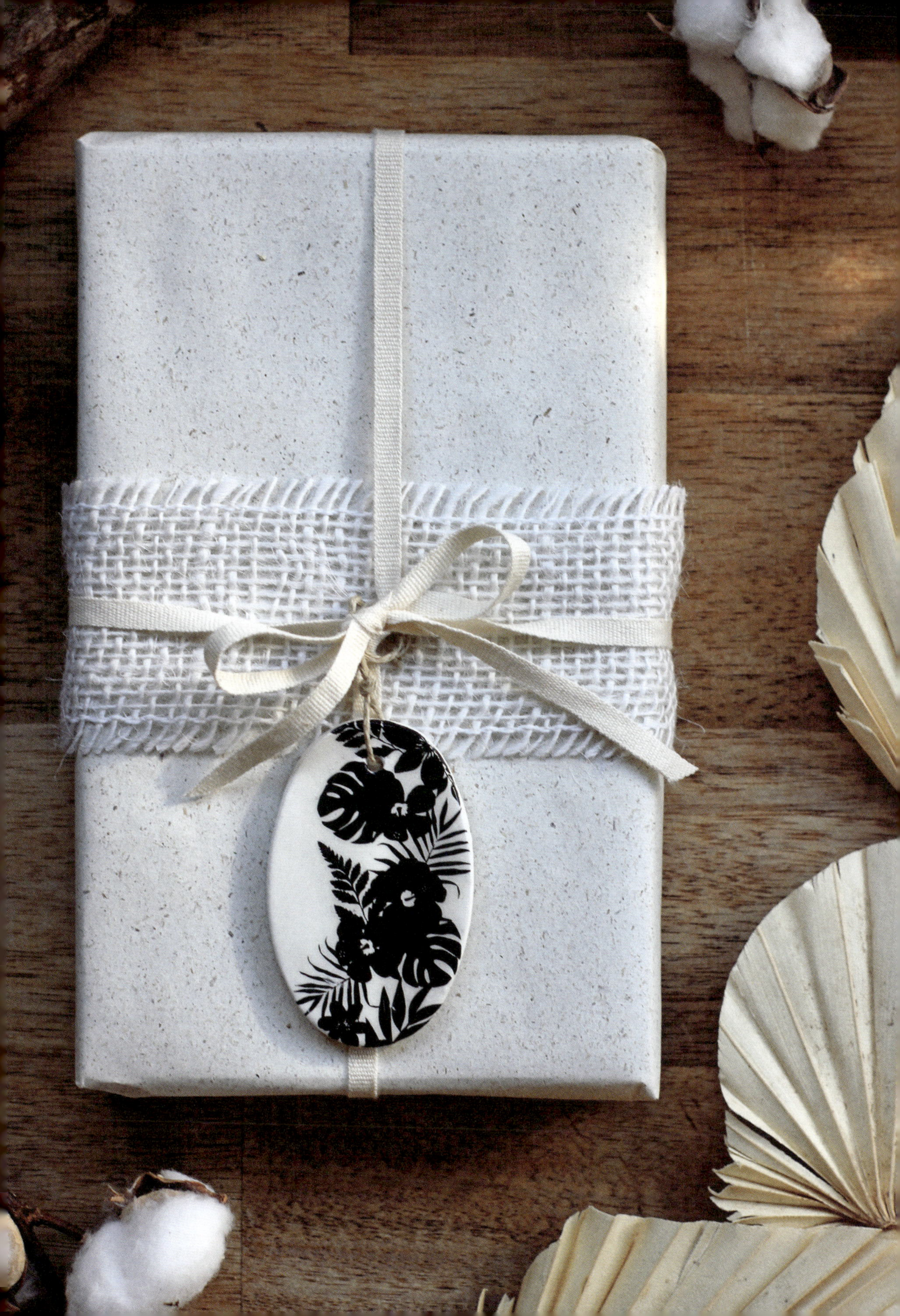

Und so geht es:

1 Die Modelliermasse auf dem Backpapier mithilfe der Vierkanthölzer gleichmäßig hoch mit dem Nudelholz ausrollen. Mit den Ausstechformen Anhänger ausstechen. Alle Kanten mit einem mit Wasser befeuchteten Finger glätten.

2 Mithilfe des Strohhalms oder Cakepop-Stiels Löcher für ein Band in die Anhänger stechen und sie trocknen lassen. Dabei darauf achten, dass sie sich während des Trocknens nicht biegen und gegebenenfalls wenden.

3 Passende Motive der temporären Tattoos zuschneiden.

4 Die Motive mit dem Bild nach unten auf die Anhänger legen und die Rückseite mit einem Schwämmchen anfeuchten.

5 Nun das Papier behutsam abheben; das Tattoo sollte sich vom Trägerpapier gelöst haben. Ist das noch nicht ganz der Fall, das Papier erneut mit dem Schwämmchen befeuchten. Die Tattoos trocknen lassen.

6 Großzügig Triple-Gloss-Lack auf die Anhänger auftragen. Dabei darauf achten, dass sich die Löcher nicht zusetzen. Um die Löcher von Lack zu befreien, kann ein Zahnstocher verwendet werden.

TIPP

Temporäre Tattoos lassen sich auf nahezu allen Oberflächen verwenden! Mit einer Schicht Klarlack sind sie noch besser geschützt.

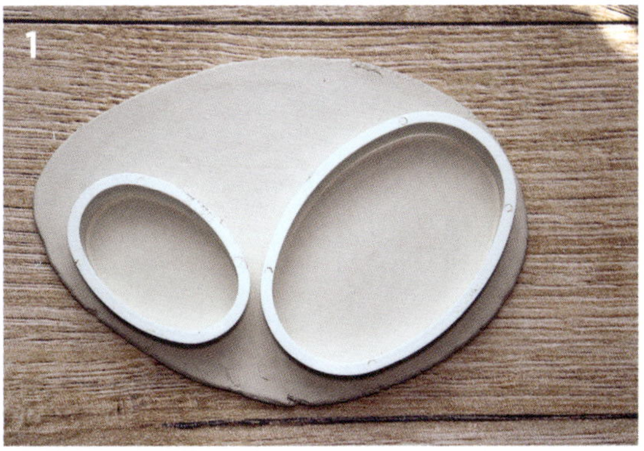
1

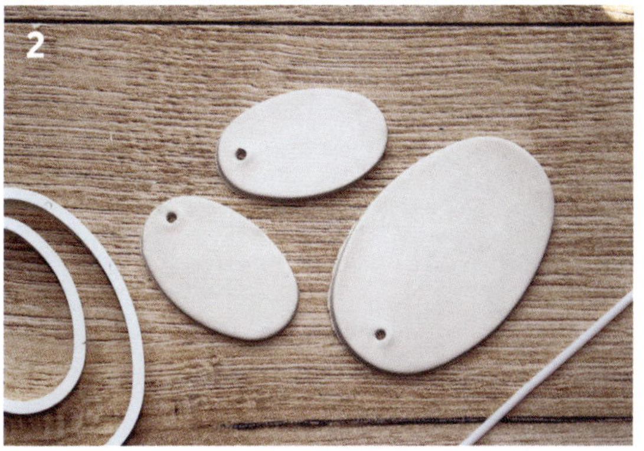
2

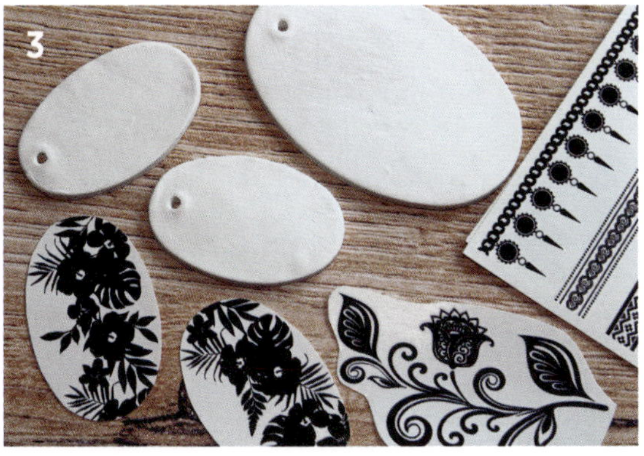
3

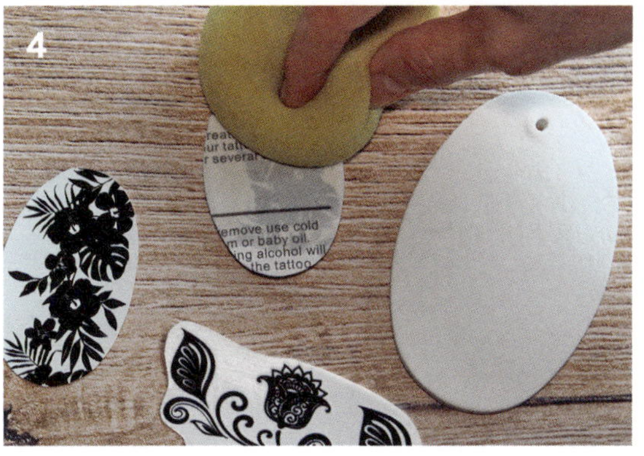
4

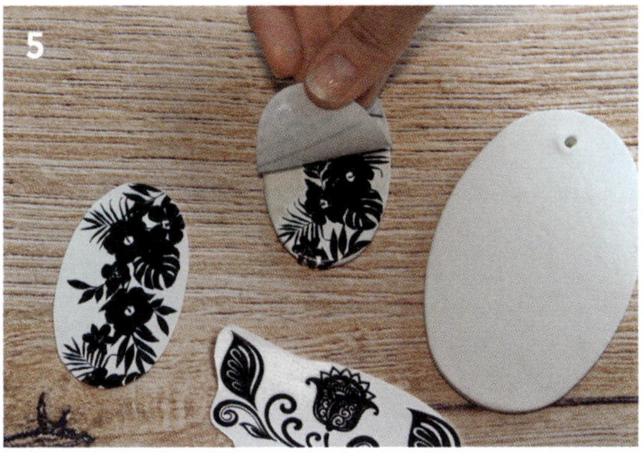
5

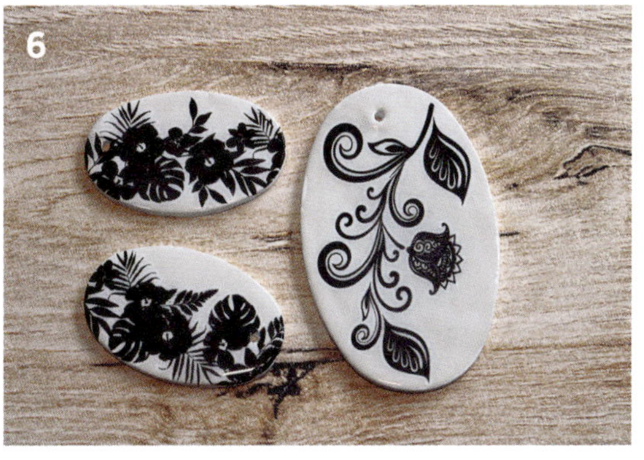
6

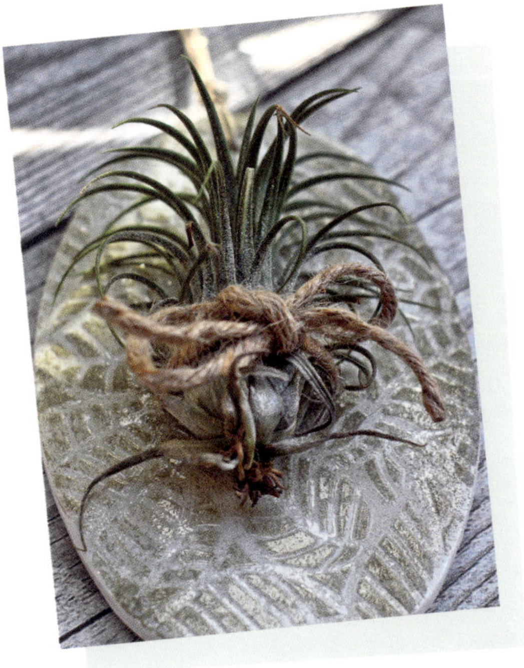

Luftpflanzenhalter

Luftpflanzen lassen sich wunderbar auch an ungewöhnlichen Plätzen dekorieren. Für ein grünes Highlight an der Wand sorgt dieser Luftpflanzenhalter.

Du benötigst:

- Lufttrocknenden Ton
- Backpapier als Unterlage
- Vierkanthölzer 0,5 cm
- Nudelholz
- Schüssel/n mit Wasser
- Schablone mit Muster
- Ausstechform oval, ca. 14 x 9 cm
- Dünnen und normal dicken Strohhalm oder Ähnliches
- Schwämmchen
- Acrylfarbe, weiß, grün
- Pinsel
- Triple-Gloss-Lack

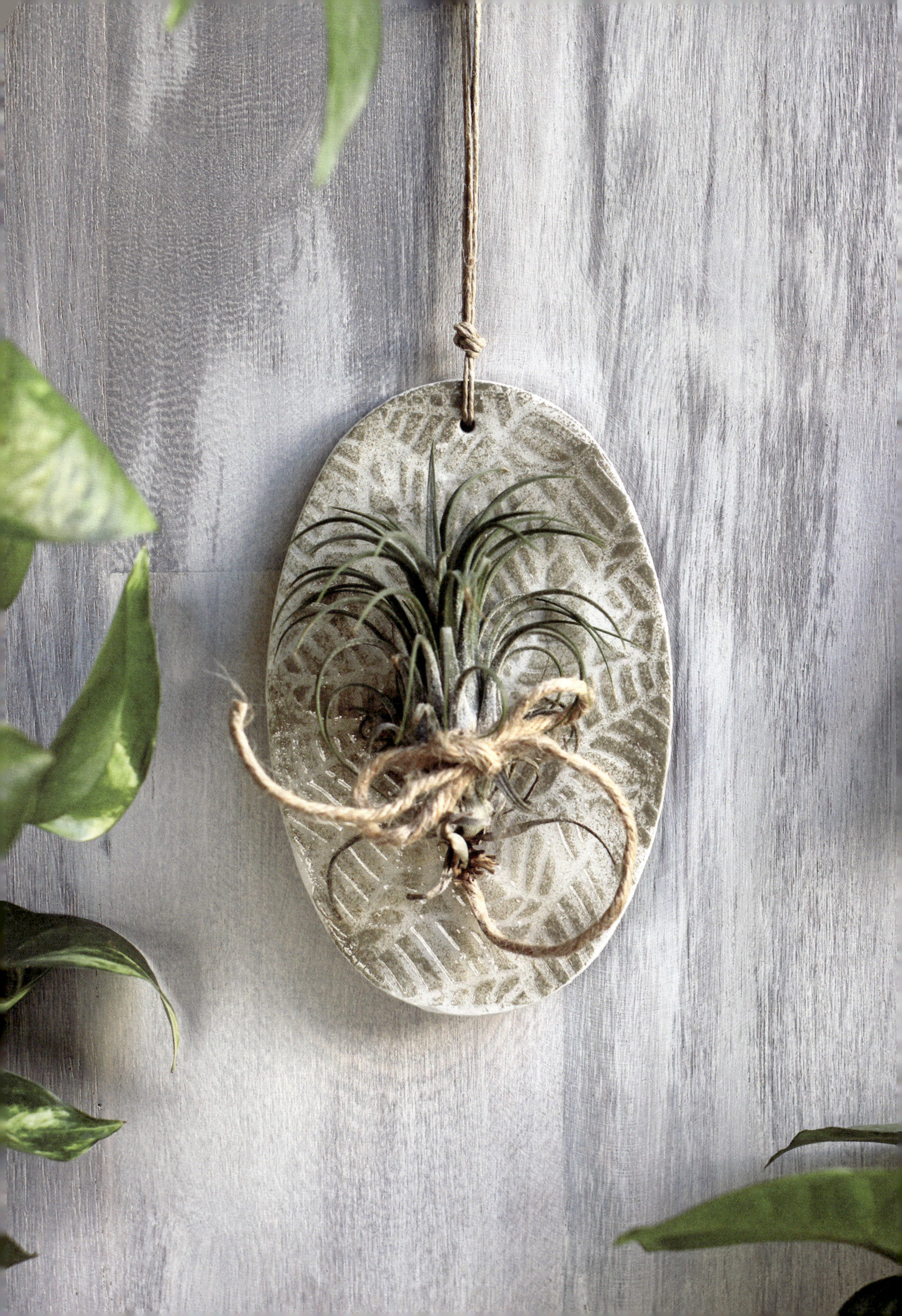

Und so geht es:

1 Den Ton auf dem Backpapier mithilfe der Vierkanthölzer gleichmäßig hoch mit dem Nudelholz ausrollen. Die Schablone darauflegen.

2 Nun mit nicht zu viel Druck mit dem Nudelholz über die Schablone rollen, sodass diese sich im Ton abdrückt.

3 Mit der Ausstechform ein Oval aus dem Ton ausstechen.

4 Nun mit dem dünnen Strohhalm oben ein Loch für ein Band und mit dem normal dicken Strohhalm zwei Löcher im Abstand von etwa 3 cm mittig in das Oval stechen. Den Luftpflanzenhalter aus der Ausstechform herauslösen und trocknen lassen. Während des Trocknens auf das Werkstück achten und gegebenenfalls wenden, sollte es sich biegen.

5 Den Halter zunächst mithilfe des Schwämmchens weiß tünchen und trocknen lassen.

6 Dann mit der flächigen Seite des Schwämmchens wenig grüne Acrylfarbe aufnehmen und behutsam über die erhabenen Strukturen des Musters gehen.

7 Den Luftpflanzenhalter zunächst von hinten mit Triple-Gloss-Lack versehen, trocknen lassen und anschließend ebenfalls von vorne mit Triple-Gloss-Lack einpinseln. Durch die Versiegelung kann die Luftpflanze später problemlos auf dem Halter befeuchtet werden.

TIPP

Für diese Gestaltungstechnik bietet sich eine Schablone mit einem kleinteiligen Muster ohne große Zwischenräume an. So lassen sich die erhabenen Strukturen mit dem Schwämmchen leichter färben.

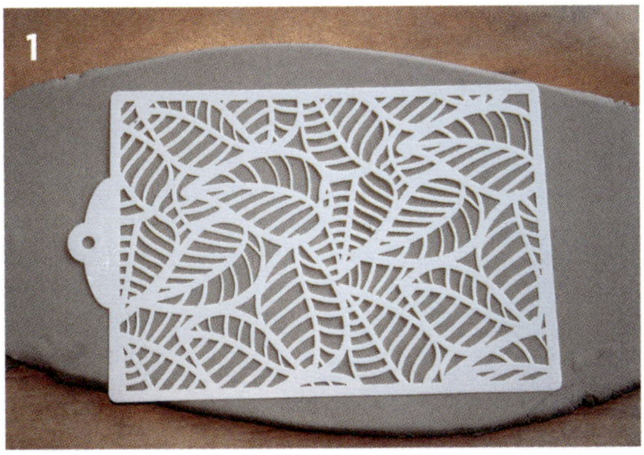
1

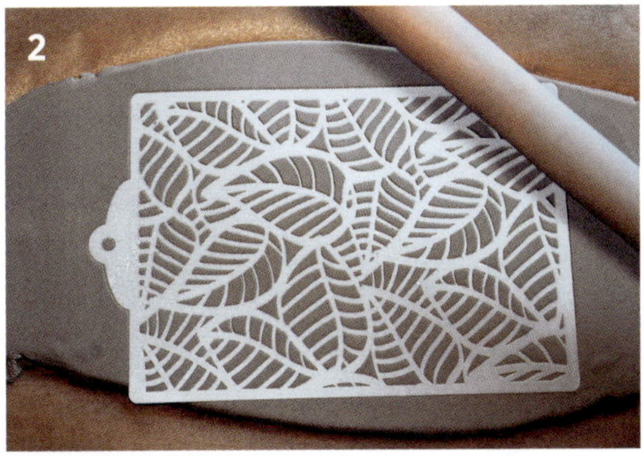
2

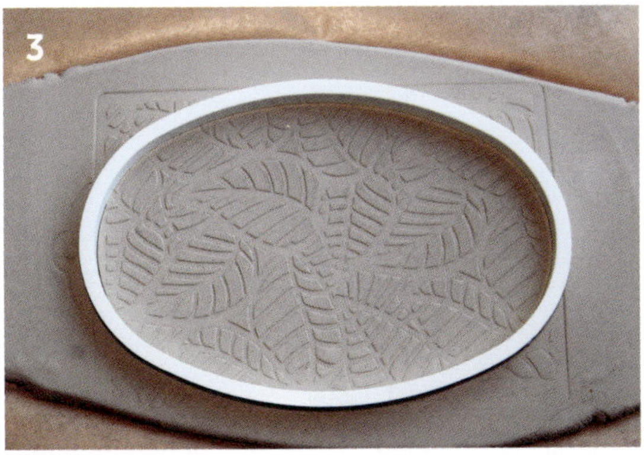
3

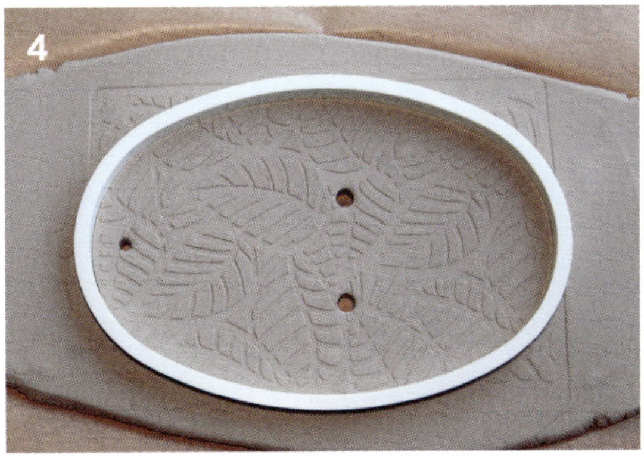
4

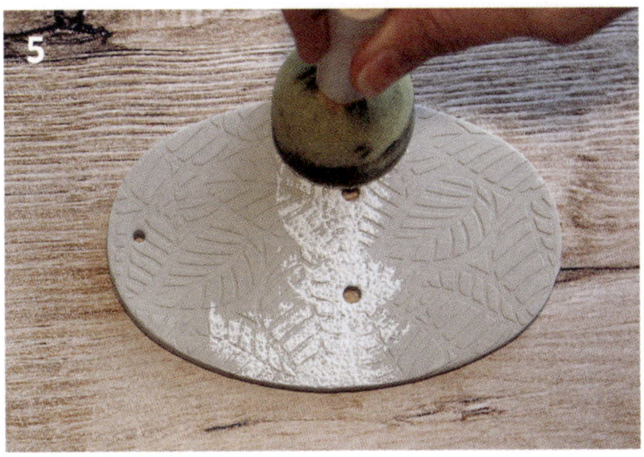
5

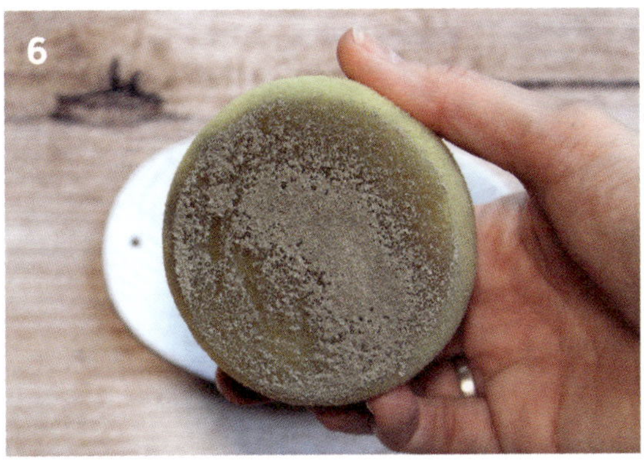
6

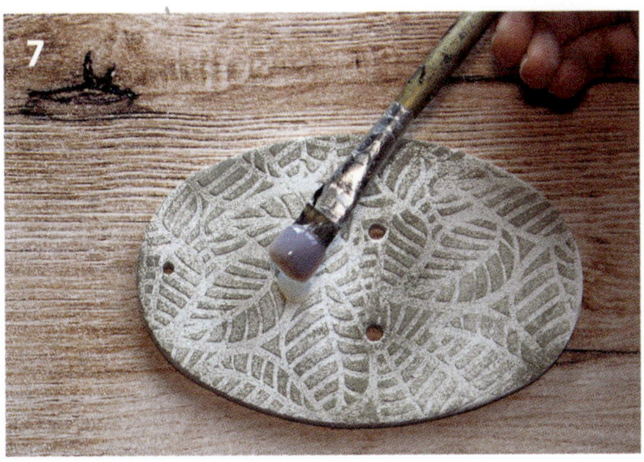
7

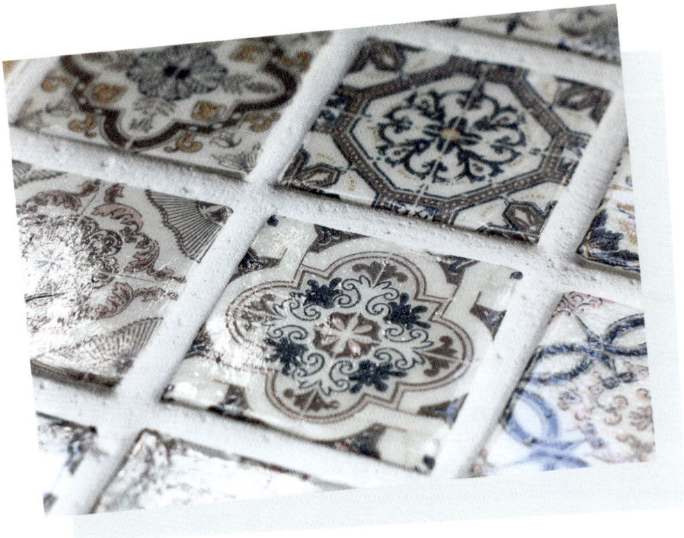

Gefliestes TABLETT

Tabletts sind ein praktisches Accessoire, um zum Beispiel das Zentrum eines Tisches zu dekorieren. Mit den passenden selbst gemachten Minifliesen lässt sich ganz einfach ein sommerliches Tablett herstellen.

Du benötigst:

- Modelliermasse
- Backpapier als Unterlage
- Vierkanthölzer 0,5 cm
- Nudelholz
- Schüssel/n mit Wasser
- Scharfes Messer
- Lineal
- Geodreieck
- Serviette in Fliesenoptik, ca. 5 x 5 cm pro Fliese
- Schere
- Serviettenkleber
- Normal dicken und dicken Pinsel
- Triple-Gloss-Lack
- Montagekleber
- Holztablett rechteckig, 20 x 40 cm
- Mosaikfugenmasse
- Schwämmchen

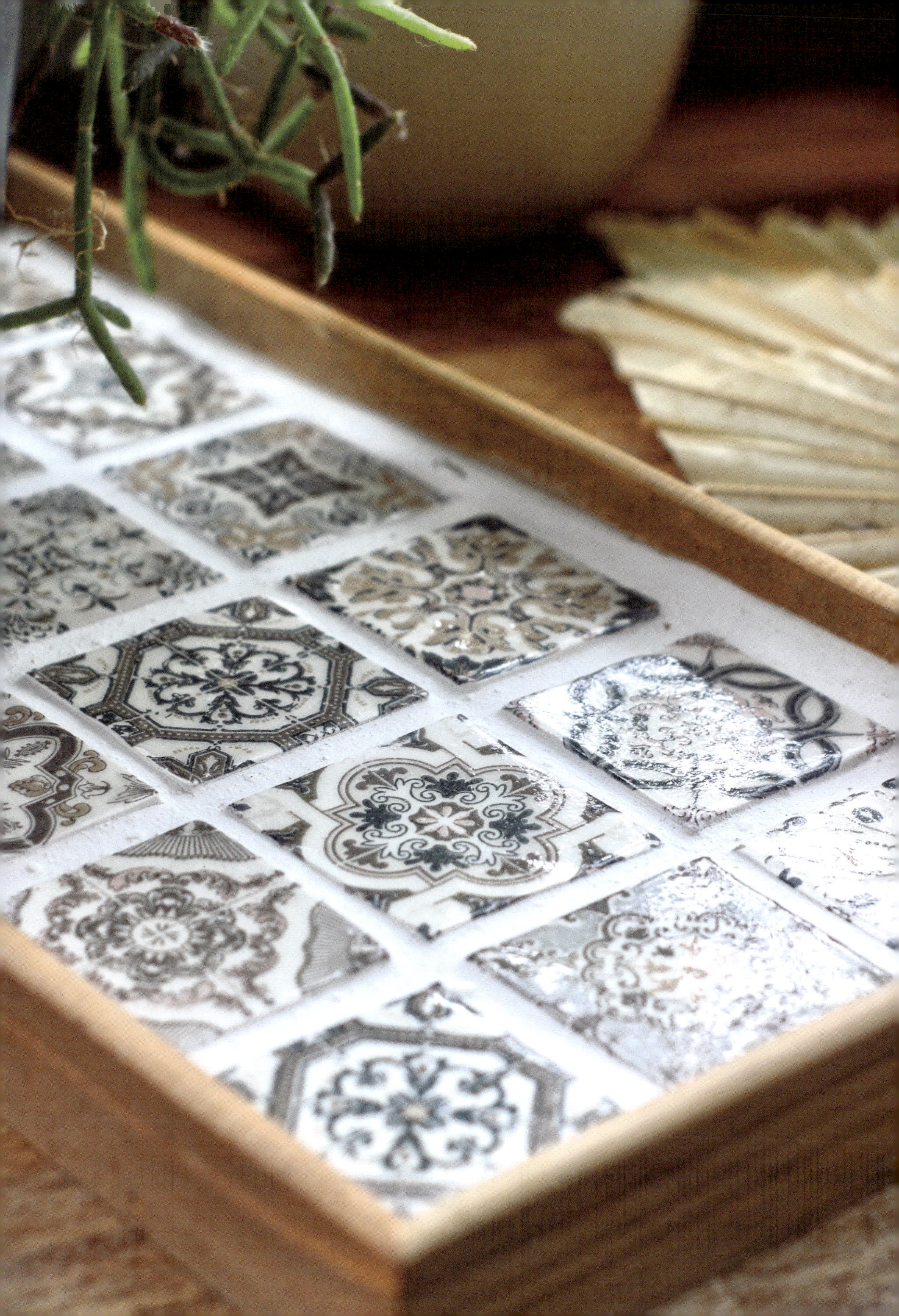

Und so geht es:

1 Die Modelliermasse auf dem Backpapier mithilfe der Vierkanthölzer gleichmäßig hoch mit dem Nudelholz ausrollen.

2 Mit dem Messer etwa 5 cm breite Streifen in die Modelliermasse schneiden.

3 Mit dem Geodreieck eine grade Kante definieren und 18 etwa 5 x 5 cm große Quadrate zuschneiden. Alle Kanten mit einem mit Wasser befeuchteten Finger glätten. Die Fliesen trocknen lassen. Dabei darauf achten, sie zwischendurch zu wenden, damit sie sich nicht einseitig biegen.

4 Nun aus der Serviette 18 Fliesenstücke ausschneiden und die oberste Schicht mit dem Motiv von den restlichen Serviettenschichten trennen.

5 Jeweils eine Fliese mit Serviettenkleber bestreichen, ein Serviettenstück darauflegen und dieses mit einem normal dicken Pinsel und weiterem Kleber glatt streichen. Die Überstände einfach über die Kanten kleben. So mit allen Fliesen fortfahren und trocknen lassen. Eventuelle Falten können mit einem kleberbenetzten Finger behutsam glatt gestrichen werden.

6 Alle Fliesen großzügig mit Triple-Gloss-Lack überziehen und trocknen lassen. ➔

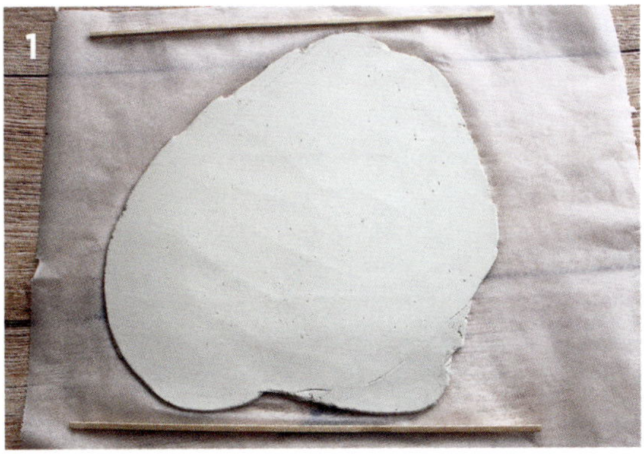

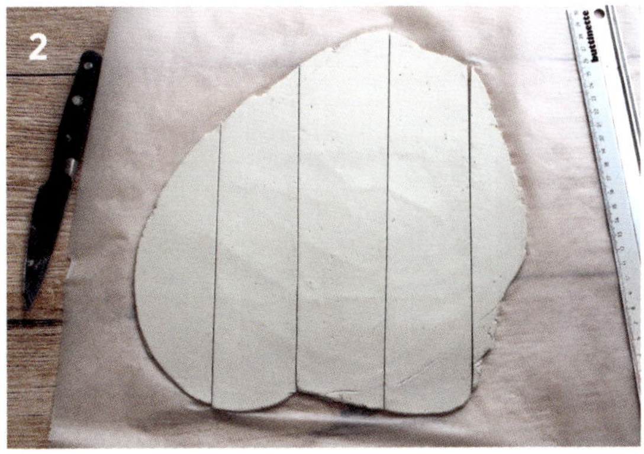

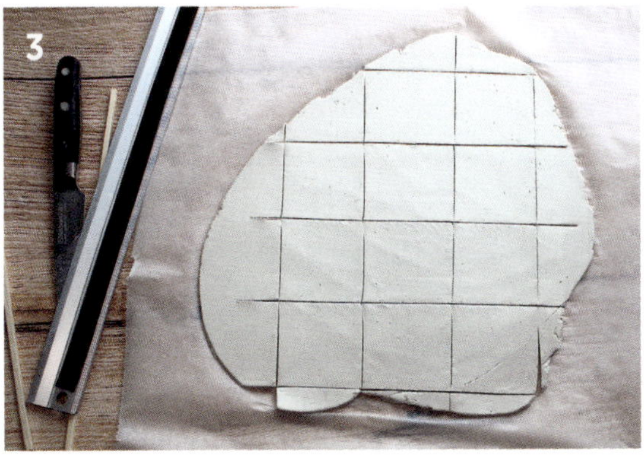

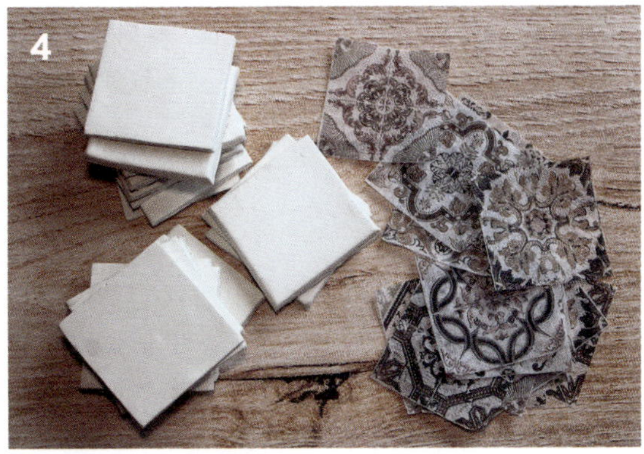

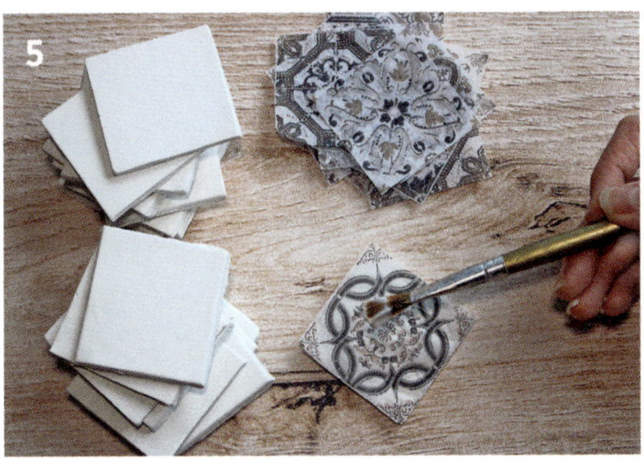

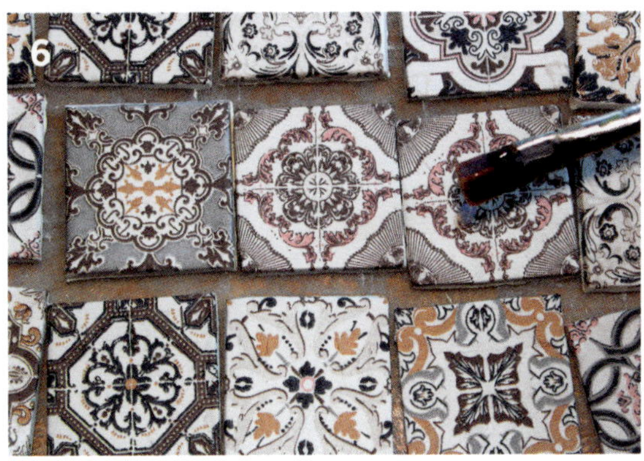

TIPP

Um das Holz des Tabletts etwas widerstandsfähiger zu machen, kannst du es vorher wachsen, so ist es weniger anfällig für Flecken in der Fugenmasse.

Und so geht es weiter:

7 Anschließend die Fliesen in gleichmäßigen Abständen mit dem Montagekleber auf den Boden des Tabletts kleben.

8 Die Mosaikfugenmasse nach Packungsanweisung anrühren und mit einem dicken Pinsel in den Fugen zwischen den Fliesen verteilen.

9 Die Fugenmasse kurz anziehen lassen und dann die überschüssige Fugenmasse mit einem feuchten Schwämmchen abnehmen.

10 Diesen Vorgang wiederholen, bis die Fliesen einigermaßen sauber sind. Vollständig trocknen lassen.

11 Nach dem vollständigen Trocknen eventuell verbliebene Schlieren mit einem feuchten Tuch abwischen.

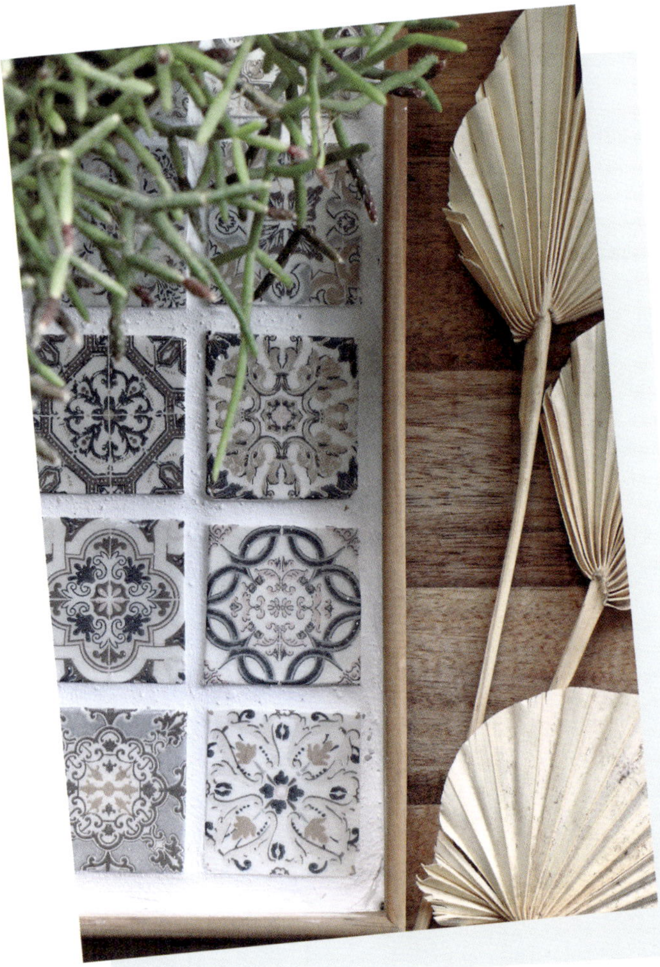

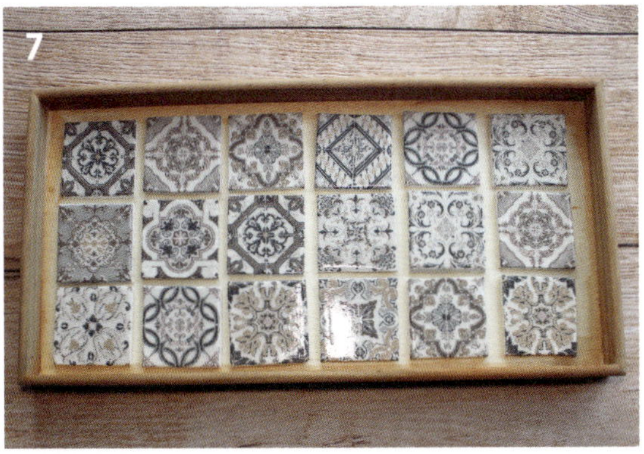
7

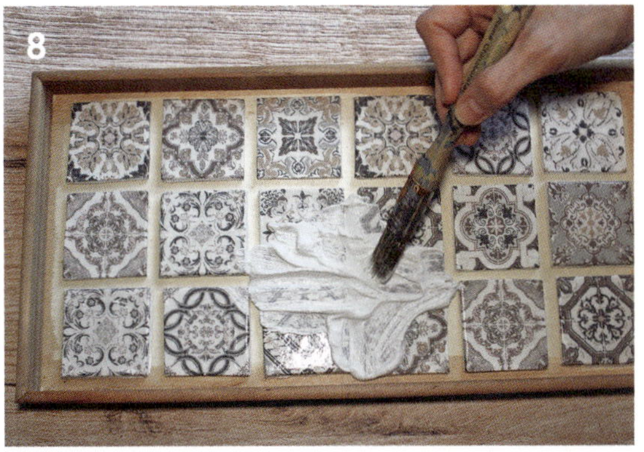
8

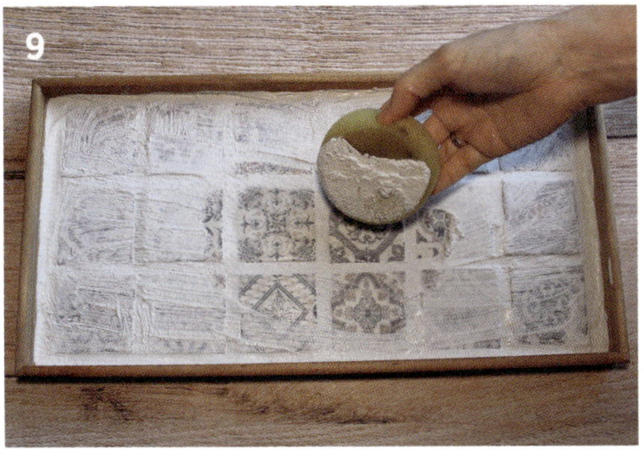
9

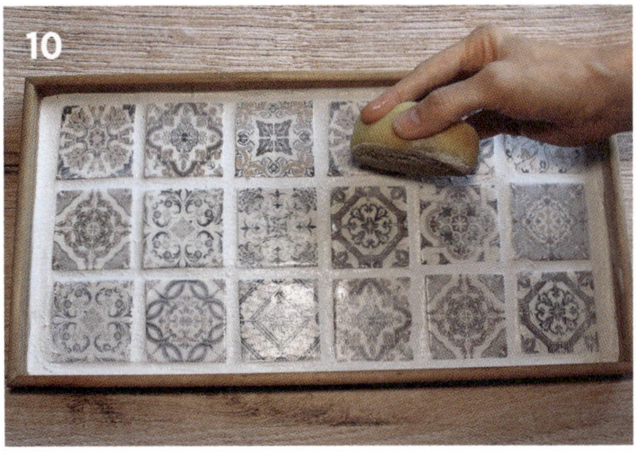
10

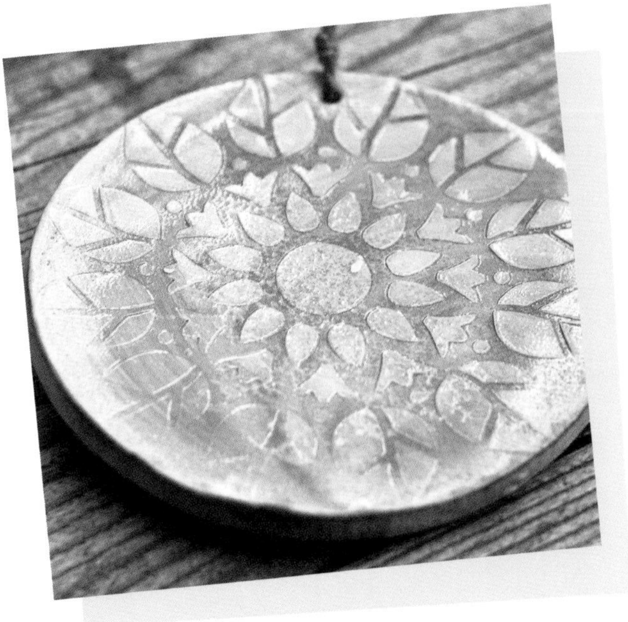

Wand-Mandala

IM BOHO-CHIC

Der Boho-Trend begegnet uns aktuell überall. Mit diesem Wand-Mandala im Boho-Stil bringst du ganz leicht sommerliches Flair in dein Zuhause.

Du benötigst:

- Lufttrocknenden Ton
- Backpapier als Unterlage
- Vierkanthölzer 0,5 cm
- Nudelholz
- Schüssel/n mit Wasser
- Schablone mit Mandala-Muster
- Großen Kreis-Ausstecher oder kleinen Teller und scharfes Messer, falls kein Ausstecher zur Hand
- Dünnen Strohhalm oder hohlen Cakepop-Stiel
- Schwämmchen
- Acrylfarbe, weiß, grün
- Pinsel
- Triple-Gloss-Lack
- Zahnstocher bei Bedarf

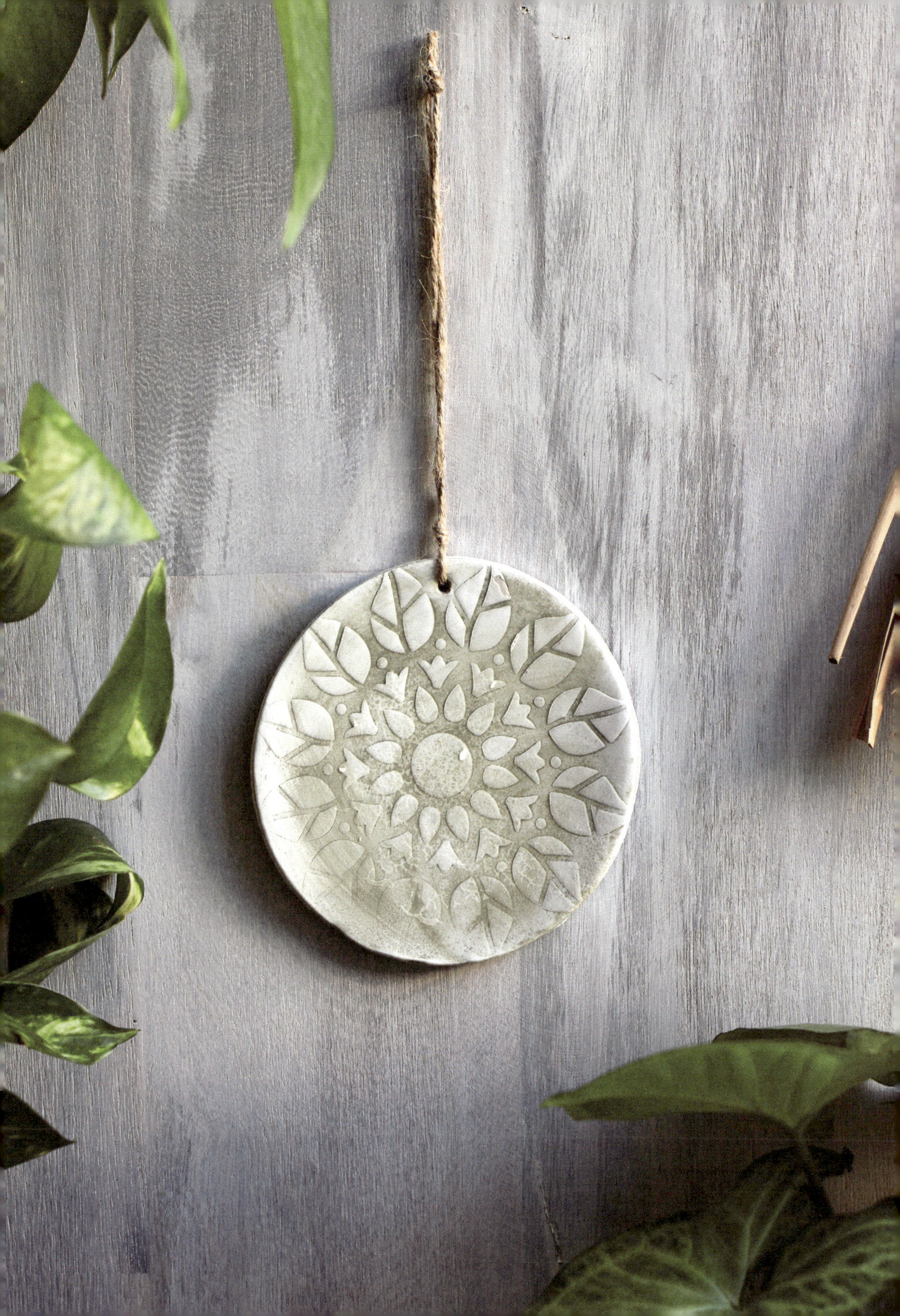

Und so geht es:

1 Den Ton auf dem Backpapier mithilfe der Vierkanthölzer gleichmäßig hoch mit dem Nudelholz ausrollen. Die Schablone auf den Ton legen und mit dem Nudelholz mit wenig Druck über die Schablone rollen, sodass diese sich im Ton abdrückt.

2 Die Schablone abnehmen und mit dem Ausstecher einen Kreis ausstechen. Dabei darauf achten, dass der Abdruck mittig platziert ist. Alternativ kann ein kleiner Teller als Schablone genutzt und der Ton rundherum mit dem Messer ausgeschnitten werden.

3 Das Wand-Mandala mithilfe des Strohhalms oder Cakepop-Stiels mit einem Loch für einen Aufhänger versehen. Dann trocknen lassen, dabei darauf achten, ob sich das Werkstück biegt, und gegebenenfalls wenden.

4 Anschließend das Mandala-Wandbild zunächst mithilfe des Schwämmchens weiß tünchen. Trocknen lassen.

5 Nach dem Trocknen das Mandala mit Schwämmchen oder Pinsel zügig grün färben, dabei vor allem auf die Zwischenräume achten.

6 Die Farbe sofort mit einem feuchten Schwämmchen wieder von den oberen Strukturen abnehmen. Hierzu mit der flächigen Seite des Schwämmchens mit nicht allzu viel Druck über die Strukturen wischen. So entsteht ein toller Shabby-Look. Trocknen lassen.

7 Nach dem Trocknen das Mandala großzügig mit Triple-Gloss-Lack überziehen. Dabei darauf achten, dass sich das Loch für den Aufhänger nicht zusetzt. Sollte sich doch Lack hineinsetzen, kann ein Zahnstocher zu Hilfe genommen werden, um es wieder vom Lack zu befreien.

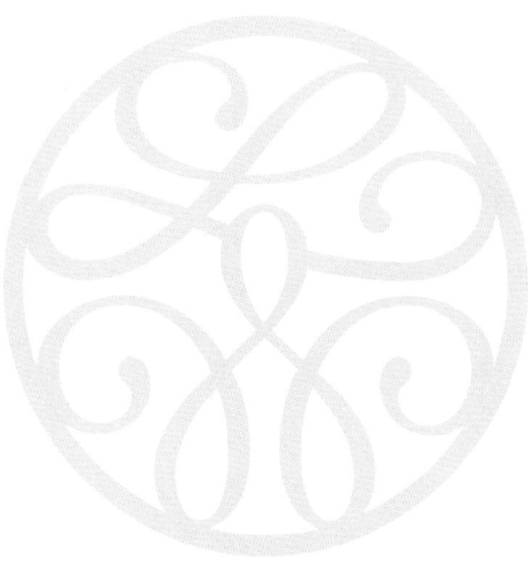

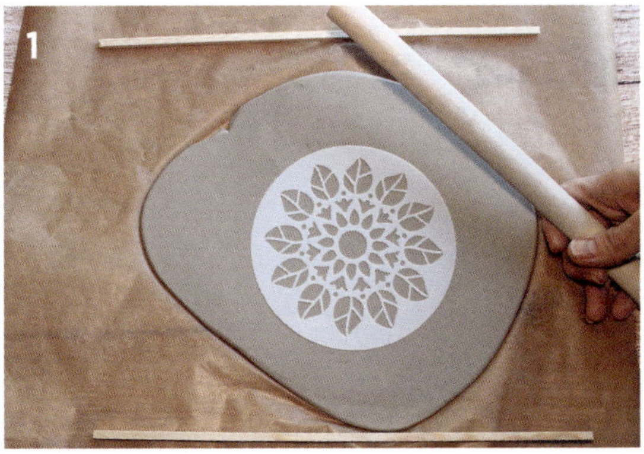
1

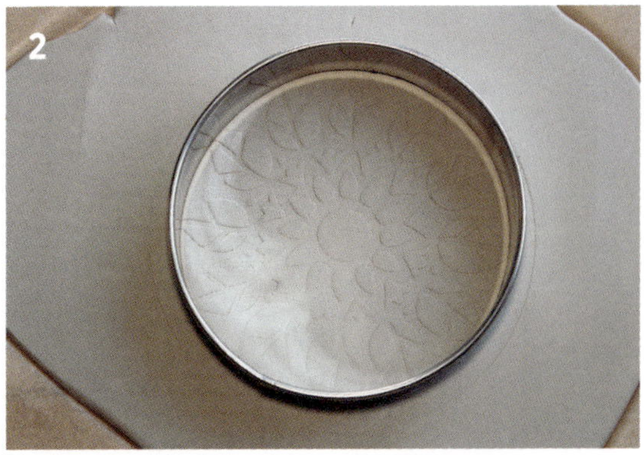
2

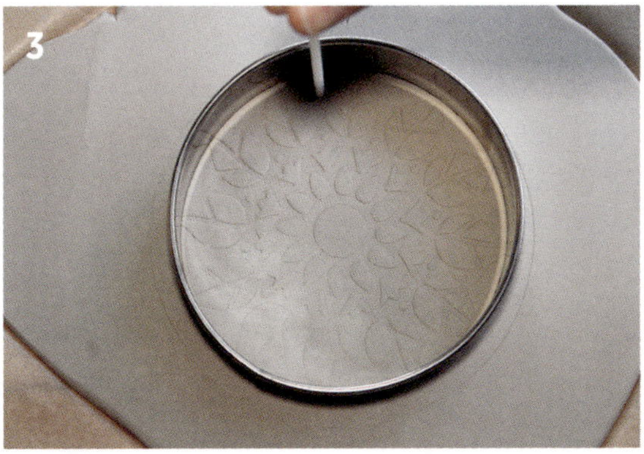
3

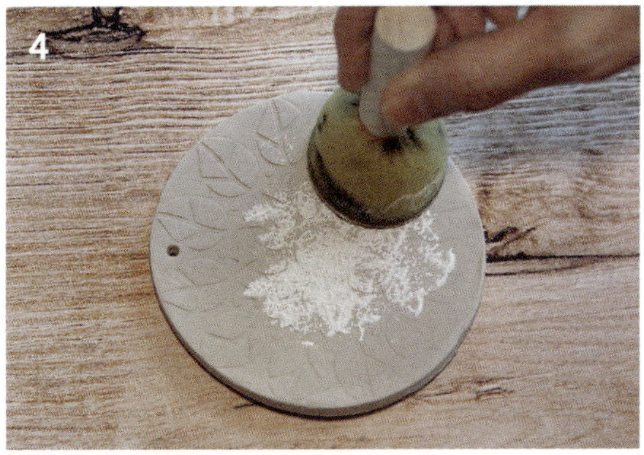
4

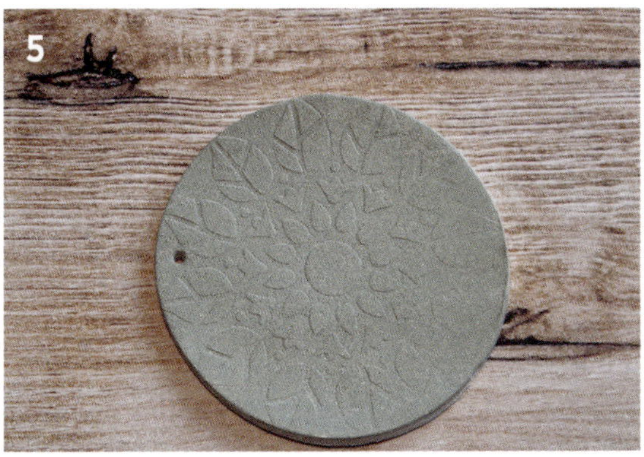
5

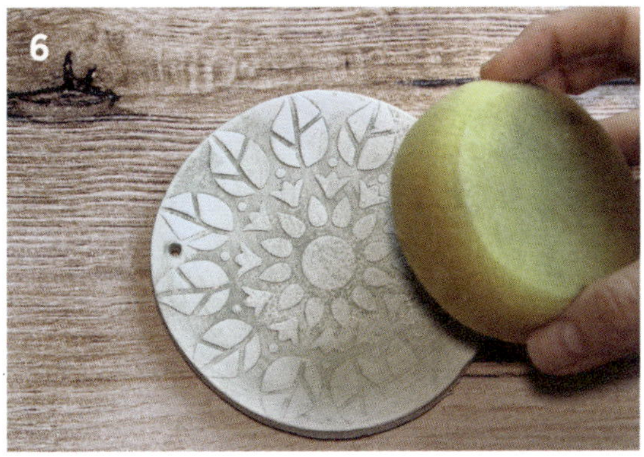
6

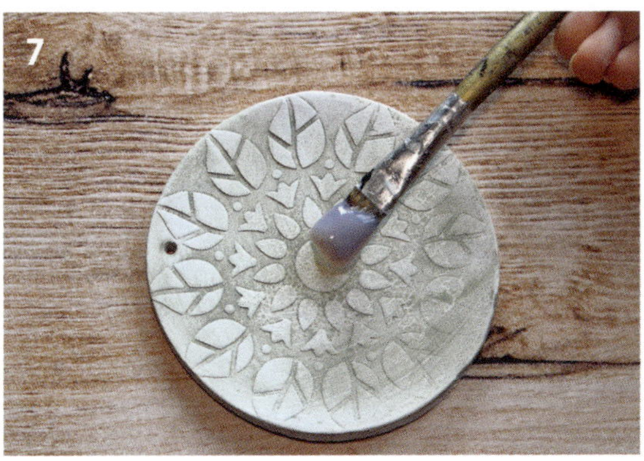
7

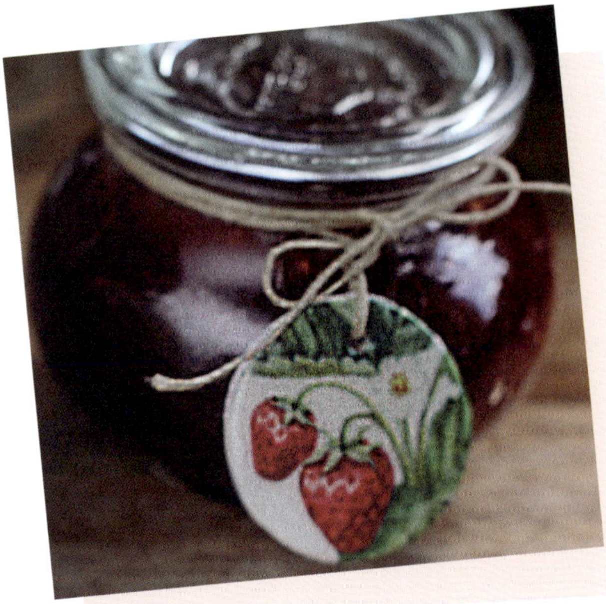

Marmeladenglas-ANHÄNGER

Geschenke aus der Küche liegen voll im Trend. Selbst gemachte Marmeladen sind da wohl der Klassiker. Ein solches Geschenk lässt sich mit Anhängern im passenden Design noch schöner und persönlicher gestalten!

Du benötigst:

- Modelliermasse
- Backpapier als Unterlage
- Vierkanthölzer 0,3 cm
- Nudelholz
- Schüssel/n mit Wasser
- Kreis-Ausstecher, Ø 4 cm
- Dünnen Strohhalm oder hohlen Cakepop-Stiel
- Serviette mit passendem Motiv
- Schere
- Serviettenkleber
- Zahnstocher oder Nadel bei Bedarf
- Pinsel
- Triple-Gloss-Lack

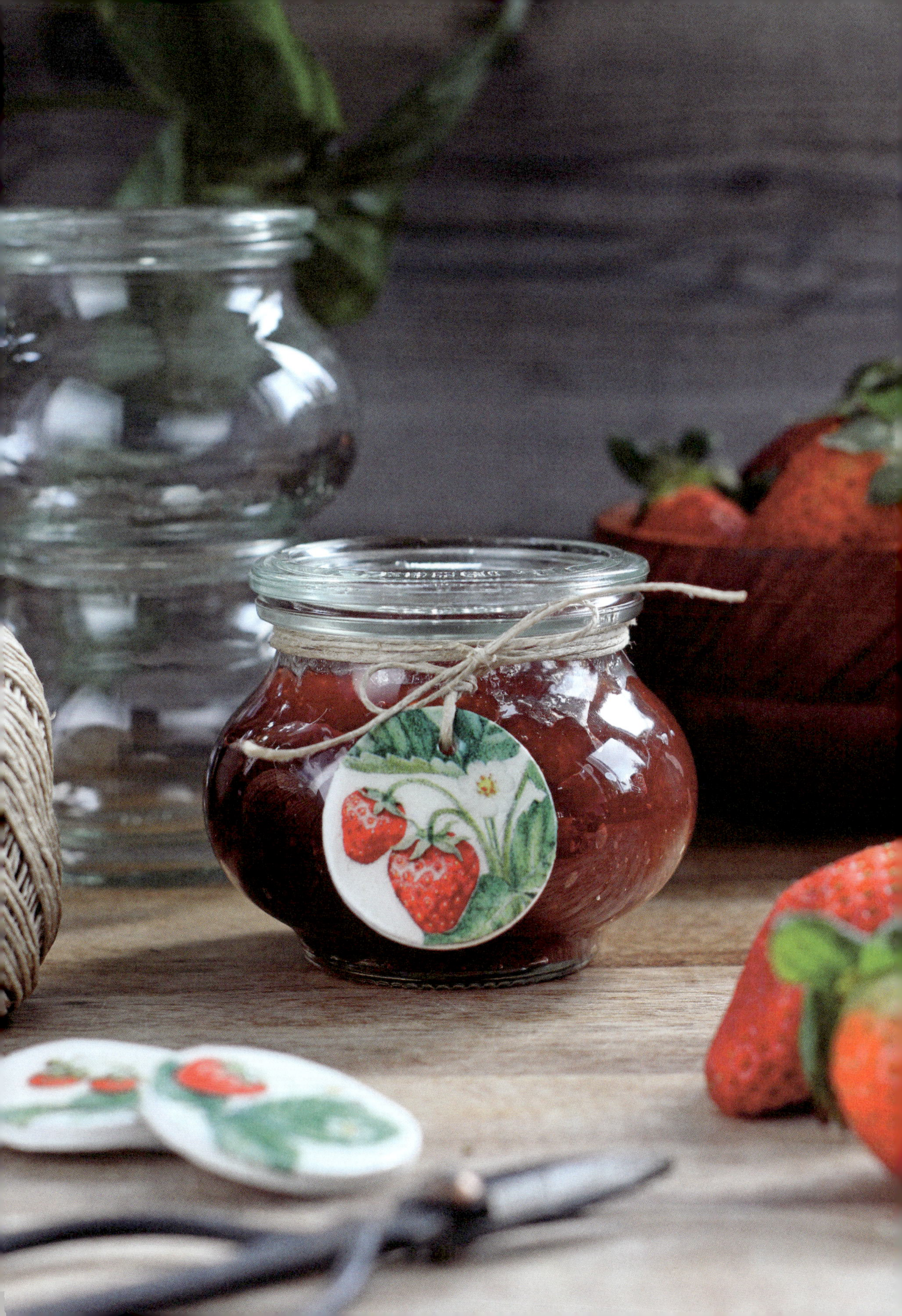

Und so geht es:

1 Die Modelliermasse auf dem Backpapier mithilfe der Vierkanthölzer gleichmäßig hoch mit dem Nudelholz ausrollen. Mit dem Ausstecher mehrere Kreise ausstechen und alle Kanten mit einem mit Wasser befeuchteten Finger glätten.

2 Alle Kreise mithilfe des Strohhalms oder Cakepop-Stiels mit einem Loch versehen.

3 Passende Kreise aus der Serviette ausschneiden. Dabei darauf achten, dass die Motive gut auf den Kreis passen.

4 Die oberste, mit Motiv versehene Schicht von der Serviette trennen, einen Modelliermasse-Kreis mit Serviettenkleber überziehen und die Serviette aufbringen. Den Anhänger mit einer weiteren Schicht Serviettenkleber überziehen und eventuelle Falten mit einem mit Kleber benetzten Finger ausstreichen.

5 Mit einem Zahnstocher oder einer Nadel das Loch für ein Band frei stechen, sollte die Serviette darüberliegen. Trocknen lassen.

6 Die Anhänger nach dem Trocknen mit einer großzügigen Schicht Triple-Gloss-Lack versehen. Dabei darauf achten, dass die Löcher frei bleiben.

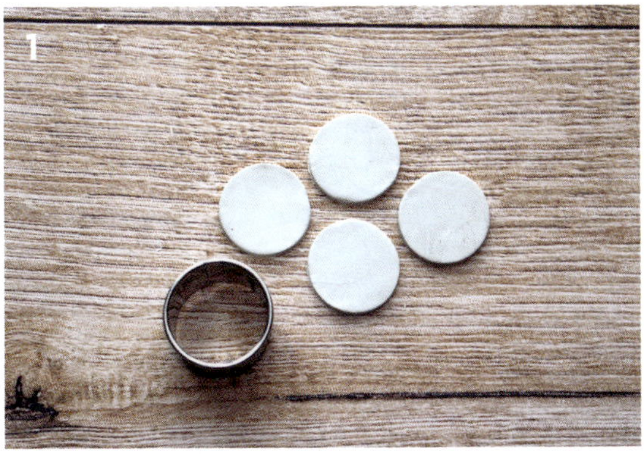
1

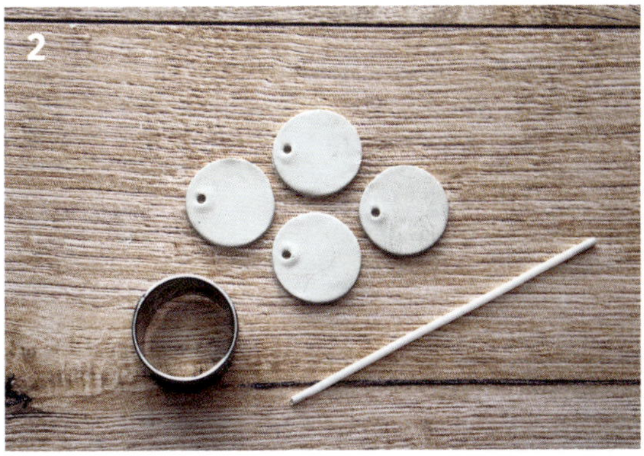
2

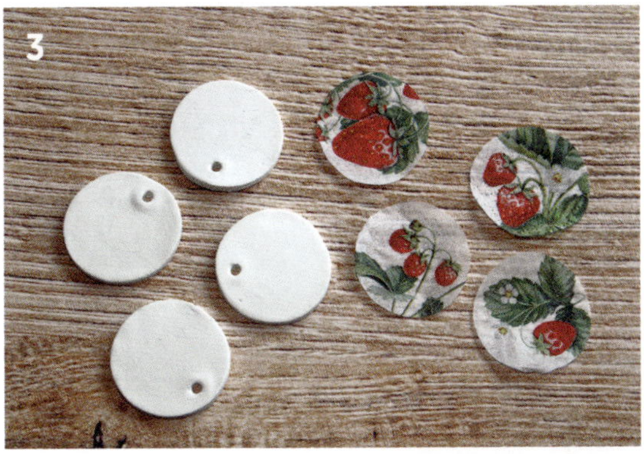
3

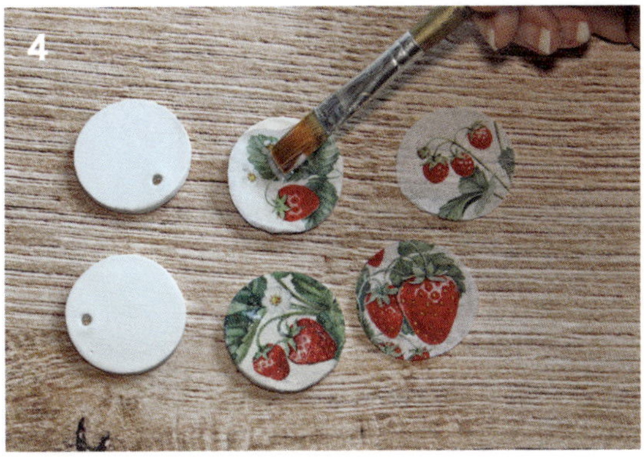
4

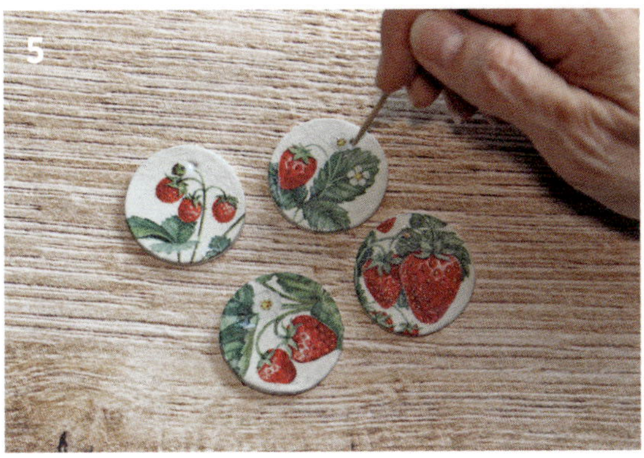
5

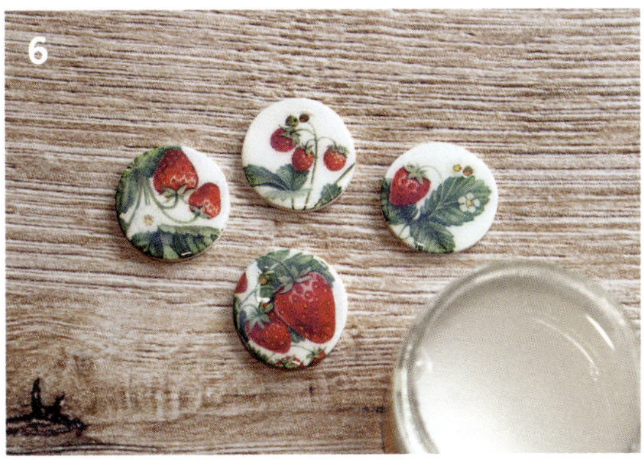
6

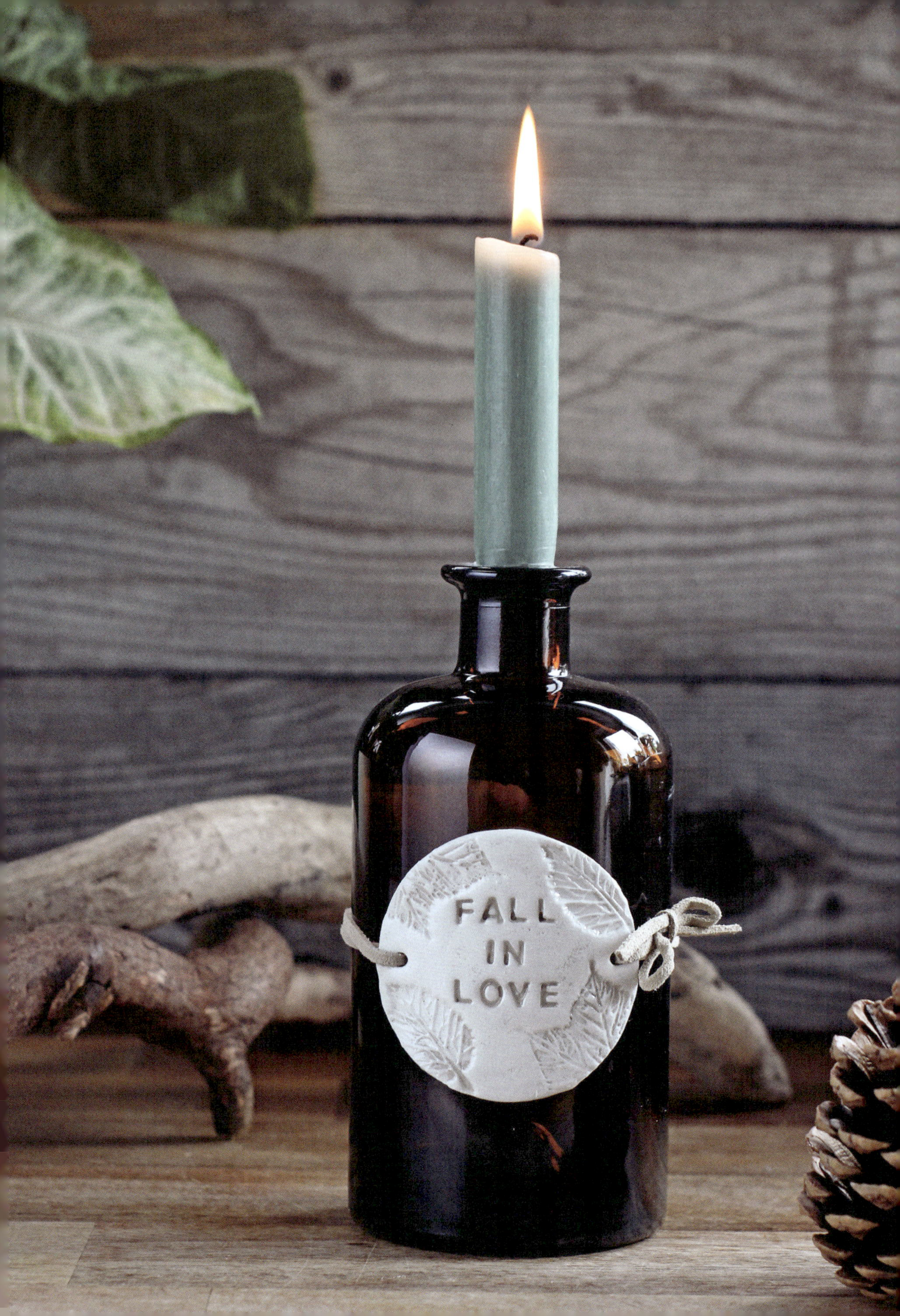
FALL
IN
LOVE

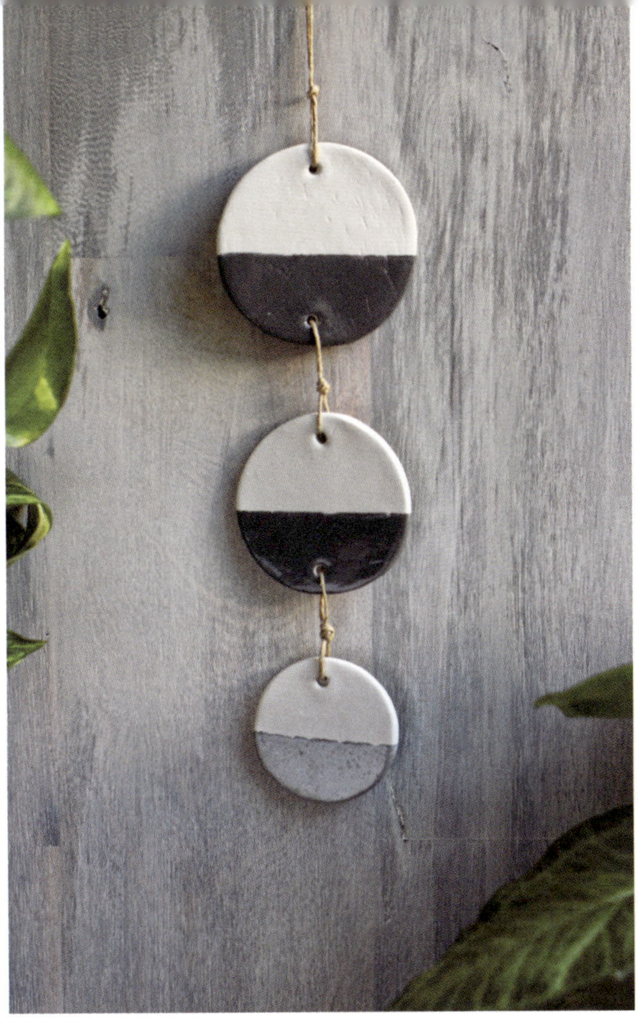

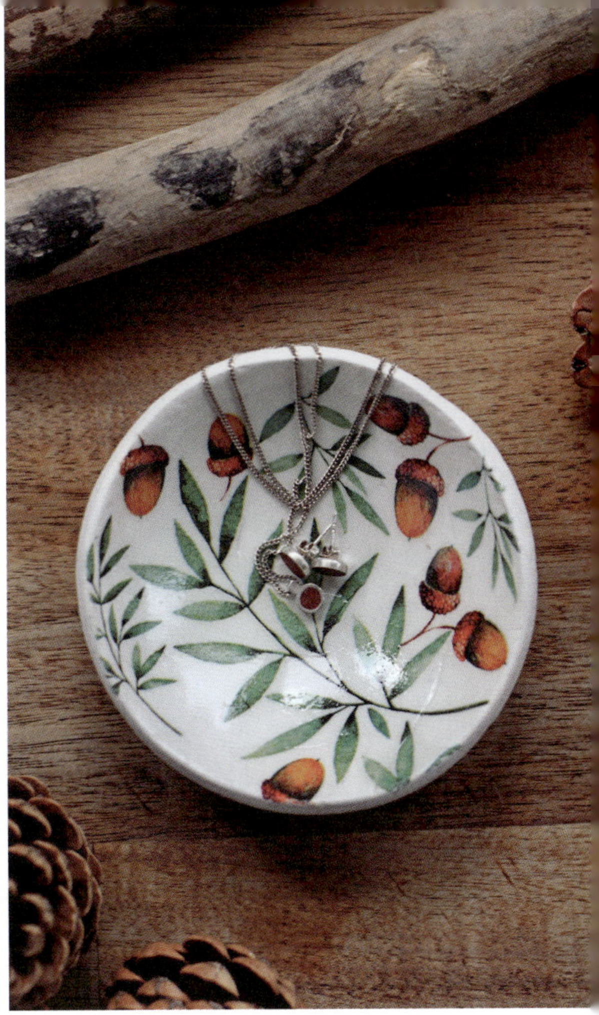

Ideen für den Herbst

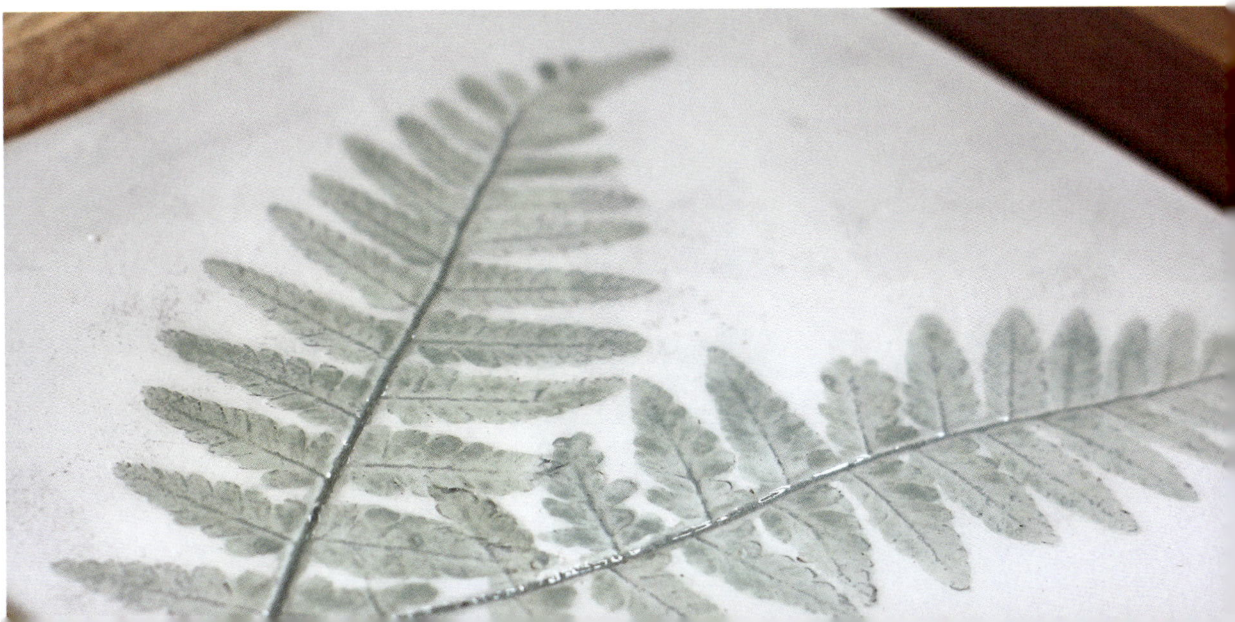

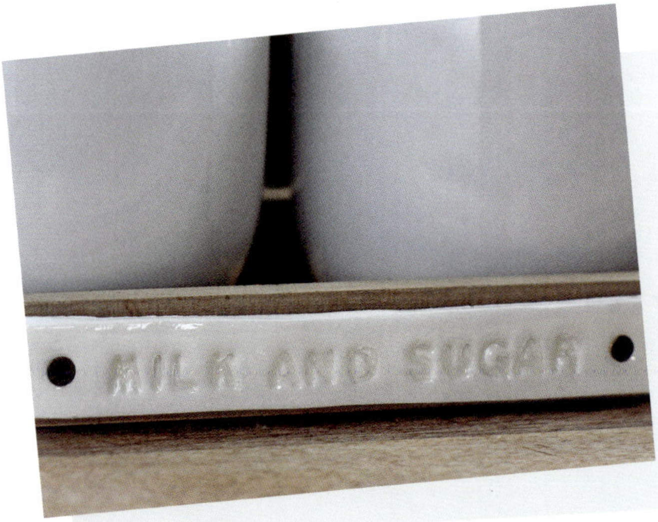

Kleines Tablett

»MILK AND SUGAR«

An einem einladend gedeckten Tisch sitzt es sich doch gleich doppelt gut. Mit diesem kleinen Tablett haben Milch und Zucker – mit extra Schriftzug-Schildchen dafür! – auch direkt einen festen Platz und können bequem hin und her getragen werden.

Du benötigst:

- Modelliermasse
- Backpapier als Unterlage
- Vierkanthölzer 0,3 cm
- Nudelholz
- Schüssel/n mit Wasser
- Buchstabenstempel
- Tonpapier
- Schere oder Cutter
- Lineal
- Scharfes Messer
- Dünnen Strohhalm oder hohlen Cakepop-Stiel
- Pinsel
- Triple-Gloss-Lack
- Kleines Tablett (hier ca. 9,5 x 20 cm, mit 2 cm hohem Rand)
- Kleinen Handbohrer bei Bedarf
- Kleine Schrauben
- Schraubenzieher

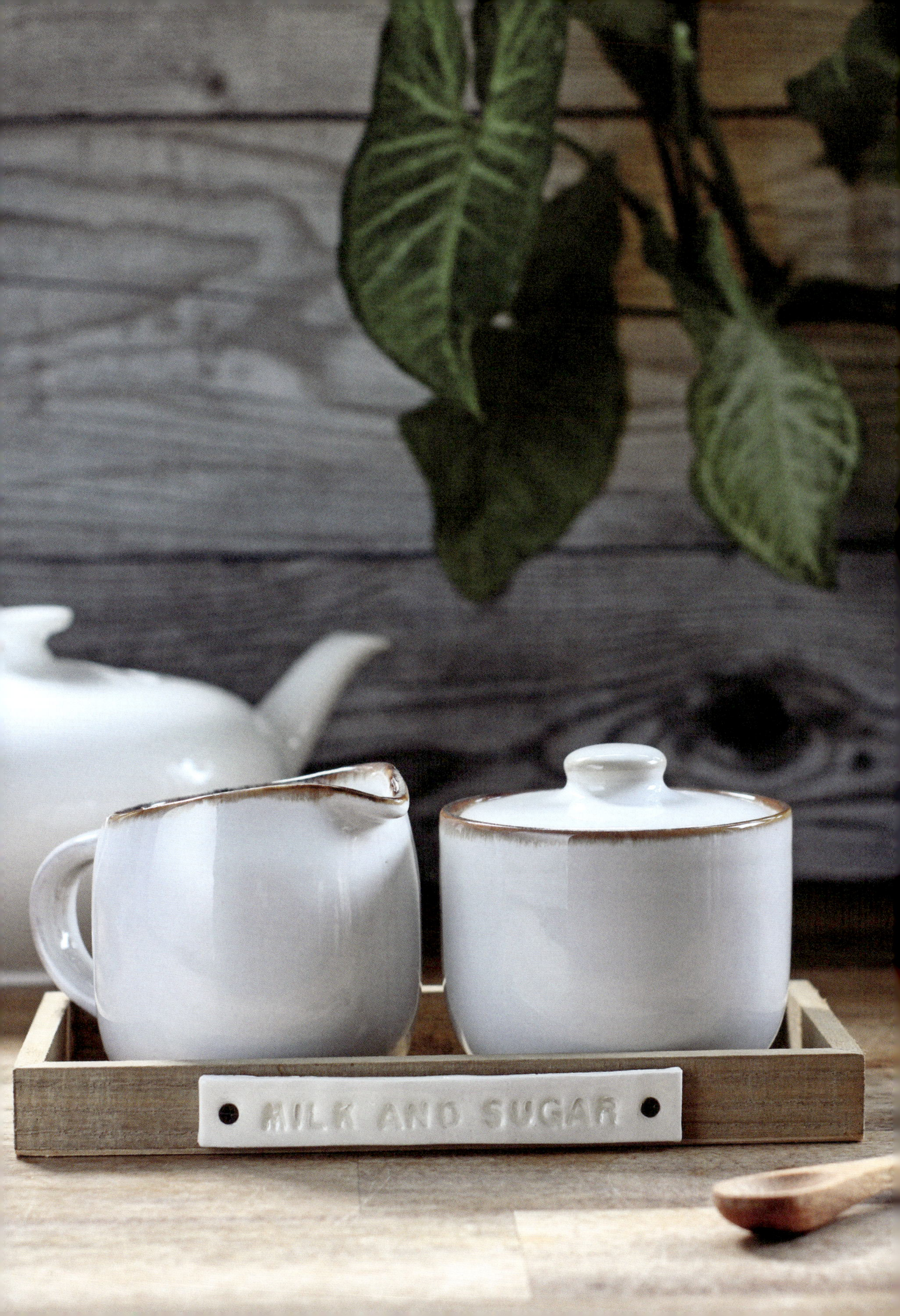
MILK AND SUGAR

Und so geht es:

1 Die Modelliermasse auf dem Backpapier mithilfe der Vierkanthölzer gleichmäßig hoch mit dem Nudelholz ausrollen. Für das Schildchen den Schriftzug MILK AND SUGAR hineinstempeln.

2 Aus dem Tonpapier eine rechteckige Schablone (hier 1,5 x 12 cm), die großzügig über den Schriftzug passt, zurechtschneiden. Auf den Schriftzug in der Modelliermasse legen und das Schildchen mit dem Messer aus der Modelliermasse ausschneiden. Alle Kanten mit einem befeuchteten Finger glatt streichen.

3 Das Schild links und rechts mithilfe des Strohhalms oder Cakepop-Stiels mit einem Loch für die Schrauben versehen. Trocknen lassen.

4 Nach dem Trocknen das Schildchen mit Triple-Gloss-Lack versehen. Dabei darauf achten, dass sich die Löcher nicht zusetzen. Trocknen lassen.

5 Das Schild nach dem Trocknen auf dem Rand des Tabletts platzieren und die Stellen für die Schrauben mit einem spitzen Gegenstand markieren. Die Löcher eventuell vorbohren, damit das Holz nicht platzt.

6 Das Schildchen mithilfe der kleinen Schrauben am Rand des Tabletts anbringen.

MILK
AND
SUGAR

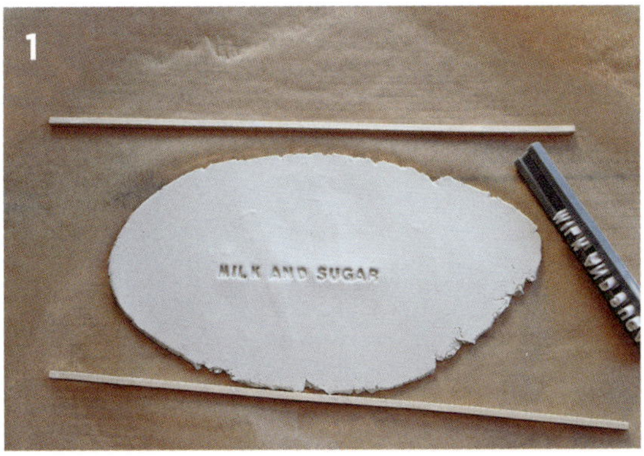
1
MILK AND SUGAR

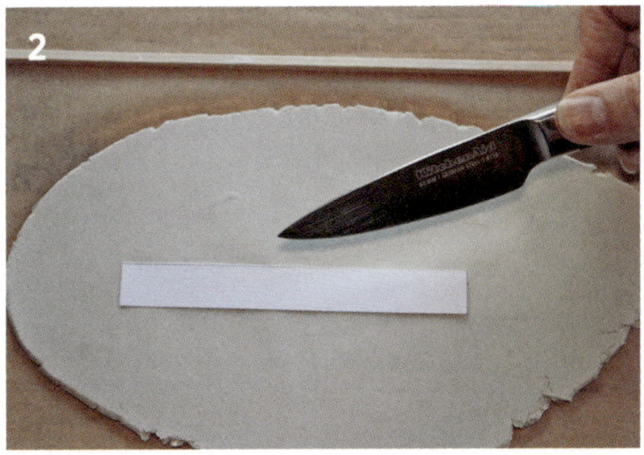
2

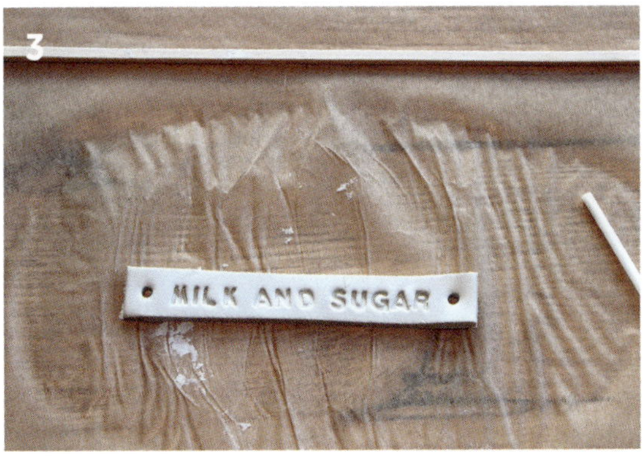
3
MILK AND SUGAR

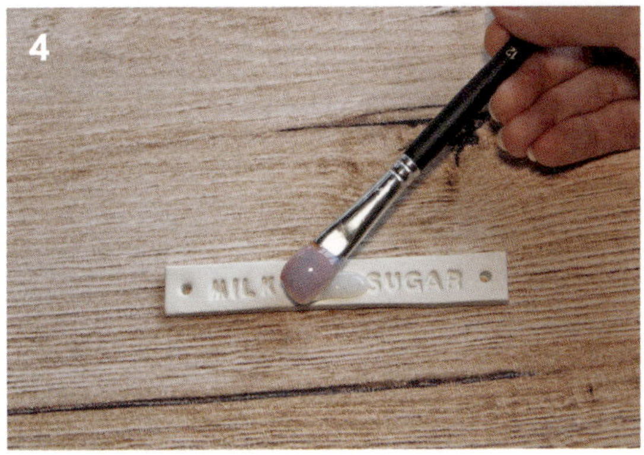
4

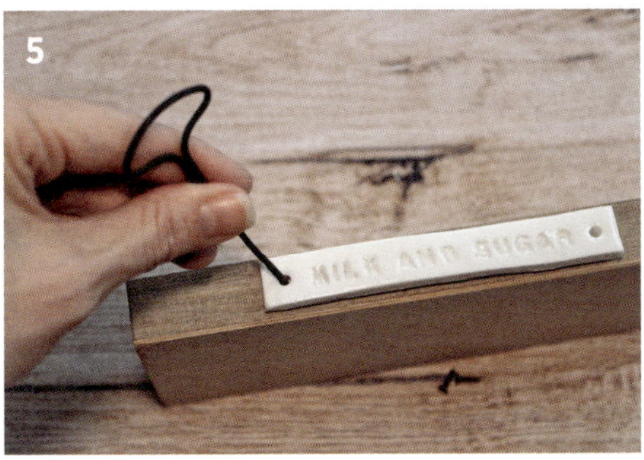
5
MILK AND SUGAR

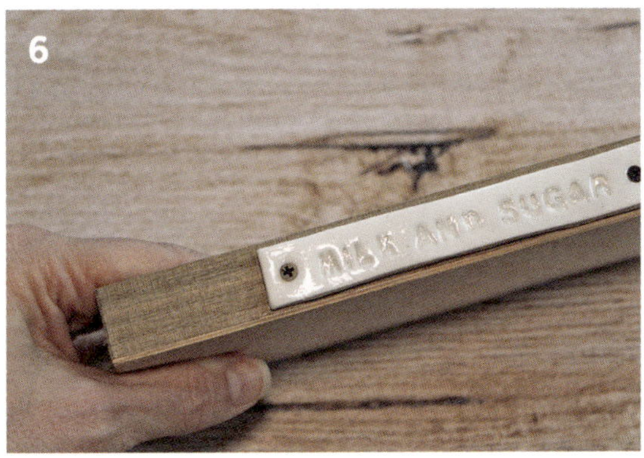
6
MILK AND SUGAR

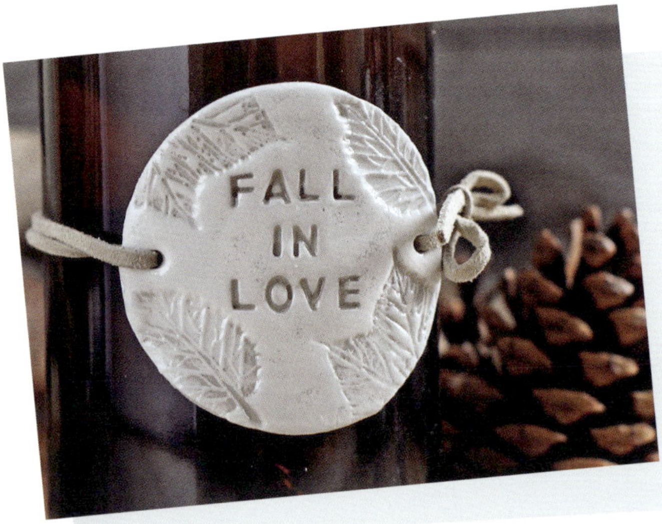

Flaschenaufleger

»FALL IN LOVE«

Mit einem einfachen Schild lässt sich aus einer Apothekerflasche schnell ein dekoratives Herbst-Accessoire zaubern. Deiner Fantasie sind dabei keine Grenzen gesetzt.

Du benötigst:

- Lufttrocknenden Ton
- Backpapier als Unterlage
- Vierkanthölzer 0,3 cm
- Nudelholz
- Schüssel/n mit Wasser
- Buchstabenstempel
- Stempel mit Blättermotiv
- Kreis-Ausstecher, Ø 7 cm
- Dünnen Strohhalm oder hohlen Cakepop-Stiel
- Apothekerflasche
- Schwämmchen
- Acrylfarbe, weiß
- Pinsel
- Triple-Gloss-Lack

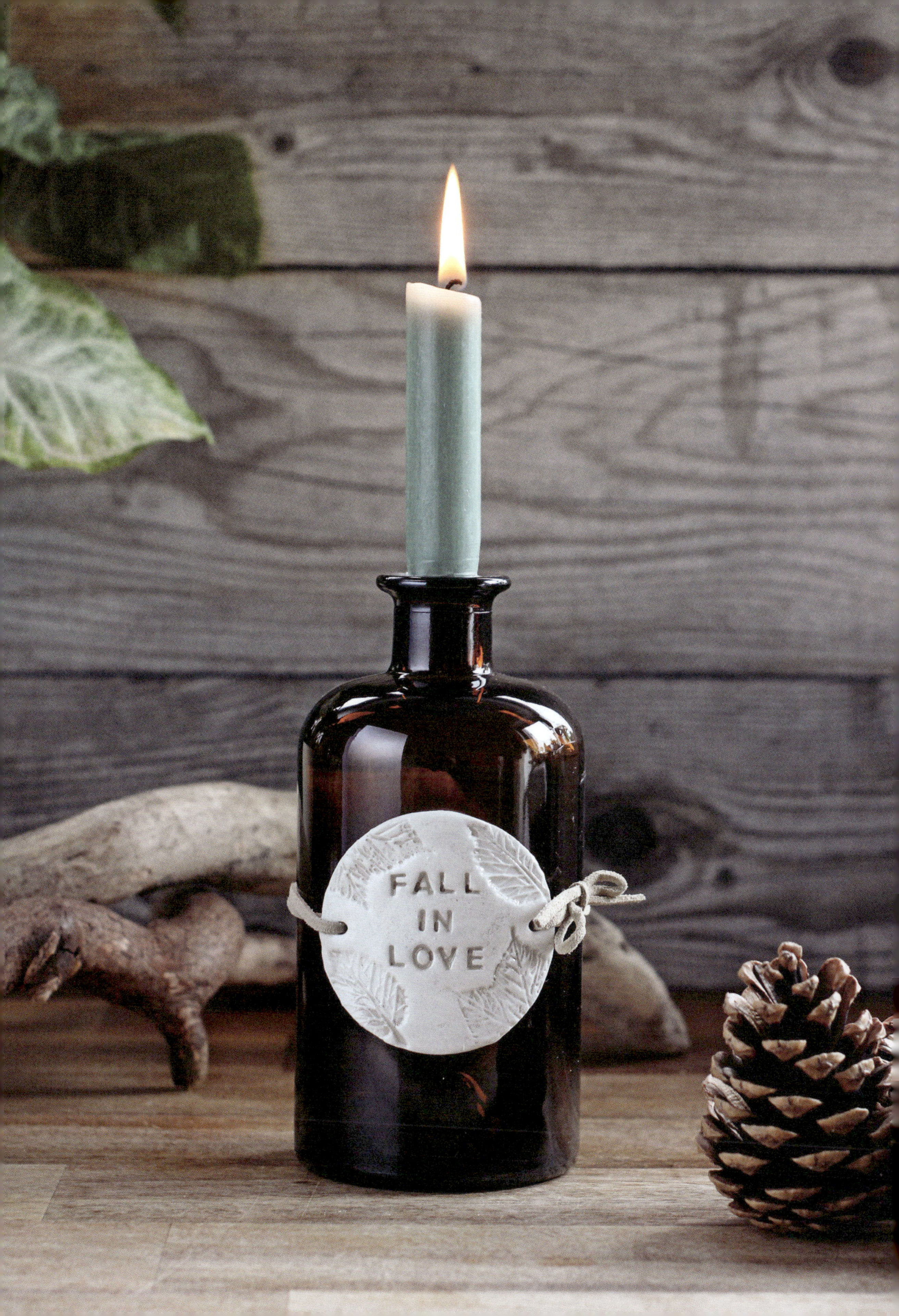
FALL
IN
LOVE

Und so geht es:

1 Den Ton auf dem Backpapier mithilfe der Vierkanthölzer gleichmäßig hoch mit dem Nudelholz ausrollen. Den Schriftzug FALL IN LOVE (oder einen anderen nach Wunsch) hineinstempeln.

2 Nun Blättermotive rund um den Schriftzug stempeln.

3 Das Motiv mithilfe des Kreis-Ausstechers ausstechen.

4 Den Aufleger links und rechts mithilfe des Strohhalms oder Cakepop-Stiels mit einem Loch für ein Band versehen und alle Kanten mit einem befeuchteten Finger glatt streichen.

5 Dann den Aufleger auf die Flasche legen und der Rundung anpassen. Auf der Flasche trocknen lassen.

6 Den Aufleger mithilfe des Schwämmchens weiß tünchen. Trocknen lassen.

7 Nach dem Trocknen den Aufleger mit Triple-Gloss-Lack überziehen. Dabei darauf achten, dass sich die Löcher nicht zusetzen.

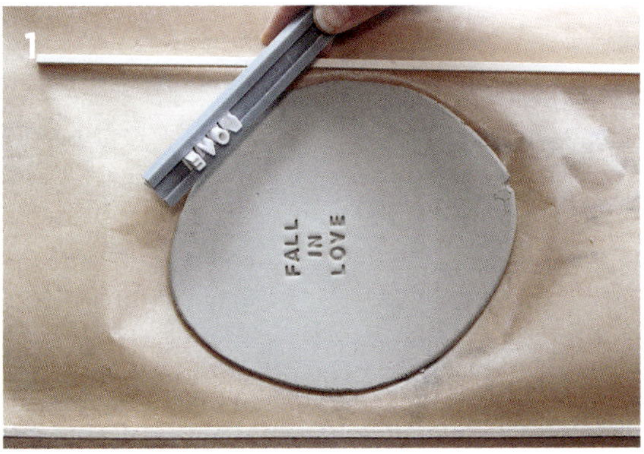
1
FALL
IN
LOVE

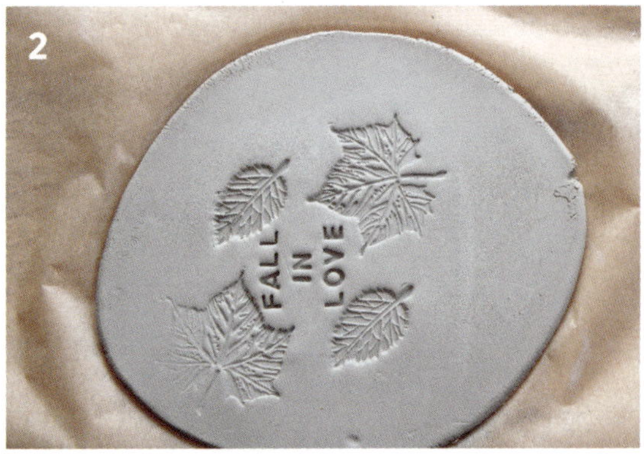
2
FALL
IN
LOVE

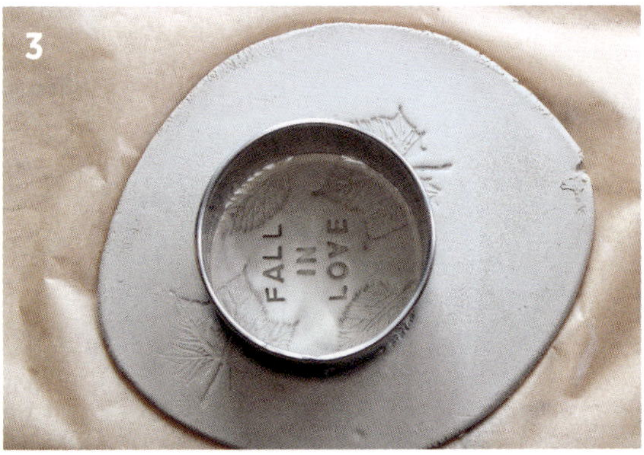
3
FALL
IN
LOVE

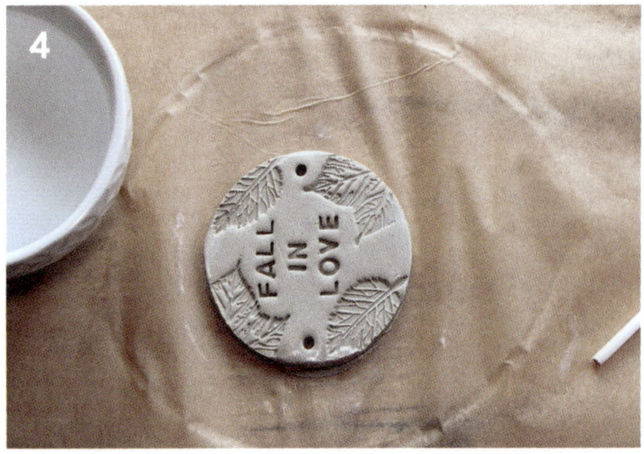
4
FALL
IN
LOVE

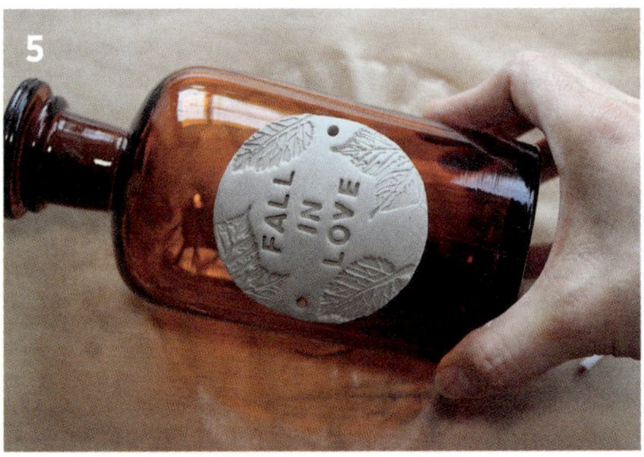
5
FALL
IN
LOVE

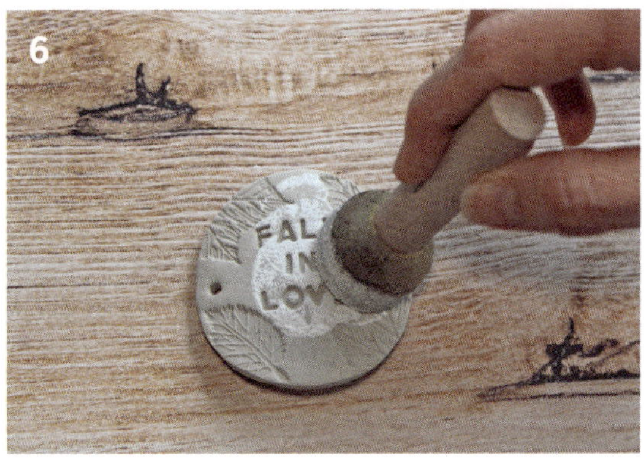
6

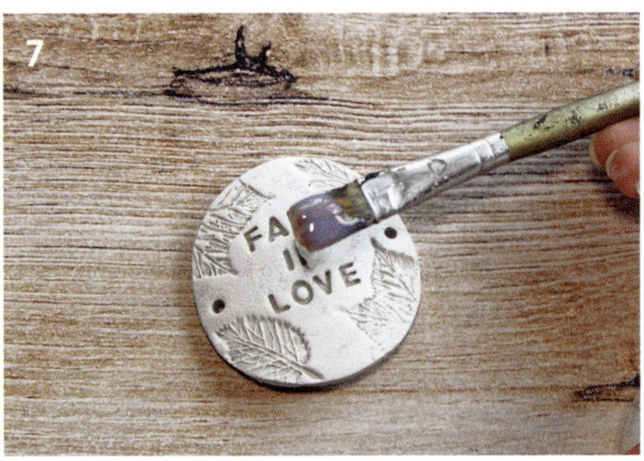
7

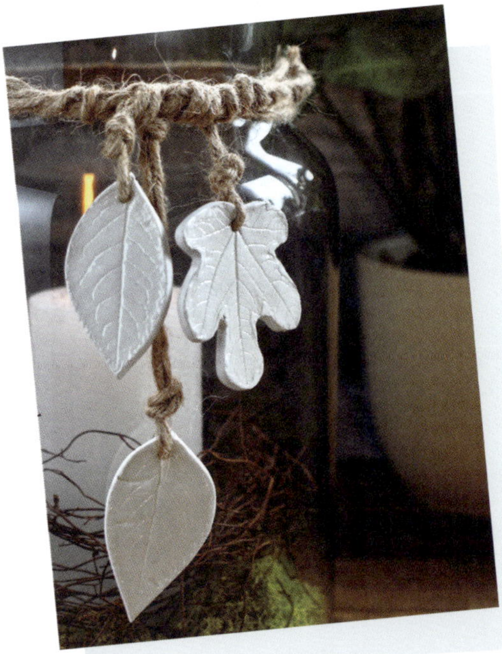

Ewige BLÄTTER

Diese Anhänger, die mithilfe von echten Blättern aus der Natur angefertigt werden, eignen sich wunderbar als herbstliches Deko-Accessoire oder auch als Geschenkanhänger.

Du benötigst:

- Modelliermasse
- Backpapier als Unterlage
- Vierkanthölzer 0,3 cm
- Nudelholz
- Schüssel/n mit Wasser
- Blätter aus der Natur
- Glattes, spitzes, scharfes Messer
- Pinzette oder Nadel bei Bedarf
- Dünnen Strohhalm oder hohlen Cakepop-Stiel
- Pinsel
- Triple-Gloss-Lack

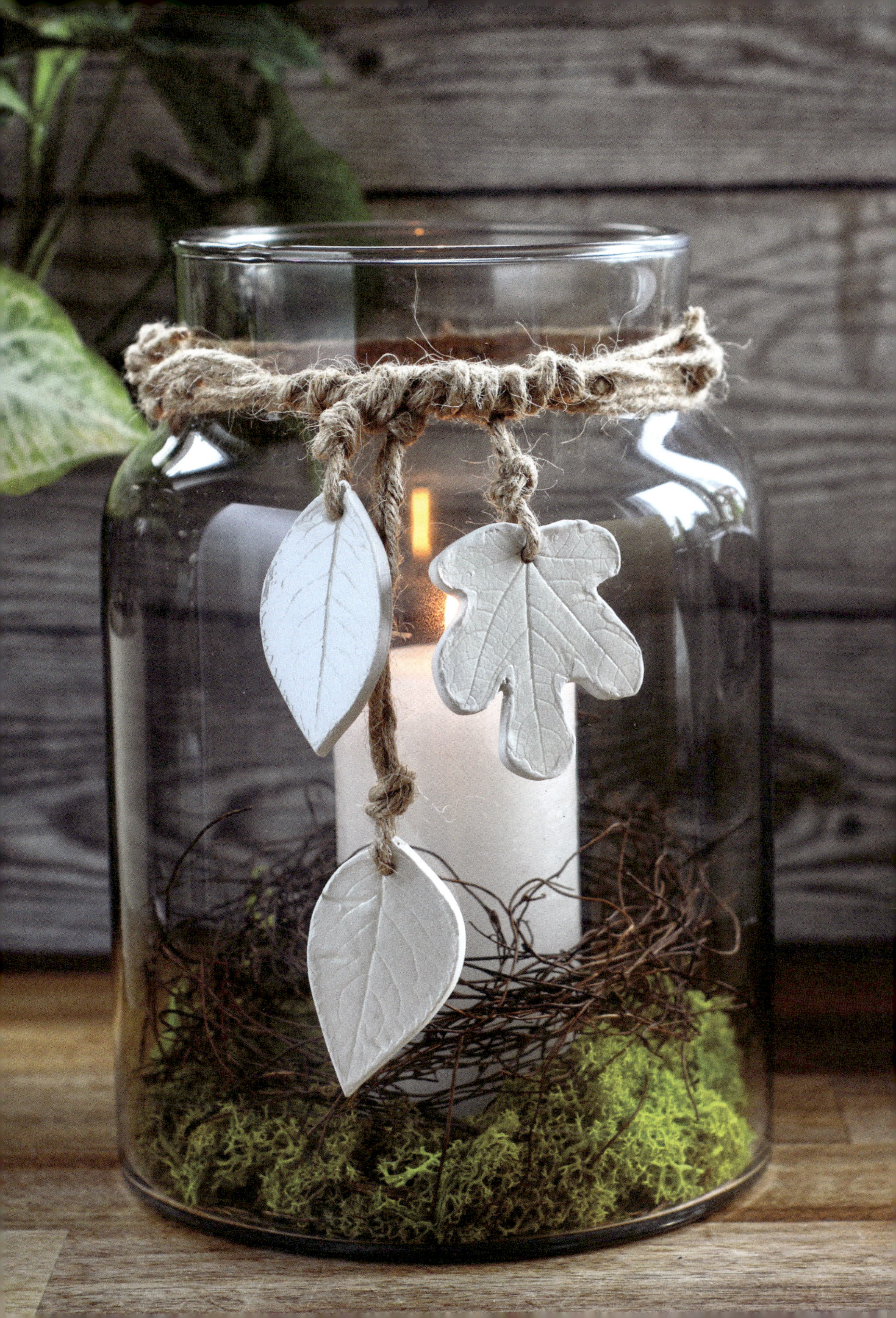

Und so geht es:

1 Die Modelliermasse auf dem Backpapier mithilfe der Vierkanthölzer gleichmäßig hoch mit dem Nudelholz ausrollen. Die Blätter mit der aderigen Seite auf die Modelliermasse legen und erneut mit dem Nudelholz darüberrollen.

2 Die Blätter mit dem Messer rundherum ausschneiden.

3 Nun die Blätter vorsichtig von der Modelliermasse heben. Hier kann eine Nadel oder eine Pinzette zu Hilfe genommen werden.

4 Alle Kanten mit einem befeuchteten Finger glätten. Die Blätter mithilfe des Strohhalms oder Cakepop-Stiels je mit einem Loch für ein Band versehen. Trocknen lassen.

5 Die Blätter nach dem Trocknen großzügig mit Triple-Gloss-Lack versehen. Dabei darauf achten, dass sich die Löcher nicht zusetzen.

TIPP

Suche dir Blätter, die eine möglichst aderige Struktur auf der Rückseite haben, so erhältst du sehr plastische Ergebnisse!

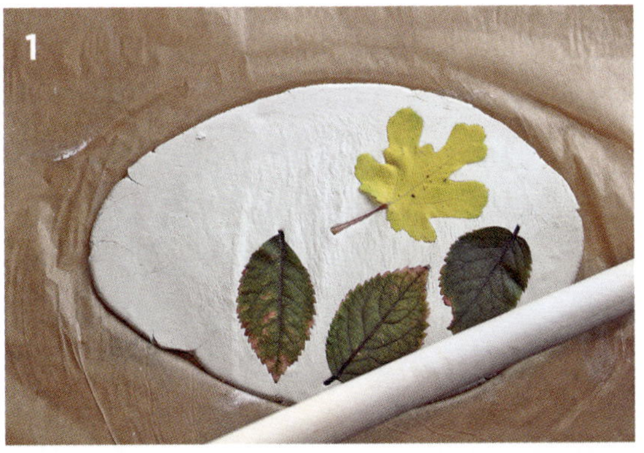
1

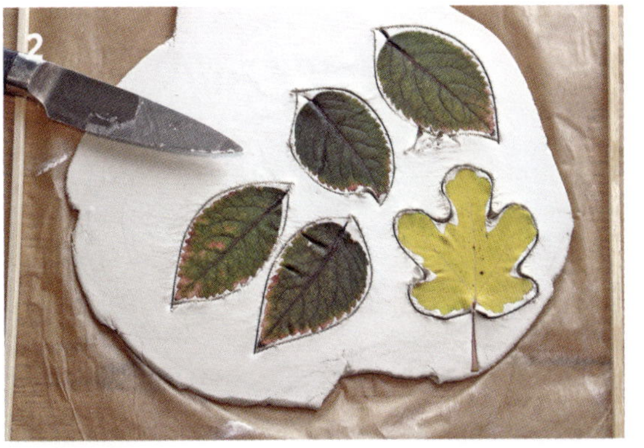
2

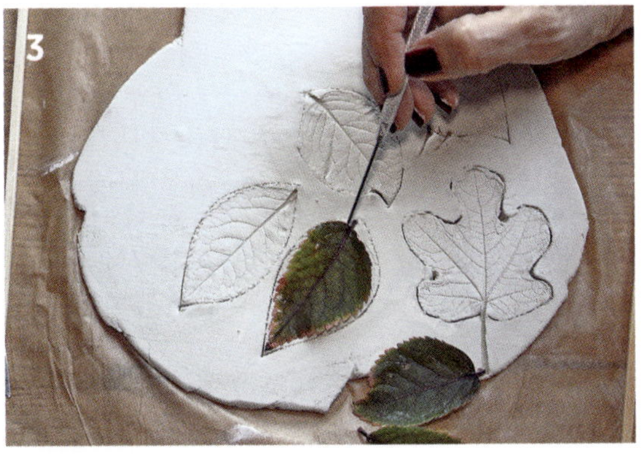
3

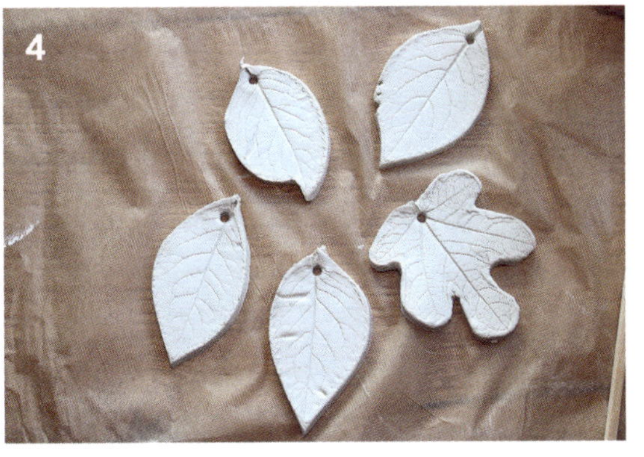
4

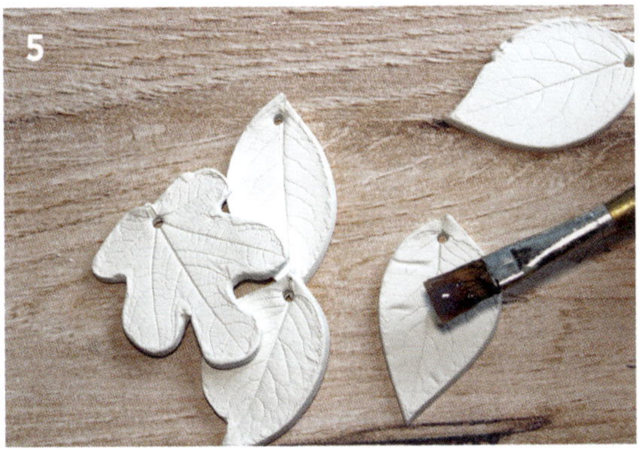
5

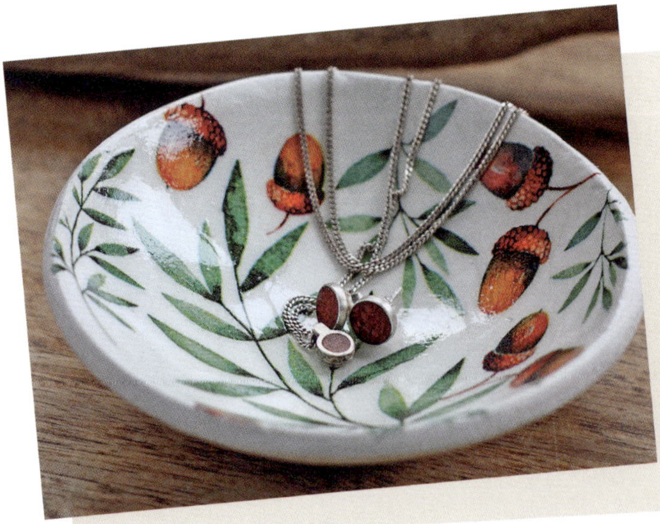

Schale

MIT HERBSTLICHEM MOTIV

Eine solche kleine Schale bringt doch gleich den Herbst auf den Tisch! Und Kleinigkeiten finden so einen schönen Ablageplatz.

Du benötigst:

- Modelliermasse
- Backpapier als Unterlage
- Vierkanthölzer 0,5 cm
- Nudelholz
- Schüssel/n mit Wasser
- Großen Kreis-Ausstecher oder kleinen Teller
- Scharfes, glattes Messer
- Dickere Schaumstoffmatte
- Acrylhalbschale
- Serviette mit herbstlichem Motiv
- Schere
- Serviettenkleber
- Pinsel
- Triple-Gloss-Lack

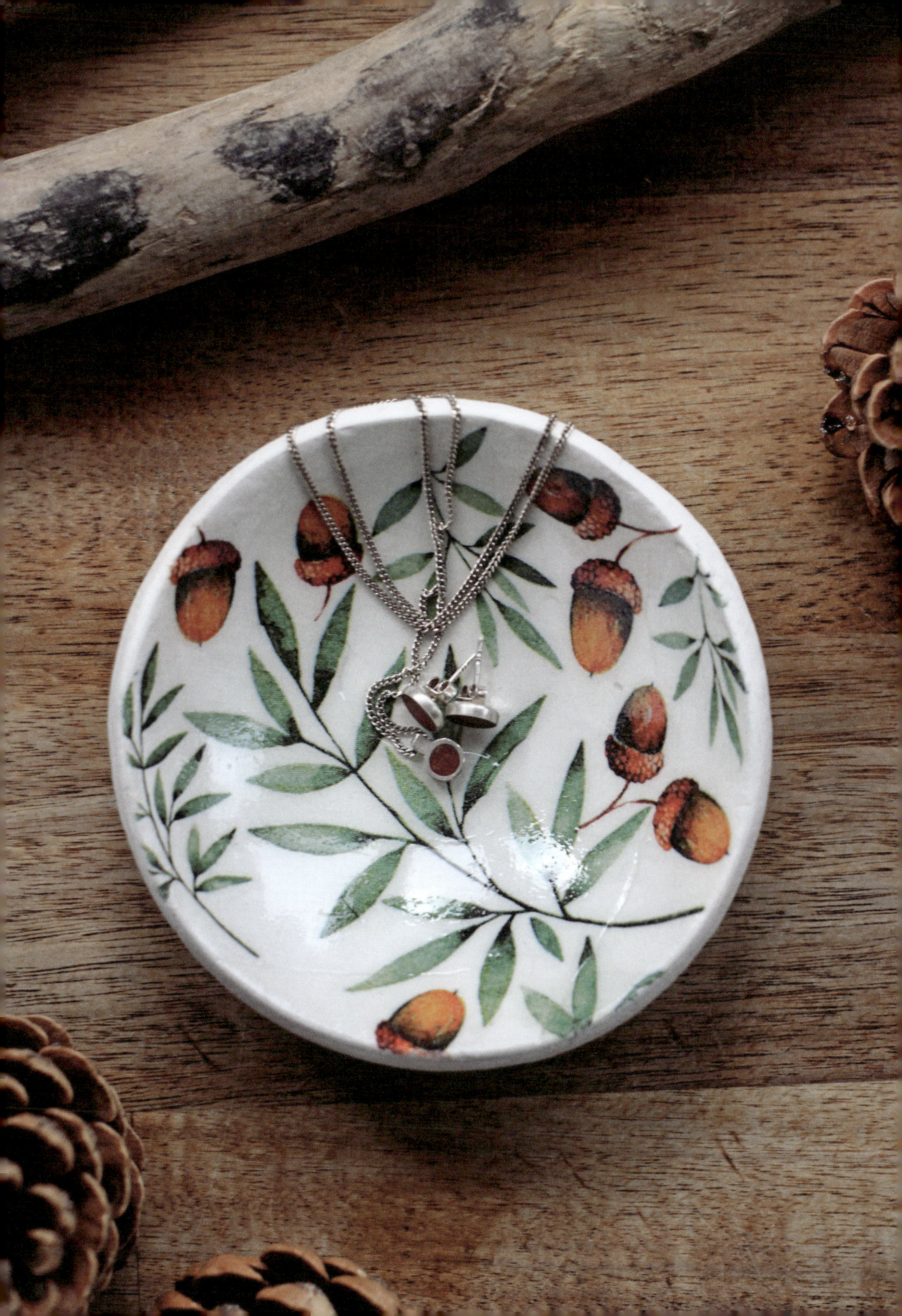

Und so geht es:

1 Die Modelliermasse auf dem Backpapier mithilfe der Vierkanthölzer gleichmäßig hoch mit dem Nudelholz ausrollen.

2 Mithilfe des Kreis-Ausstechers oder dem Teller einen Kreis ausstechen bzw. ausschneiden, die Kanten mit einem befeuchteten Finger glätten und den Kreis auf die Schaumstoffmatte legen. Nun den Kreis mit der Acrylhalbschale in die Schaumstoffmatte drücken, dabei etwas über den Modelliermasse-Kreis kreisen. Die so entstandene Schale auf der Acrylschale trocknen lassen.

3 Die Motive aus der Serviette knappkantig ausschneiden.

4 Die oberste, mit Motiv versehene Schicht vom Rest der Serviettenschichten trennen.

5 Das Innere der Schale mit Serviettenkleber bestreichen und die Motive auflegen. Die Motive erneut mit Serviettenkleber überstreichen und eventuelle Falten behutsam mit einem mit Kleber benetzten Finger glatt streichen. Trocknen lassen.

6 Das Innere der Schale nach dem Trocknen mit Triple-Gloss-Lack überziehen. Hier etwas weniger Lack verwenden, damit dieser nicht zu sehr in die Mitte der Schale fließt.

TIPP

Weißgrundige Servietten eignen sich am besten, da du so keine Ränder des Motivs auf dem fertigen Werkstück ausmachen kannst. Das Motiv der Serviette verschmilzt praktisch mit der Schale.

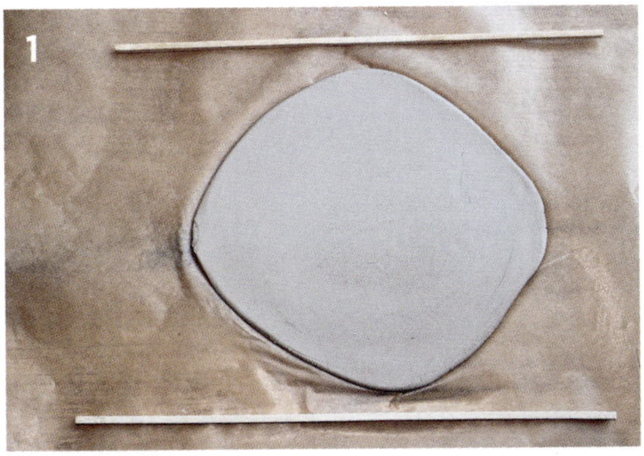
1

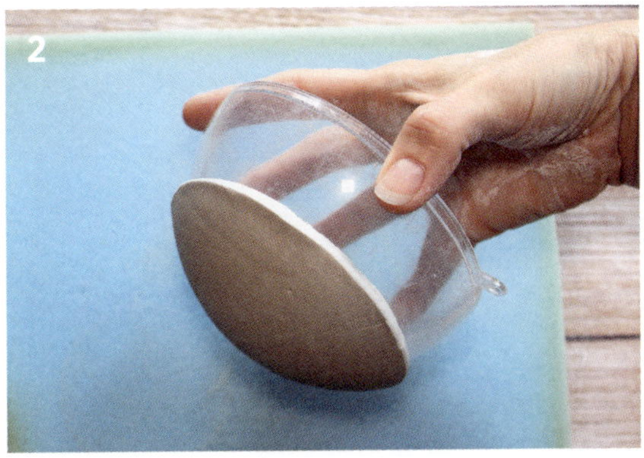
2

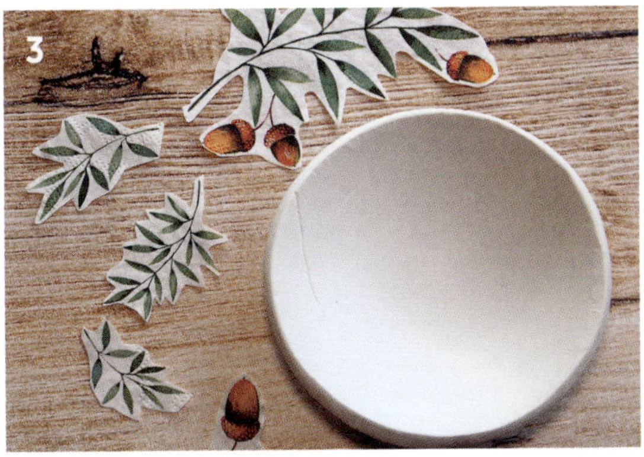
3

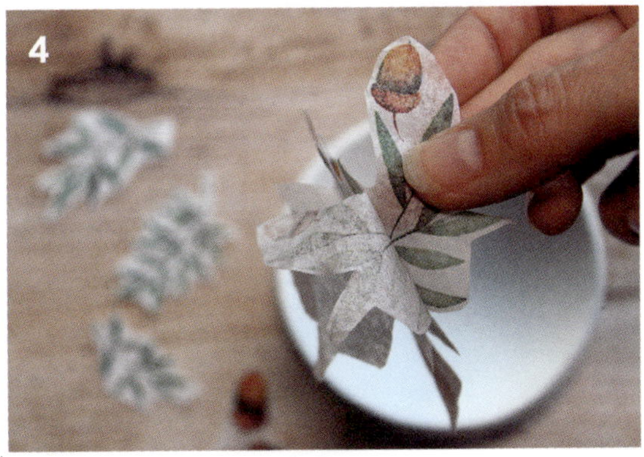
4

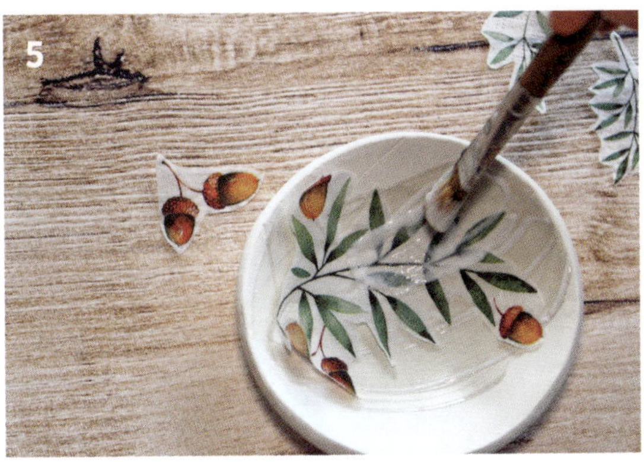
5

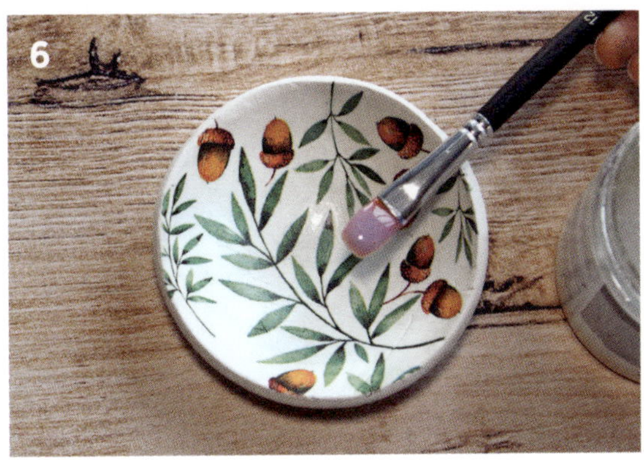
6

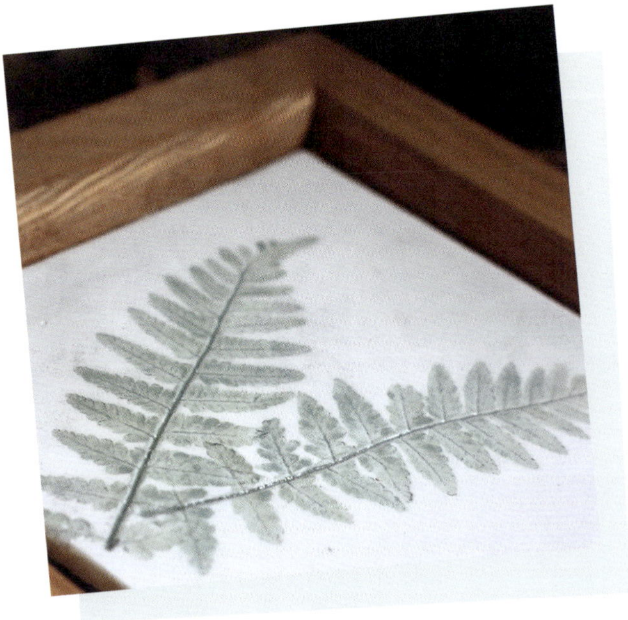

Bilderrahmen
MIT PFLANZENABDRUCK

Mit diesem Bild, das mithilfe von Pflanzenteilen gestaltet wird, bringt man schnell frischen herbstlichen Wind an die Wand oder auf die Bilderleiste!

Du benötigst:

- Lufttrocknenden Ton
- Backpapier als Unterlage
- Vierkanthölzer 0,3 cm
- Nudelholz
- Schüssel/n mit Wasser
- Blätter oder andere Pflanzenteile
- Tonpapier
- Schere oder Cutter
- Nadel oder Pinzette
- Metalllineal oder scharfes Messer
- Schwämmchen
- Acrylfarbe, weiß, grün
- Sehr dünnen und mittleren Pinsel
- Triple-Gloss-Lack
- Montagekleber
- Deko-Bilderrahmen (aus dem Bastelladen)

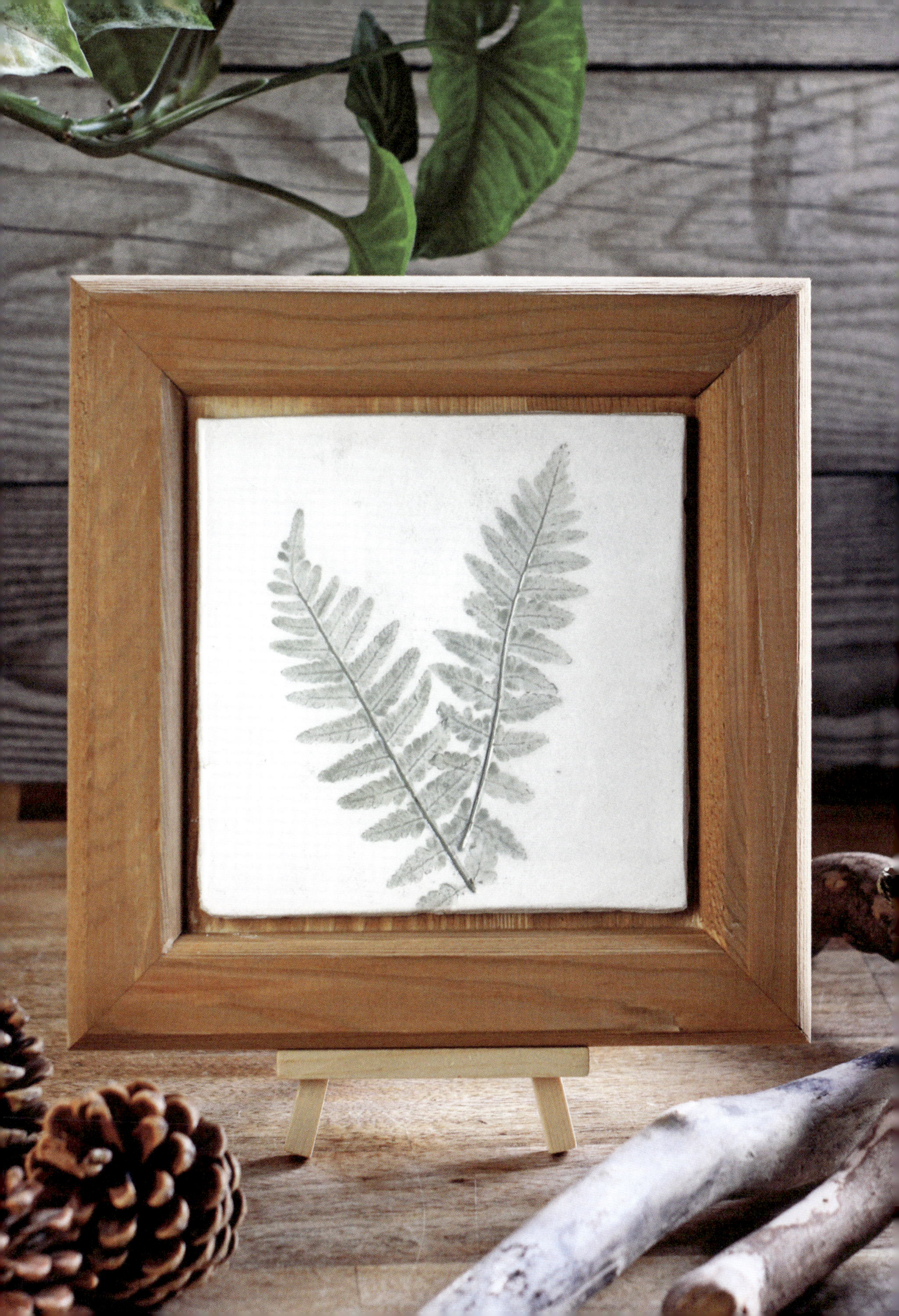

Und so geht es:

1 Den Ton auf dem Backpapier mithilfe der Vierkanthölzer gleichmäßig hoch mit dem Nudelholz ausrollen. Die Pflanzenteile auflegen und erneut mit dem Nudelholz darüberrollen.

2 Aus dem Tonpapier eine Schablone im Maß der Bildfläche zurechtschneiden. Die Schablone auf den Abdruck legen, die Kanten mit dem Metalllineal abstechen oder das Viereck mit einem scharfen Messer ausschneiden.

3 Die Pflanzenteile behutsam vom Ton abziehen und alle Kanten der Fliese nach dem Auslösen mit einem mit Wasser befeuchteten Finger glätten. Trocknen lassen.

4 Die Fliese nach dem Trocknen mithilfe des Schwämmchens mit weißer Acrylfarbe tünchen.

5 Nun grüne Acrylfarbe sehr stark verdünnen, sodass sie fließfähig wird. Mit einem sehr dünnen Pinsel die Strukturen der eingedrückten Pflanzenformen mit dem Farbwasser nachzeichnen. Hierbei versuchen, die Farbe eher in die Strukturen laufen zu lassen. Dadurch entsteht eine sehr natürliche Optik und die geprägten Strukturen bleiben gut sichtbar. Trocknen lassen.

6 Die Fliese nach dem Trocknen großzügig mithilfe des mittleren Pinsels mit Triple-Gloss-Lack versehen.

7 Die getrocknete Fliese mit Montagekleber in den Holzrahmen kleben.

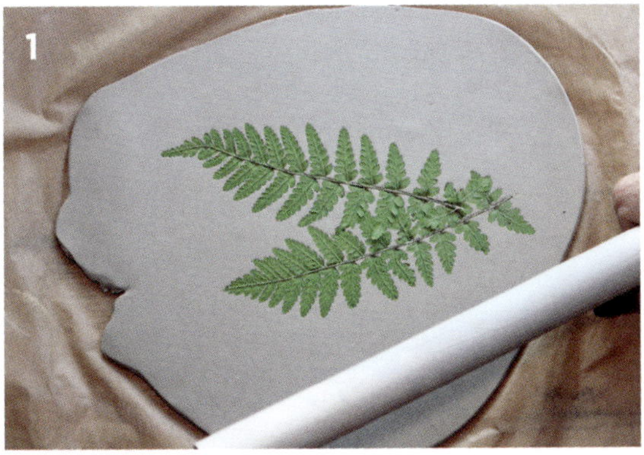
1
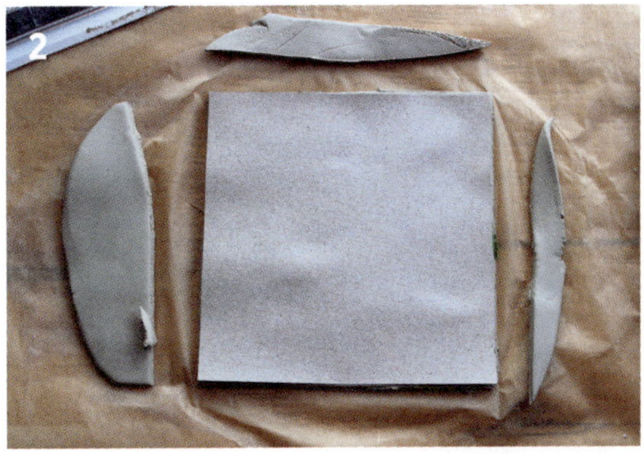
2
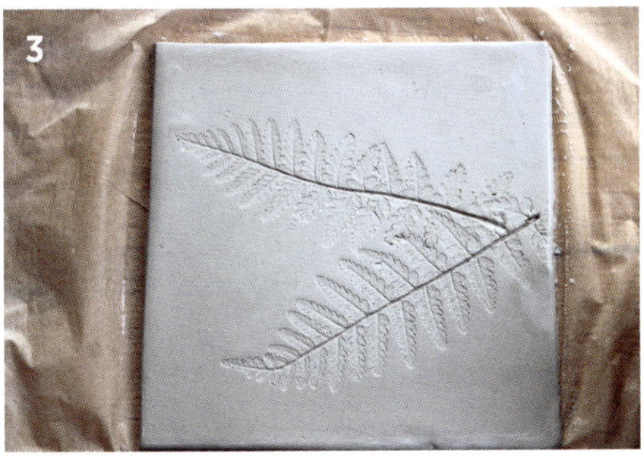
3
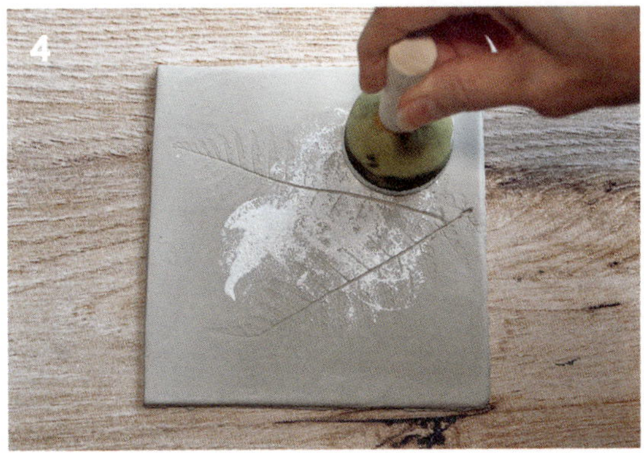
4
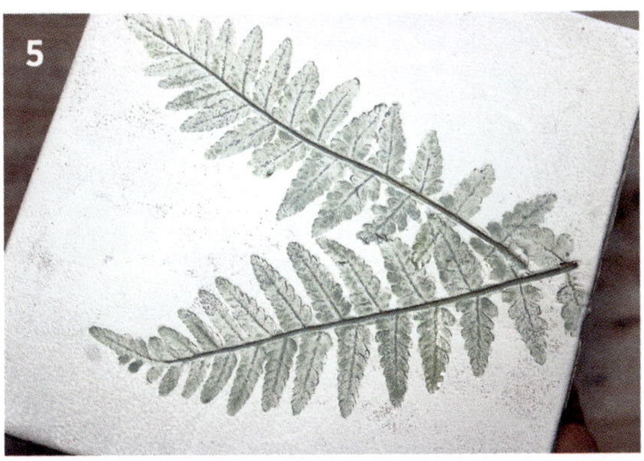
5
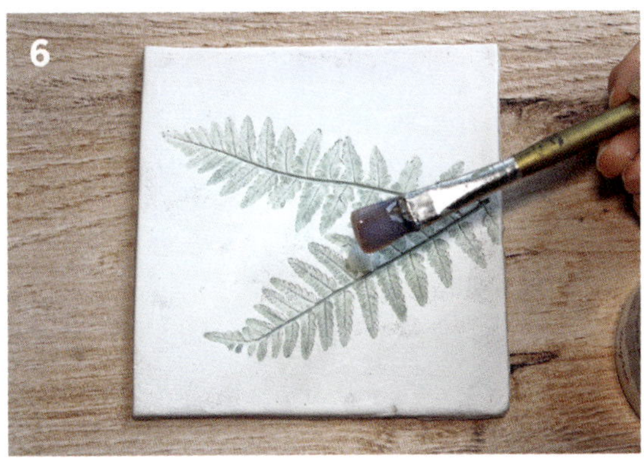
6
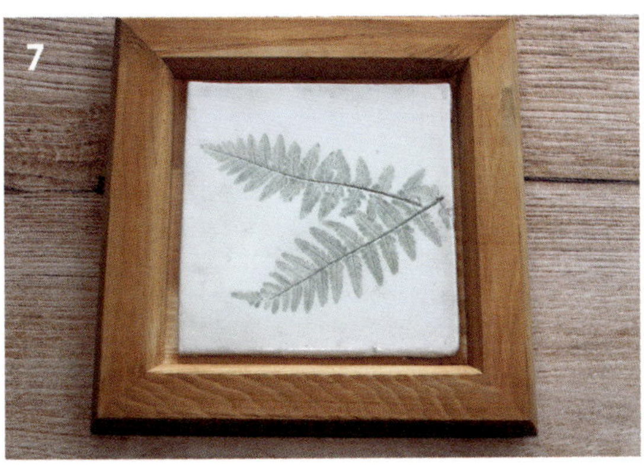
7

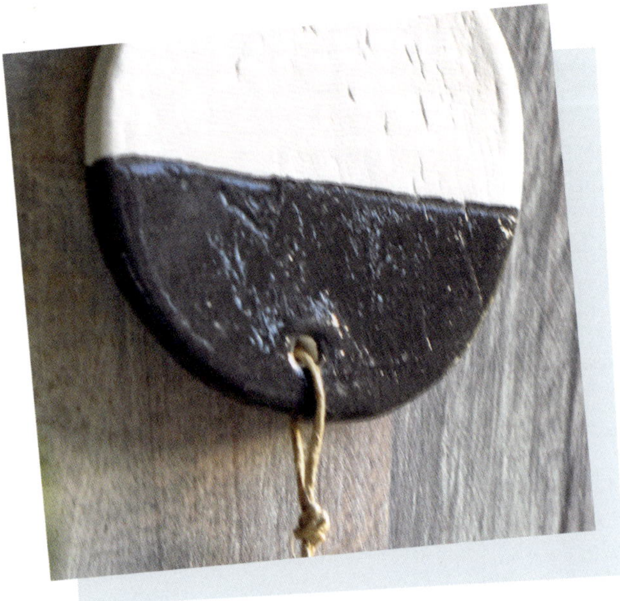

Wanddekoration

KREISE

Diese einfache Wanddekoration in gedippter Optik ist ein hübscher Hingucker. Werden Vorder- und Rückseite gleichermaßen gestaltet, lässt sie sich auch frei hängend als Mobile nutzen.

Du benötigst:

- Modelliermasse
- Backpapier als Unterlage
- Vierkanthölzer 0,5 cm
- Nudelholz
- Schüssel/n mit Wasser
- Kreis-Ausstecher in 3 Größen
- Dünnen Strohhalm oder hohlen Cakepop-Stiel
- Malerkrepp
- Schwämmchen
- Acrylfarbe, grau
- Pinsel
- Triple-Gloss-Lack
- Kordel oder Nylonschnur

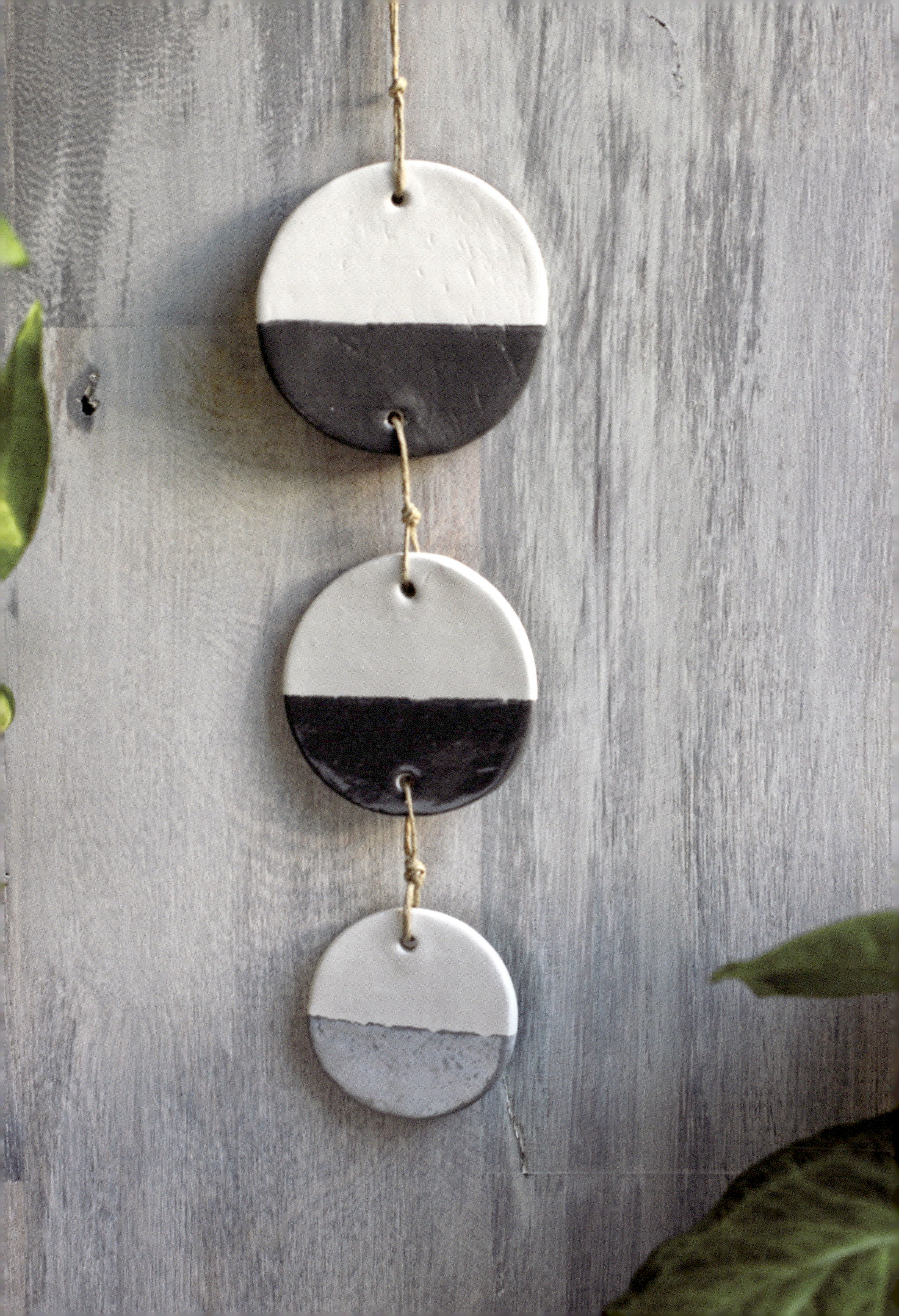

Und so geht es:

1 Die Modelliermasse auf dem Backpapier mithilfe der Vierkanthölzer gleichmäßig hoch mit dem Nudelholz ausrollen. Drei unterschiedlich große Kreise ausstechen.

2 Mithilfe des Strohhalms oder Cakepop-Stiels je zwei Löcher (oben und unten) in den großen und mittleren Kreis und ein Loch (oben) in den kleinen Kreis stechen. Alle Kanten mit einem mit Wasser befeuchteten Finger glätten. Die Kreise trocknen lassen. Dabei auf die Werkstücke achten und gegebenenfalls zwischendurch wenden, sollten sie sich biegen.

3 Mit dem Malerkrepp eine Linie rund um jeden der drei Kreise definieren.

4 Die Hälfte der Kreise zunächst von einer, dann von der anderen Seite mithilfe des Schwämmchens grau tünchen. Trocknen lassen.

5 Das Malerkrepp nach dem Trocknen entfernen und die farbigen Stellen mit Triple-Gloss-Lack versehen.

6 Alle drei Kreise mit Kordel oder Nylonschnur verbinden.

TIPP

Hast du keine Kreis-Ausstecher zur Hand, kannst du auch unterschiedliche runde Gegenstände als Maß nutzen. Hier bieten sich kleine Teller, Becher oder Gläser an. Diese kannst du einfach auf die ausgerollte Modelliermasse legen und diese rundherum ausschneiden.

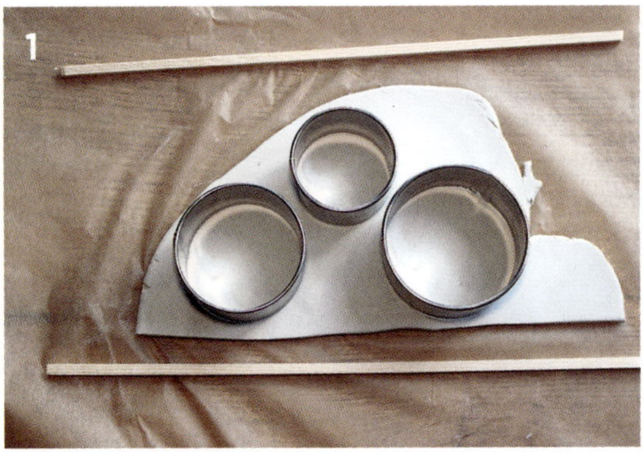
1

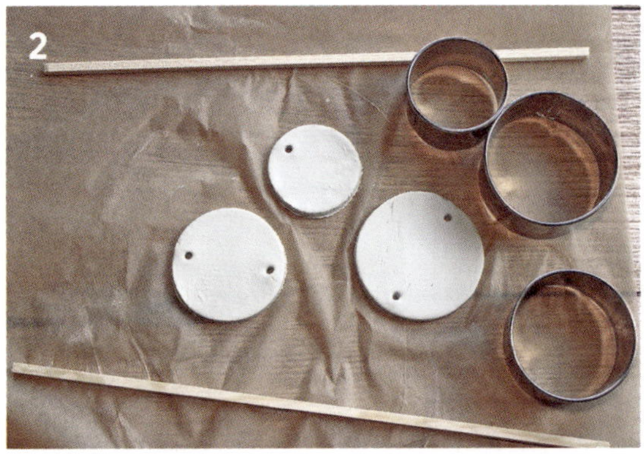
2

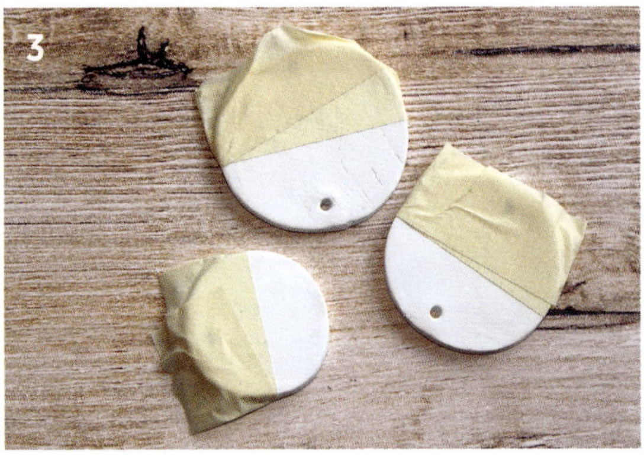
3

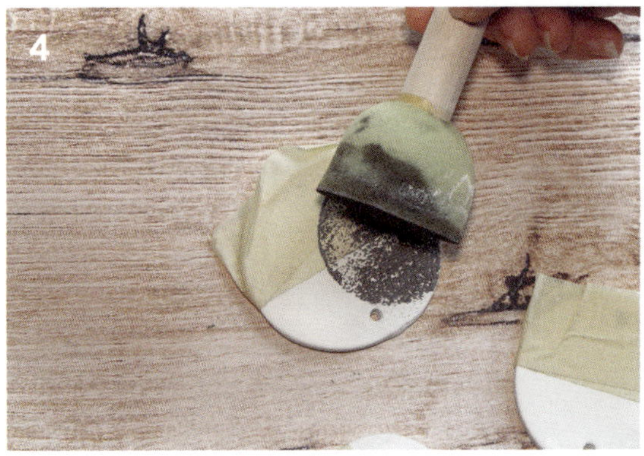
4

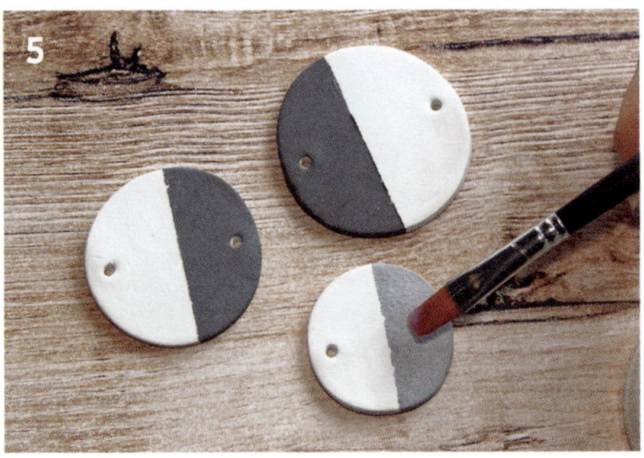
5

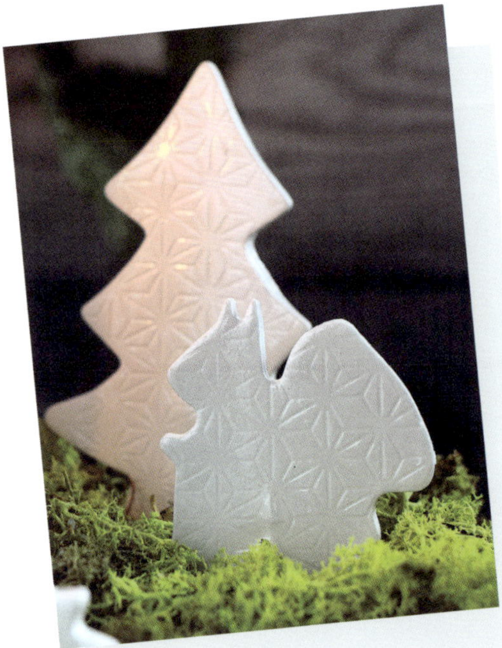

Pflanzenstecker

Mithilfe von Ausstechformen lassen sich schöne Pflanzenstecker herstellen. Mit ihnen können zum Beispiel Gestecke, Blumentöpfe oder auch Geschenke aufgewertet werden.

Du benötigst:

- Modelliermasse
- Backpapier als Unterlage
- Vierkanthölzer 0,5 cm
- Nudelholz
- Schüssel/n mit Wasser
- Schablone mit Muster
- Ausstechformen nach Wahl
- Dünne Holzspieße
- Pinsel
- Triple-Gloss-Lack

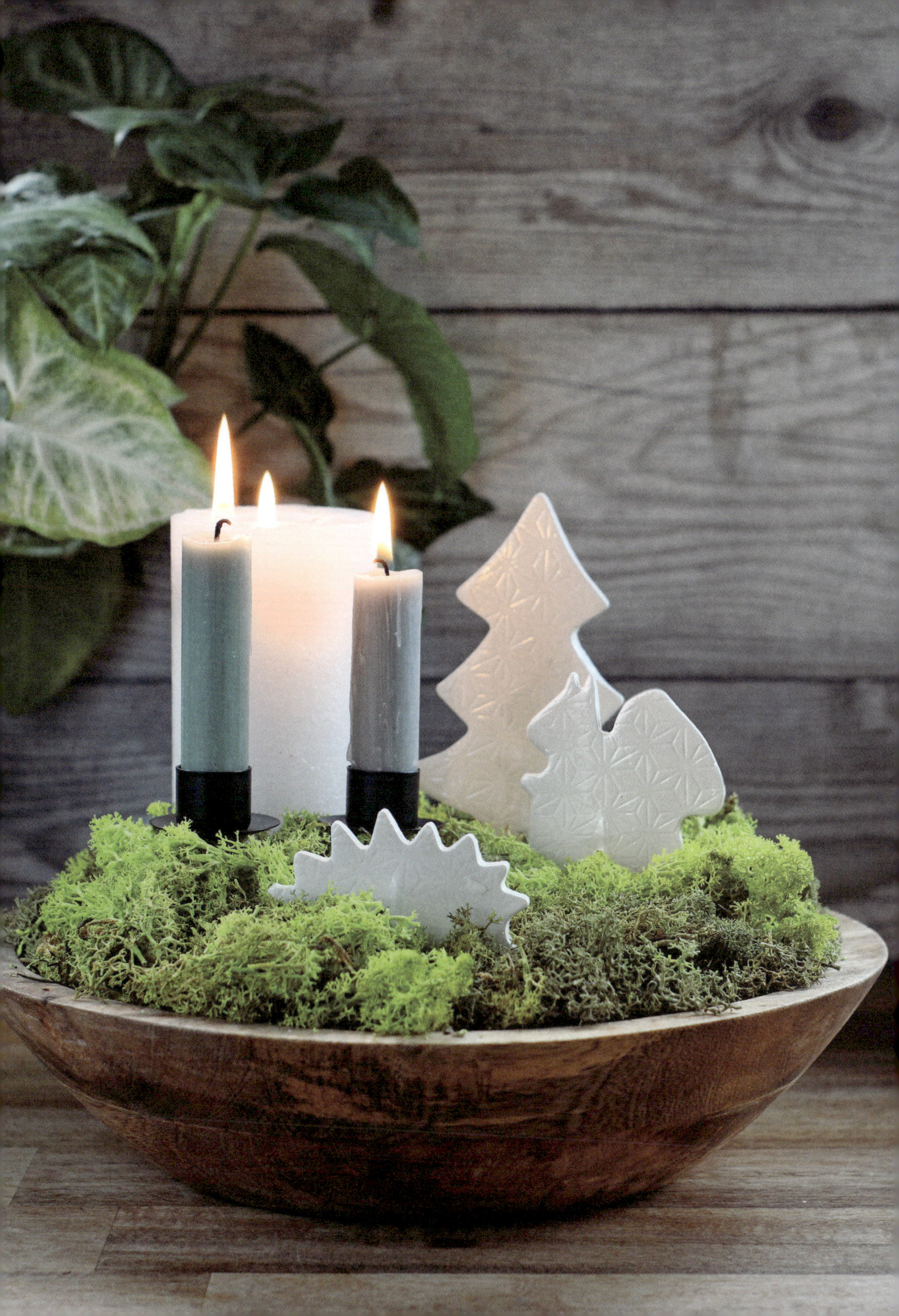

Und so geht es:

1 Die Modelliermasse auf dem Backpapier mithilfe der Vierkanthölzer gleichmäßig hoch mit dem Nudelholz ausrollen. Die Schablone auf die Modelliermasse legen und erneut vorsichtig darüberrollen, sodass sich das Muster einprägt.

2 Nun Formen aus der Modelliermasse ausstechen und alle Kanten mit einem mit Wasser befeuchteten Finger glätten.

3 Jeweils einen Holzspieß behutsam von unten in eine ausgestochene Form schieben.

4 Die Pflanzenstecker trocknen lassen. Die Werkstücke dabei im Auge behalten und gegebenenfalls wenden, sollten sie sich während des Trocknen biegen. Die Pflanzenstecker großzügig mit Triple-Gloss-Lack überziehen.

TIPP

Drehe den Holzspieß etwas, wenn du ihn in deine ausgestochene Form schiebst, so verzieht sich das Motiv weniger!

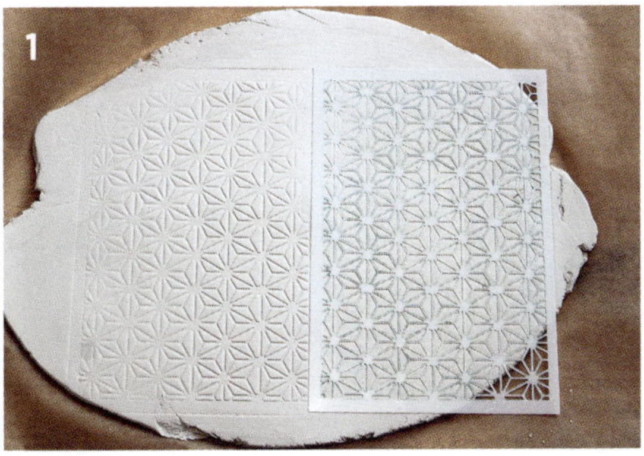
1

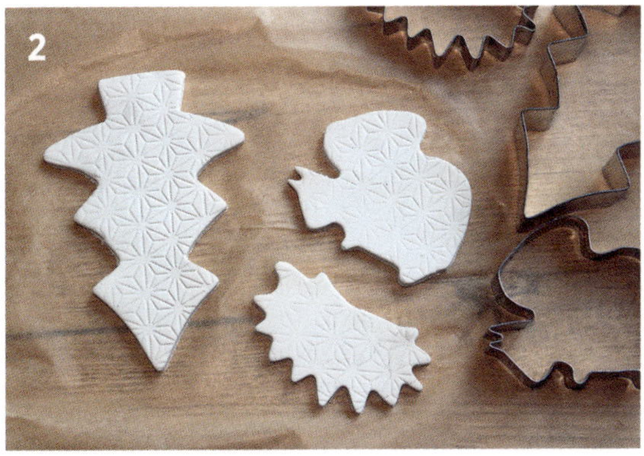
2

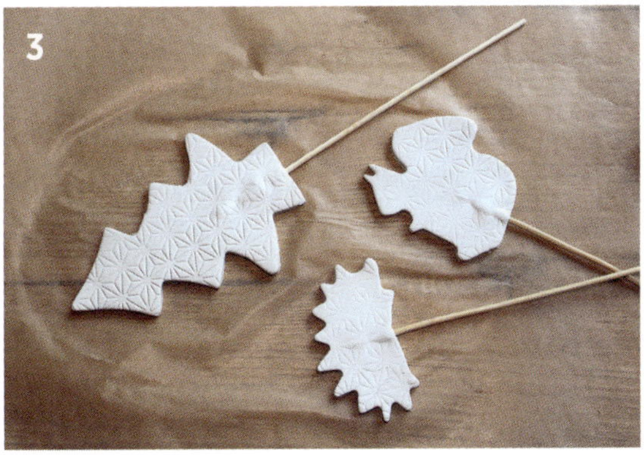
3

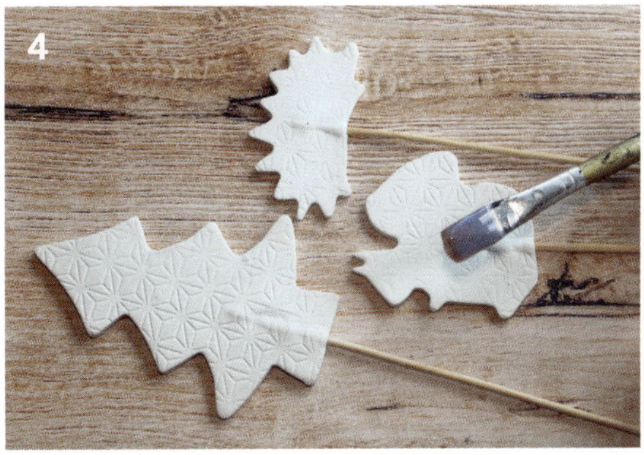
4

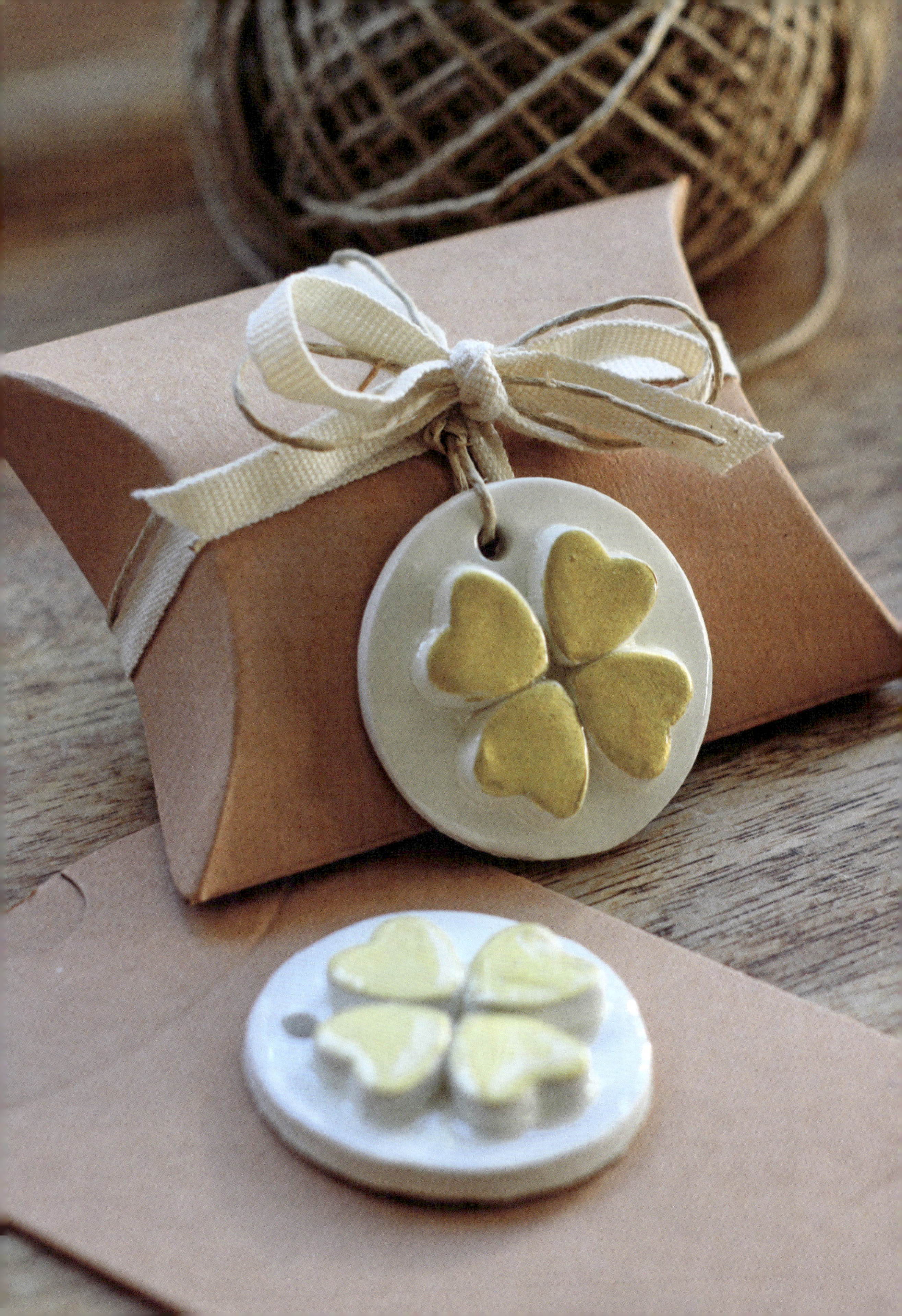

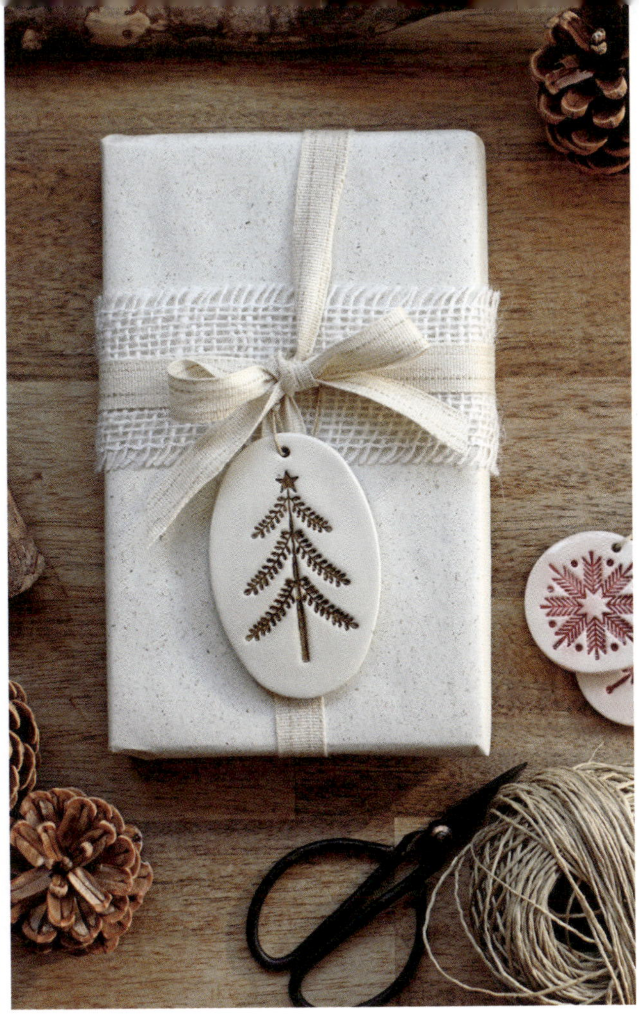

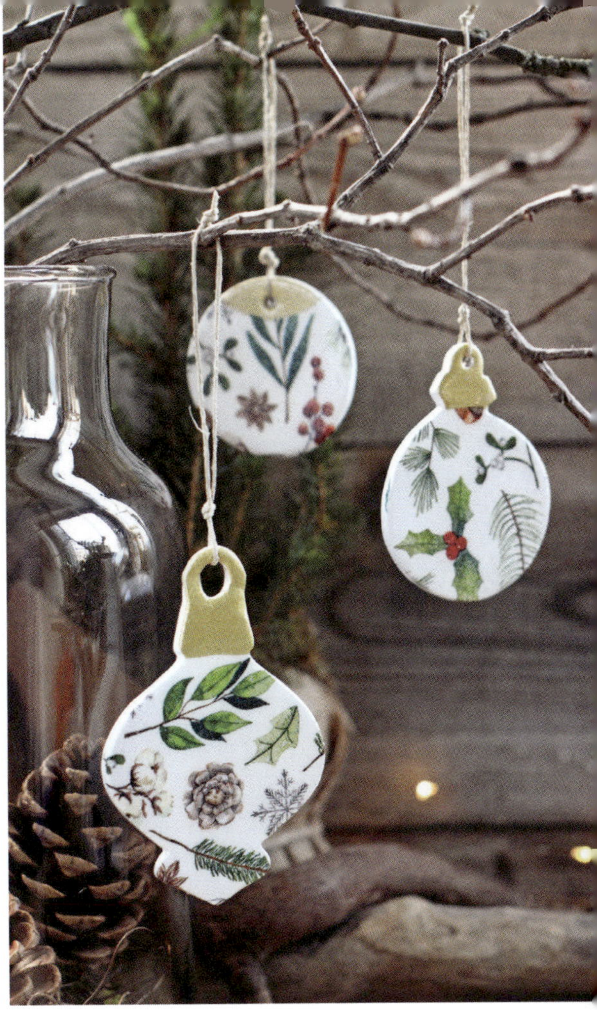

Ideen für den Winter

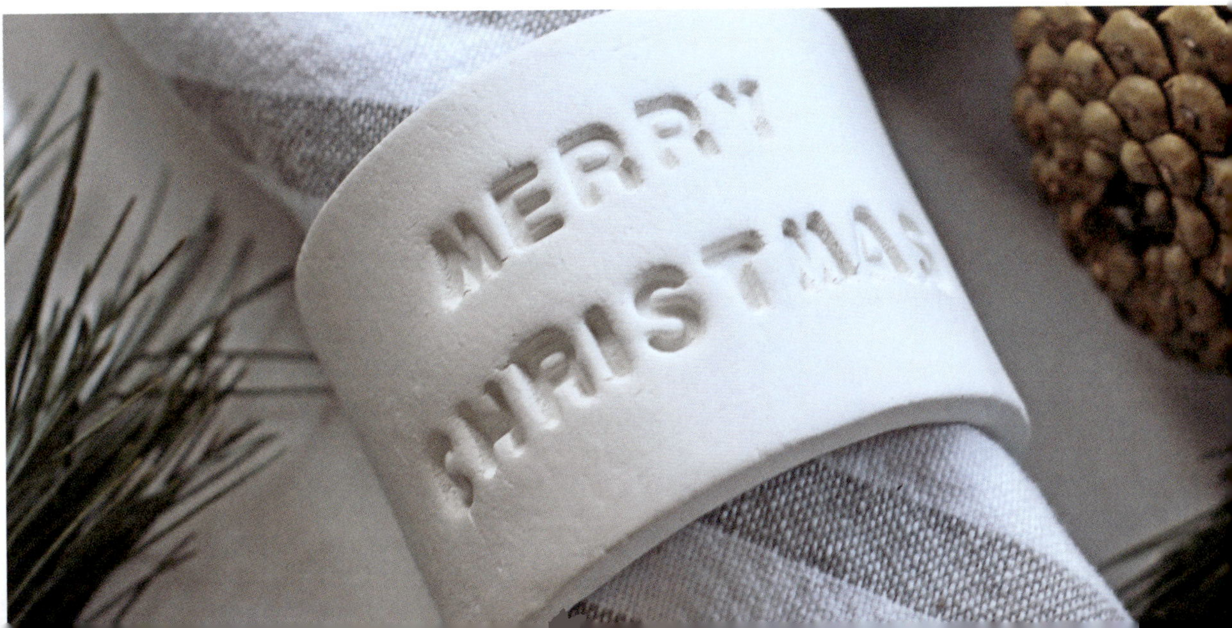

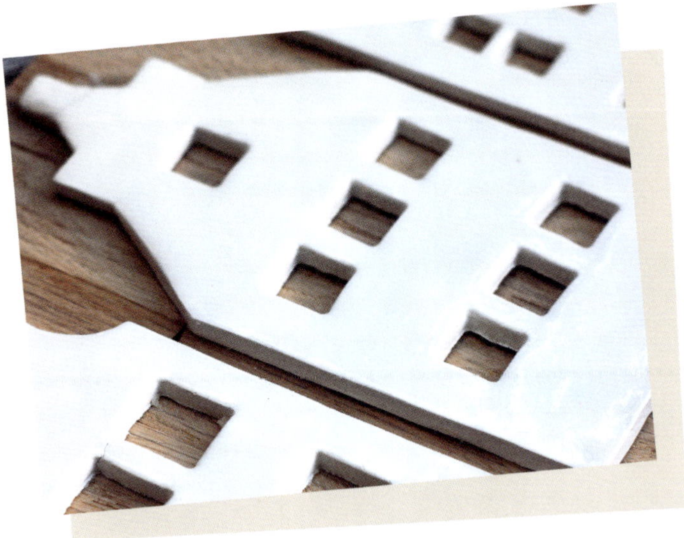

Hakenleiste

»HÄUSER«

Häuschen sind der absolute Renner und nicht mehr wegzudenken aus der Deko-Szene, besonders in der kalten Jahreszeit. Diese Häuser-Hakenleiste ist nicht nur hübsch anzuschauen, sondern zudem auch noch ein praktischer Ordnungshelfer.

Du benötigst:

- Schablonen Häuser (s. Seite 110)
- Tonpapier
- Cutter oder Schere
- Modelliermasse
- Backpapier als Unterlage
- Vierkanthölzer 0,3 cm
- Nudelholz
- Schüssel/n mit Wasser
- Scharfes, spitzes Messer
- Ausstechform, viereckig, bei Bedarf
- Schleifpapier bei Bedarf
- Pinsel
- Triple-Gloss-Lack
- Aufhänger mit Schrauben
- Schraubenzieher
- Holzbrettchen ca. 16 x 25 cm
- Montagekleber
- Handbohrer bei Bedarf
- 3 kleine Haken, ca. 2 cm

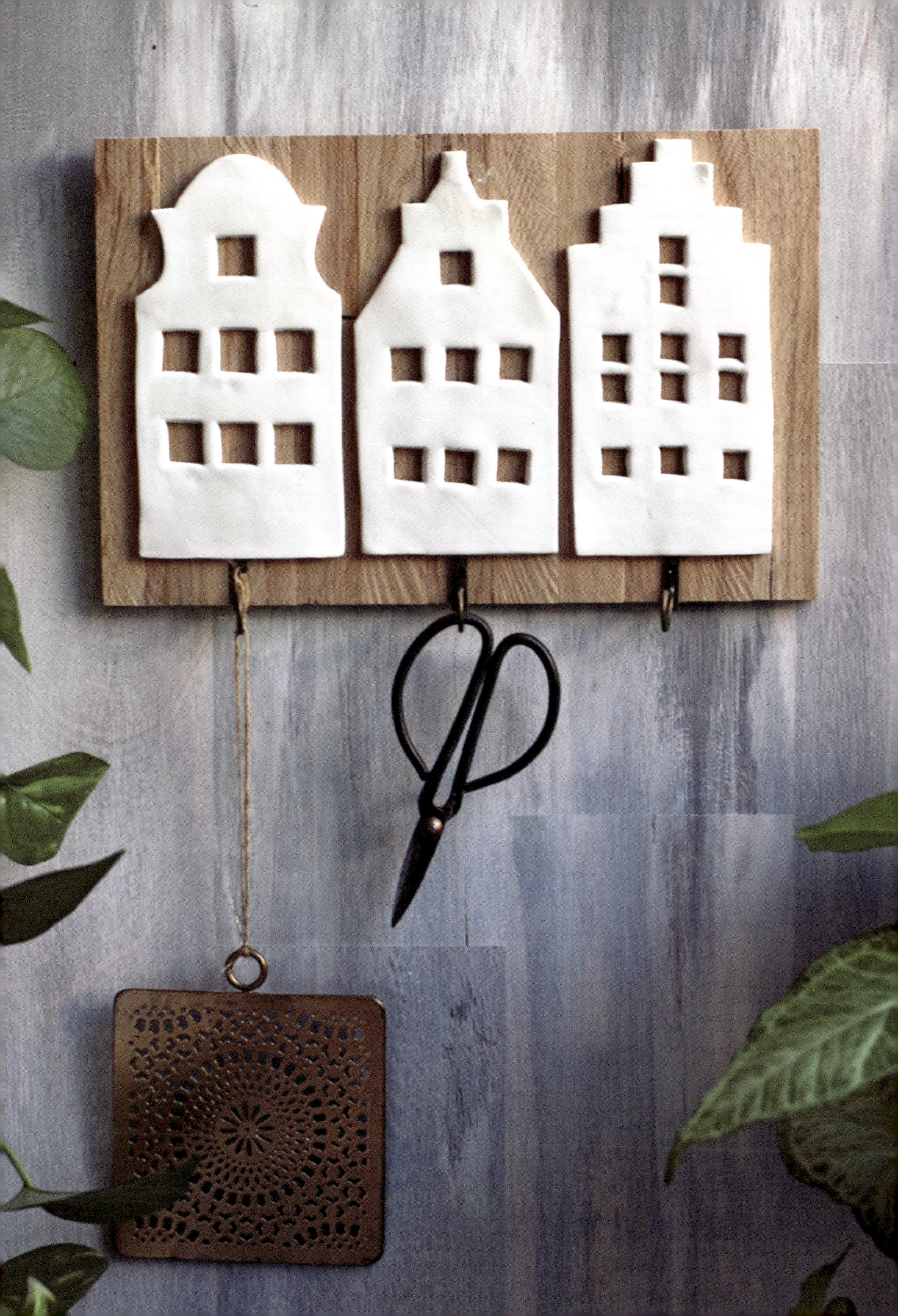

Und so geht es:

1 Zunächst die Schablonen auf Tonpapier übertragen und ausschneiden. Die Modelliermasse auf dem Backpapier mithilfe der Vierkanthölzer gleichmäßig hoch mit dem Nudelholz ausrollen. Die zuvor vorbereiteten Schablonen auf die Modelliermasse legen.

2 Drei Häuser mit dem Messer ausschneiden.

3 Für die Fenster kann ein kleiner, viereckiger Ausstecher genutzt werden. Alternativ die Fenster mit dem Messer ausschneiden.

4 Alle Kanten mit einem mit Wasser befeuchteten Finger glätten und die Häuser trocknen lassen. Dabei die Werkstücke im Auge behalten und gegebenenfalls wenden, sollten sie sich biegen.

5 Die Kanten der Häuser bei Bedarf schleifen. Nun großzügig Triple-Gloss-Lack auftragen.

6 Den Aufhänger auf der Rückseite des Brettes anbringen.

7 Die Häuser mit dem Montagekleber auf das Holzbrettchen (Querformat) kleben, dabei darauf achten, dass genügend Platz für die Haken bleibt!

8 Nun die Stellen markieren, an denen die Haken Platz finden sollen. Das Loch gegebenenfalls vorbohren, damit das Holz nicht reißt.

9 Die Haken festschrauben.

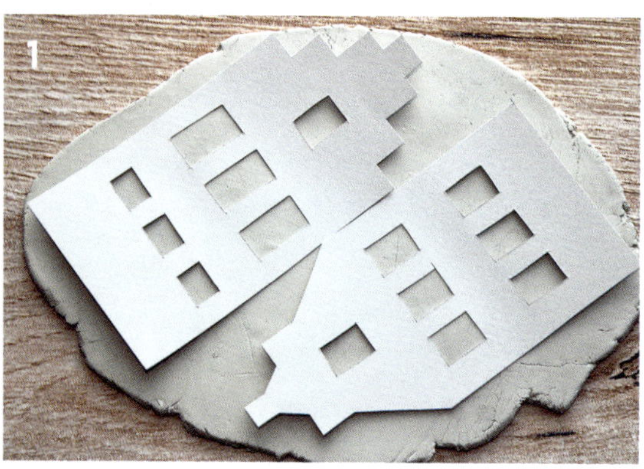
1

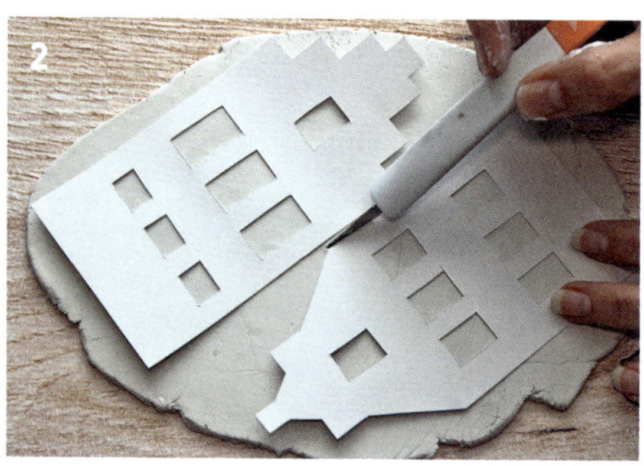
2

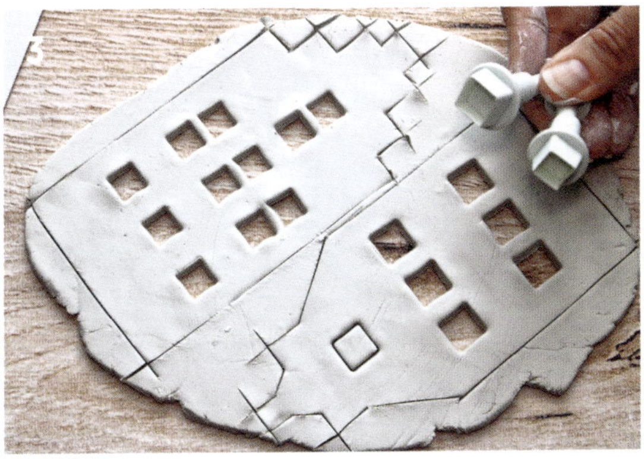
3

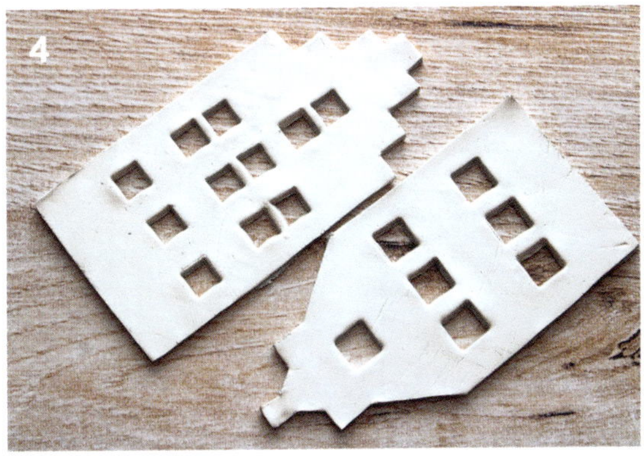
4

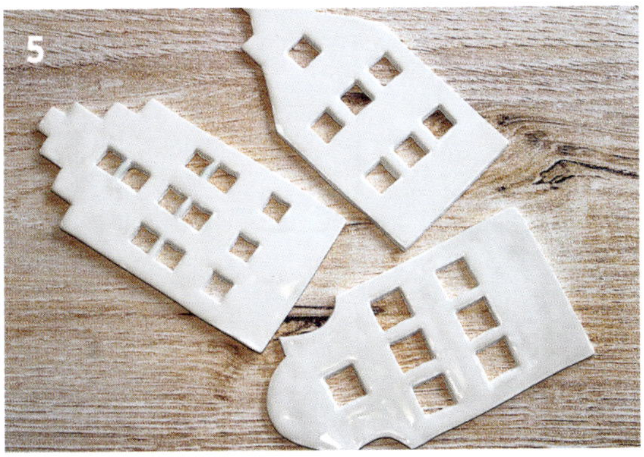
5

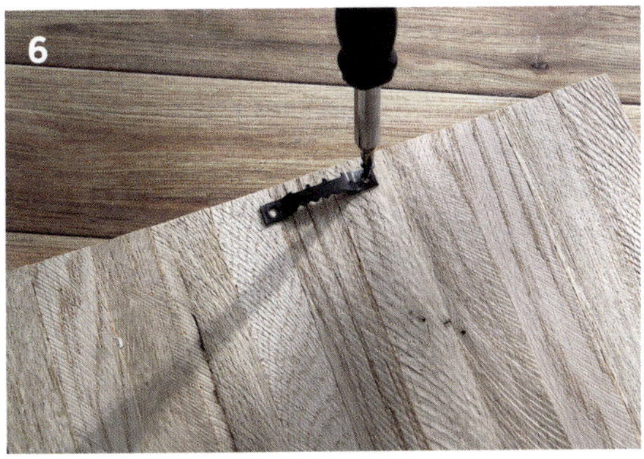
6

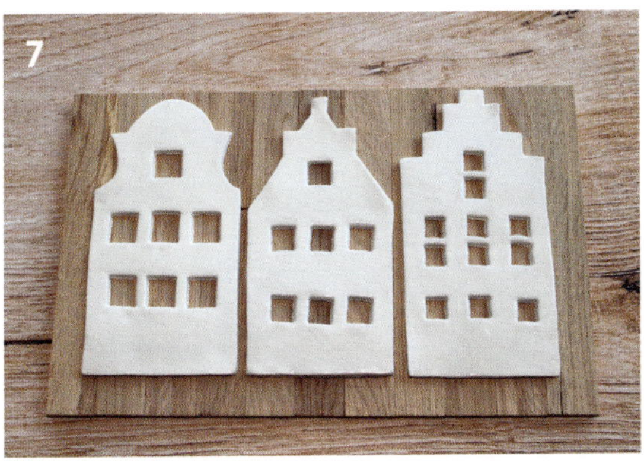
7

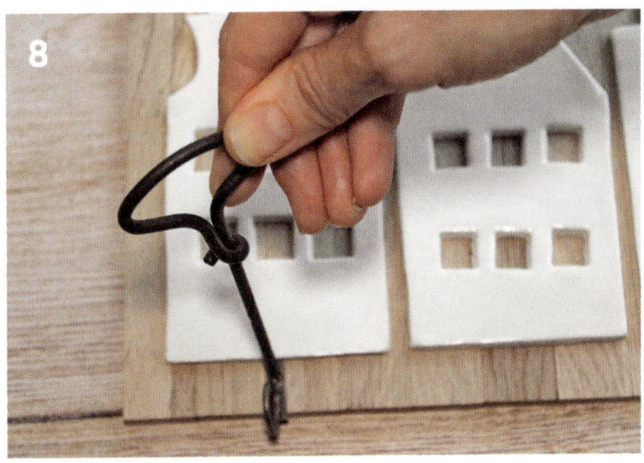
8

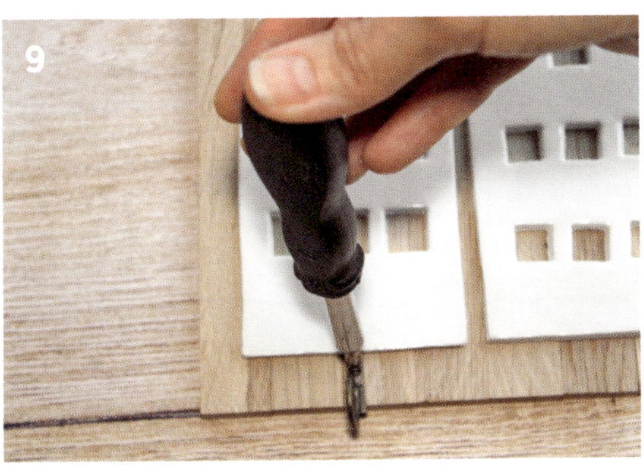
9

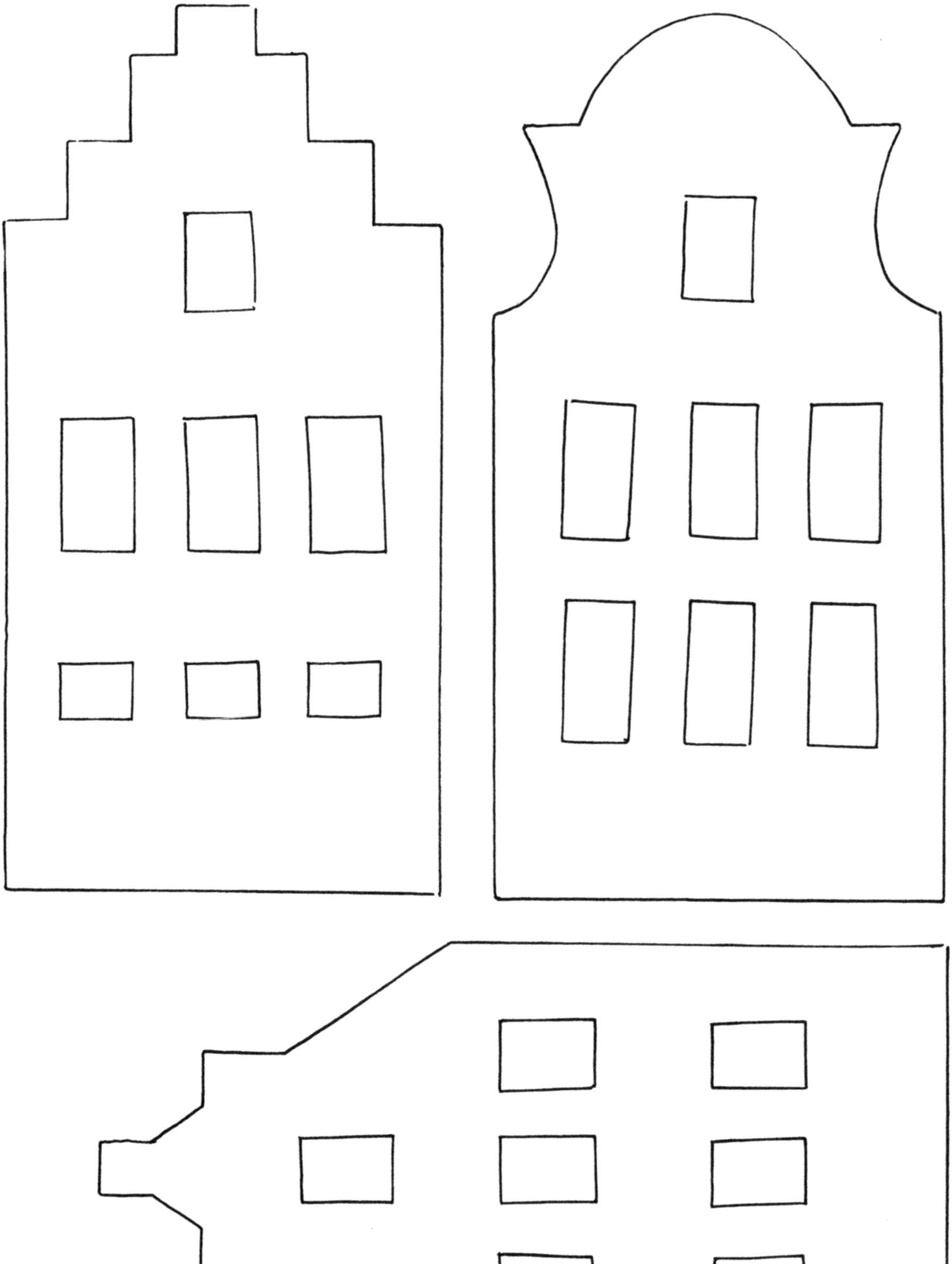

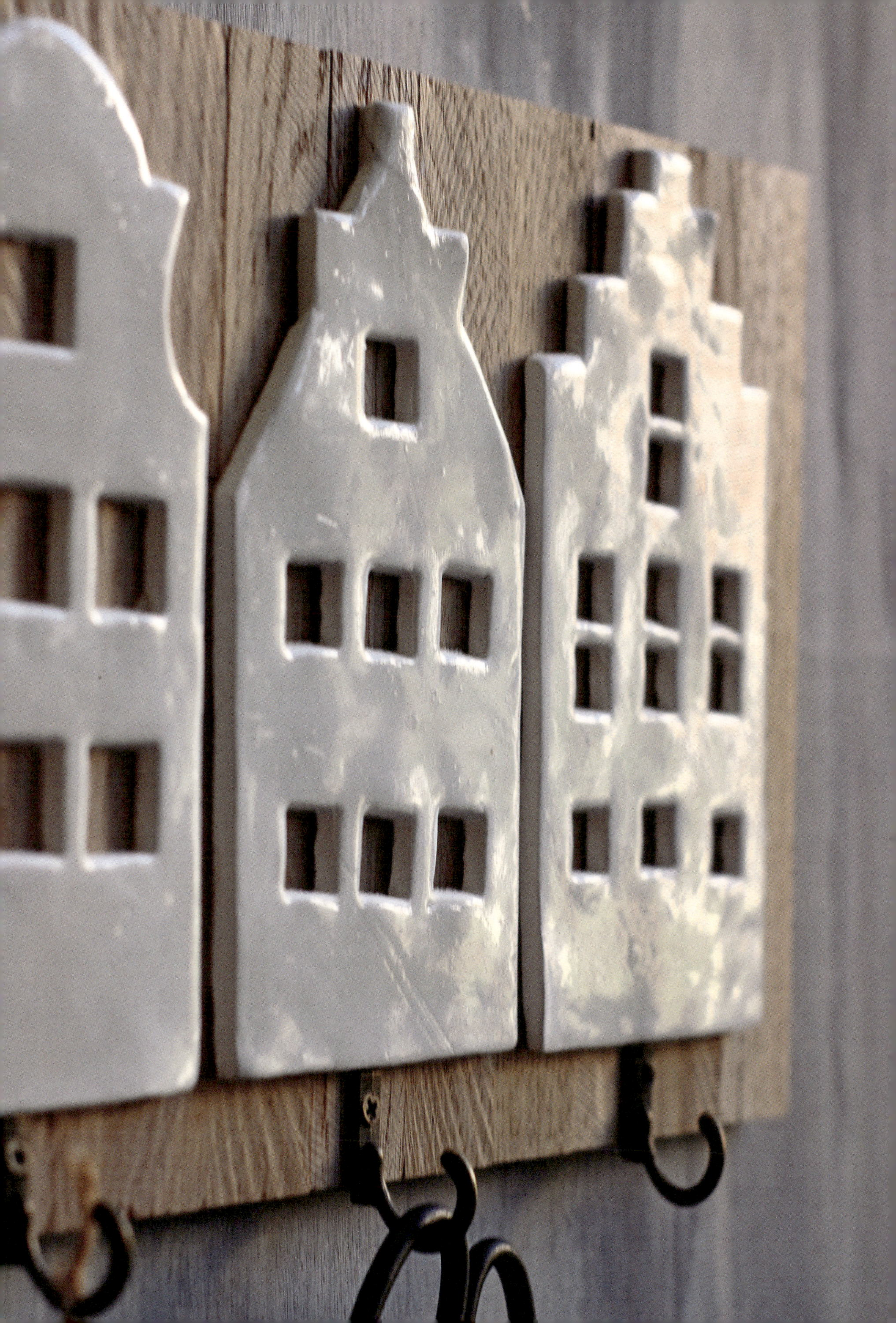

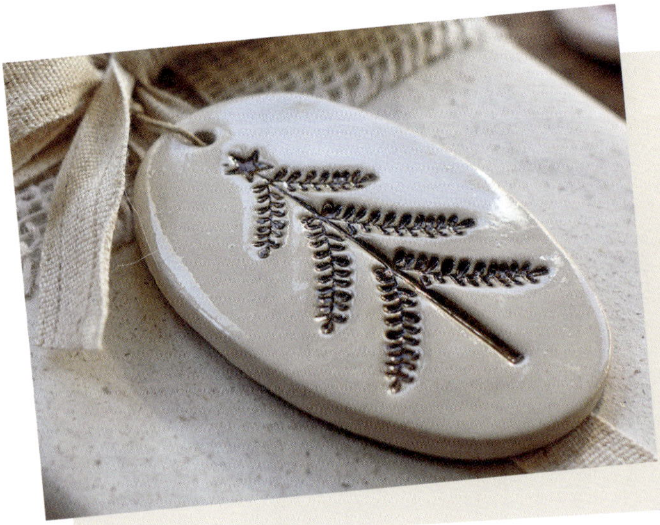

Weihnachtliche
ANHÄNGER

Ob für den Christbaum oder an einem Geschenk, diese weihnachtlichen Anhänger sind ein echter Hingucker.

Du benötigst:

- Modelliermasse
- Backpapier als Unterlage
- Vierkanthölzer 0,3 cm
- Nudelholz
- Schüssel/n mit Wasser
- Stempel mit weihnachtlichen Motiven
- Ausstechformen oval oder rund
- Dünnen Strohhalm oder hohlen Cakepop-Stiel
- Acrylfarbe, rot, grün
- Pinsel
- Schwämmchen
- Triple-Gloss-Lack
- Zahnstocher bei Bedarf

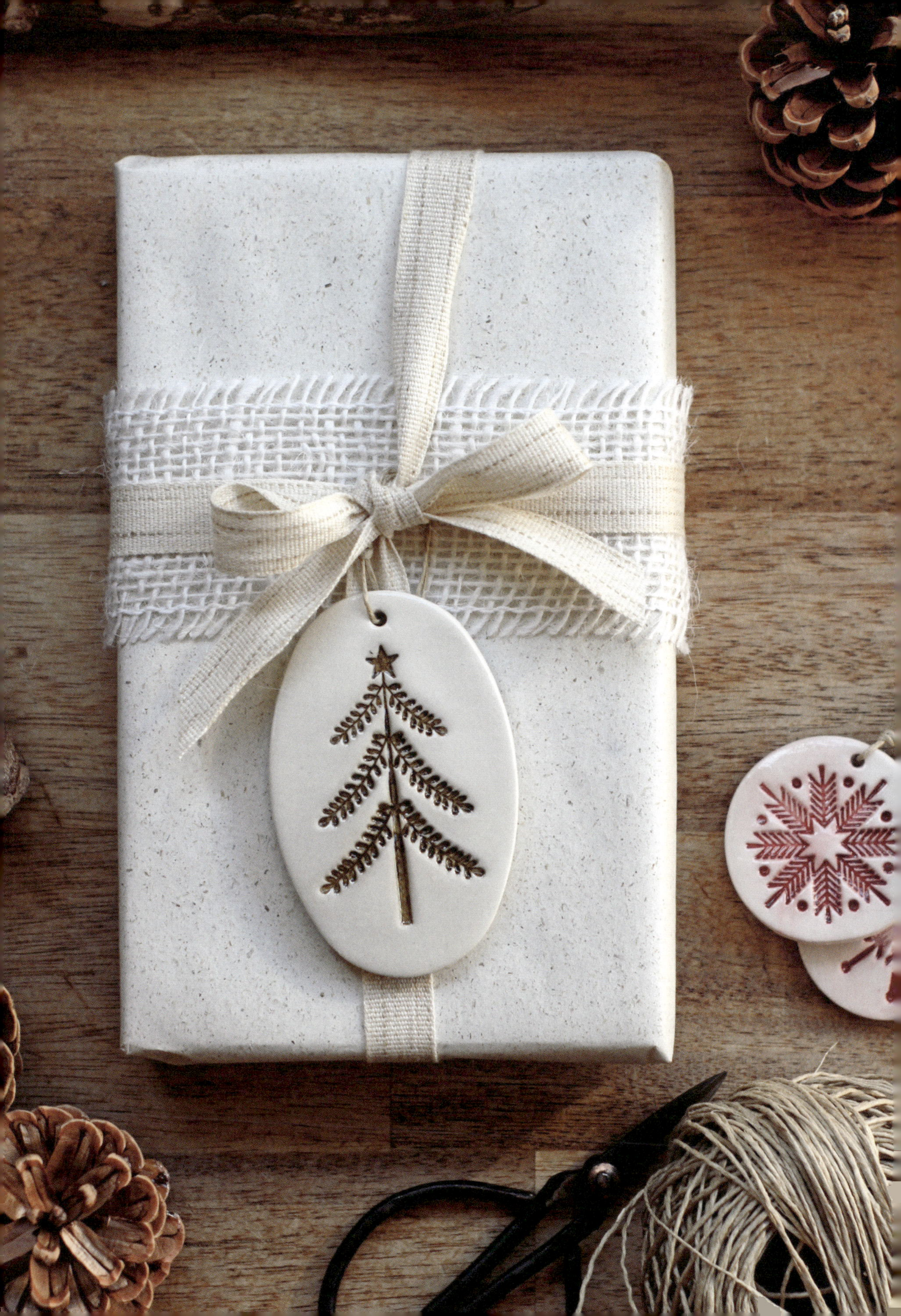

Und so geht es:

1 Die Modelliermasse auf dem Backpapier mithilfe der Vierkanthölzer gleichmäßig hoch mit dem Nudelholz ausrollen. Mit den Stempeln Motive aufbringen.

2 Die Motive mit den Ausstechformen ausstechen.

3 Mit dem Strohhalm oder Cakepop-Stiel je ein Loch für ein Band in die Anhänger stechen und alle Kanten mit einem mit Wasser befeuchteten Finger glätten. Die Anhänger trocknen lassen und dabei gegebenenfalls wenden, damit sie sich nicht biegen.

4 Farben und eine extra Schüssel mit Wasser bereitstellen. Jeweils eine Farbe mit dem Pinsel in die Vertiefungen des Stempelabdrucks tupfen.

5 Die Farbe sofort mit dem Schwämmchen wieder abwischen. So entsteht ein schöner Vintage-Look. Durch die Feuchtigkeit verfärbt sich der Anhänger etwas, mit dem Trocknen legt sich das aber wieder. Trocknen lassen.

6 Nach dem Trocknen großzügig Triple-Gloss-Lack auftragen. Dabei darauf achten, dass sich keine Blasen bilden. Sollten Blasen entstehen, diese mit dem Pinsel ausstreichen oder einen Zahnstocher nutzen, um sie aufzustechen.

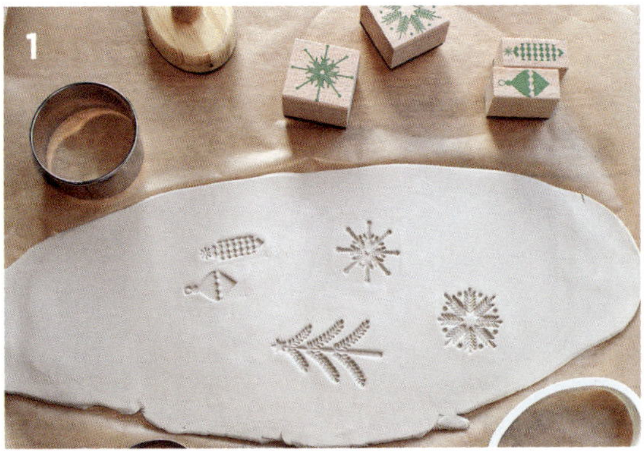
1

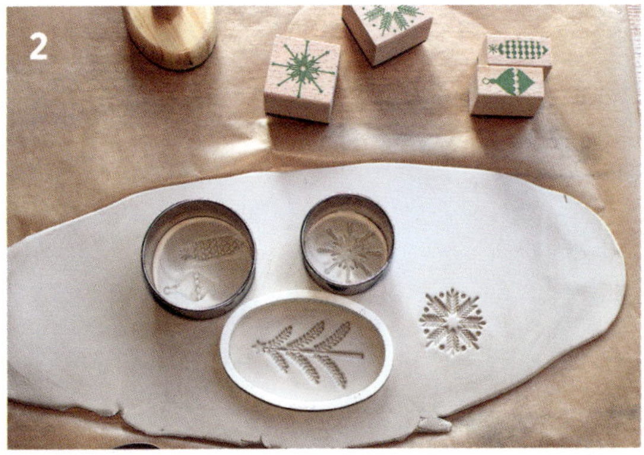
2

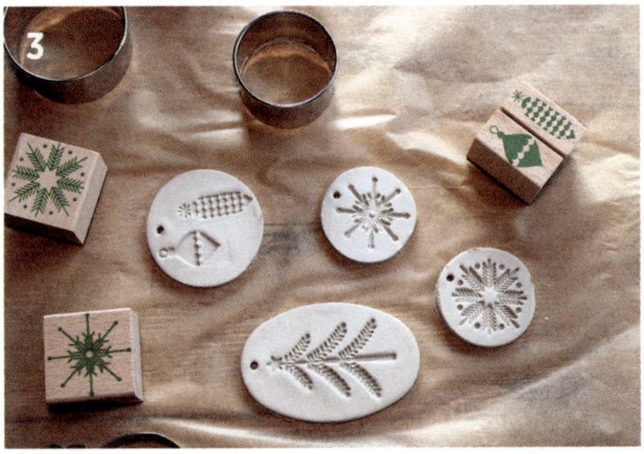
3

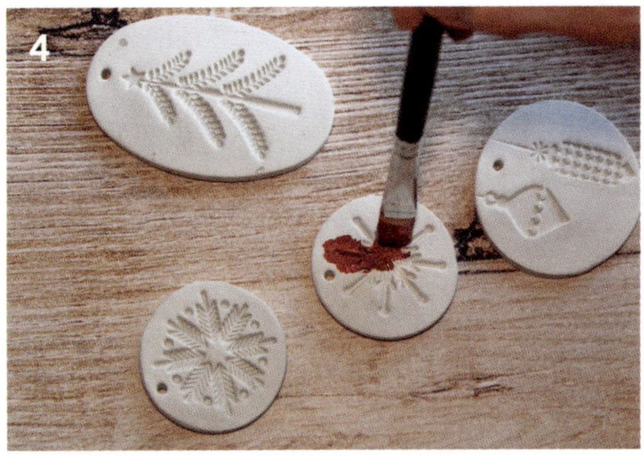
4

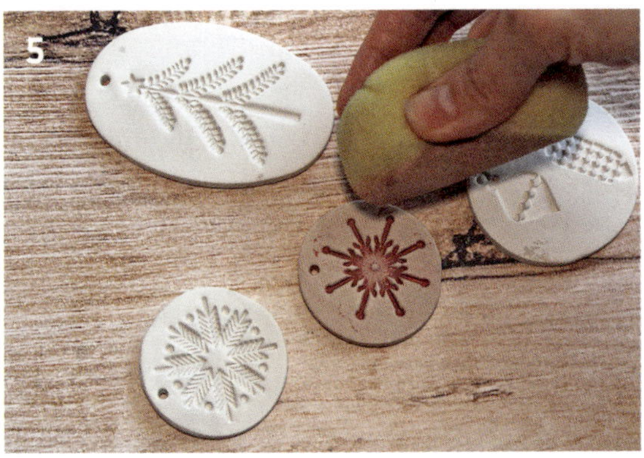
5

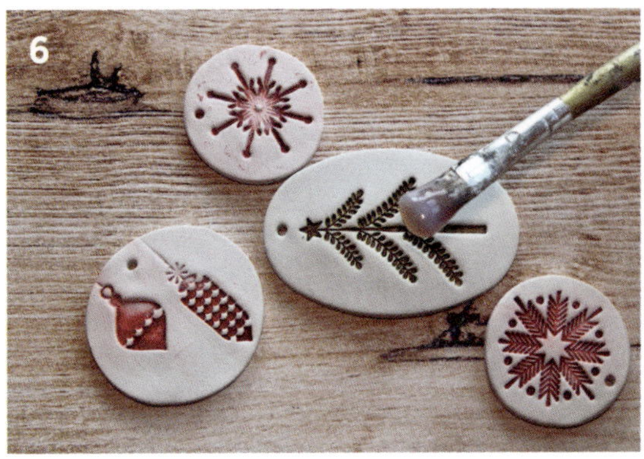
6

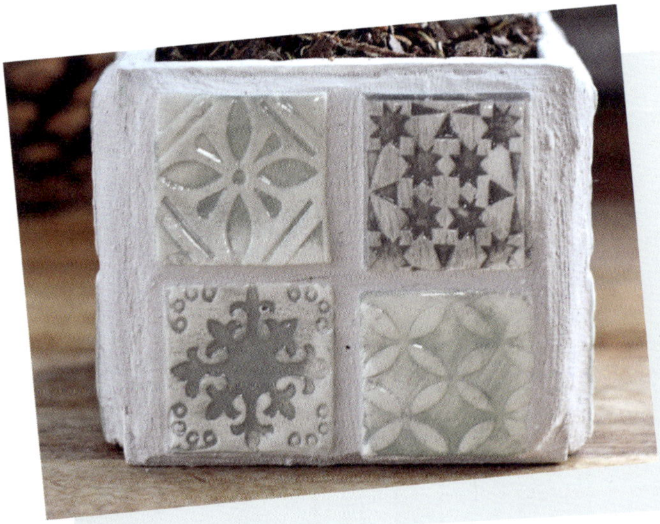

Holzbox
MIT MINIFIESEN

Diese kleine Holzbox lässt sich zum Aufbewahren von Stiften oder Kleinkram nutzen. Mit entsprechender Innenverkleidung dient sie auch als Übertopf. Bestückt mit einer winterlichen Pflanze, ist sie ein schönes Mitbringsel in der Vorweihnachtszeit.

Du benötigst:

- Modelliermasse
- Backpapier als Unterlage
- Vierkanthölzer 0,3 cm
- Nudelholz
- Nudelholz mit Fliesenmotiv
- Schüssel/n mit Wasser
- Ausstechform, viereckig, 3 x 3 cm, oder Messer
- Acrylfarbe, grün, grau
- Pinsel
- Schwämmchen
- Triple-Gloss-Lack
- Montagekleber
- Holzbox ca. 8 x 7 cm
- Mosaikfugenmasse

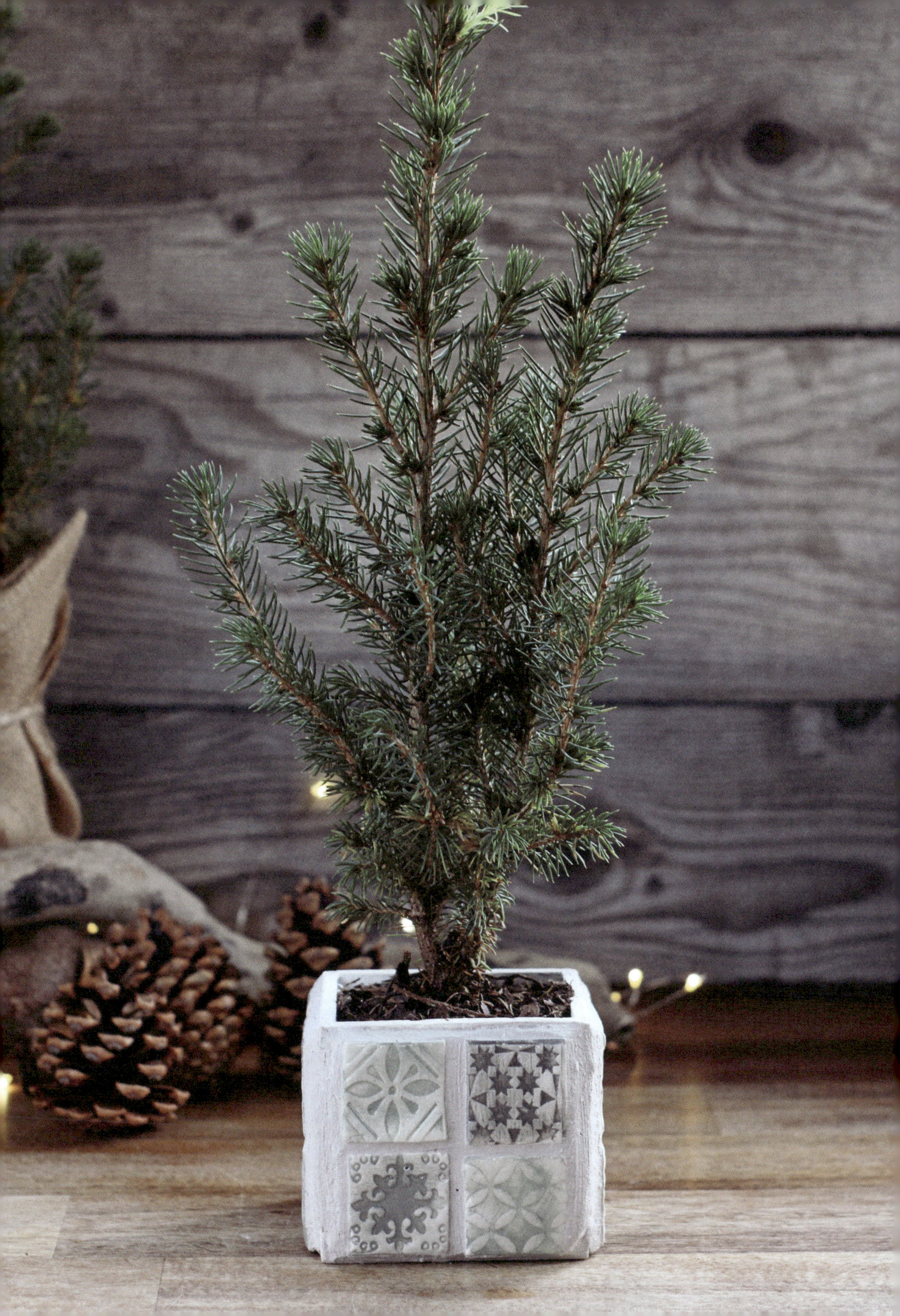

Und so geht es:

1 Die Modelliermasse auf dem Backpapier mithilfe der Vierkanthölzer gleichmäßig hoch mit dem Nudelholz ausrollen.

2 Mit dem Motiv-Nudelholz über die Modelliermasse rollen, sodass diese geprägt wird.

3 Nun mit dem Ausstecher 16 Minifliesen ausstechen. Alternativ die Fliesen mit dem Messer zuschneiden. Alle Kanten mit einem mit Wasser befeuchteten Finger glätten und die Fliesen trocknen lassen.

4 Farben, Pinsel, Schwämmchen und eine extra Schüssel mit Wasser bereitstellen. Jeweils eine Farbe in die Strukturen tupfen.

5 Diese mit dem Schwämmchen sofort wieder abwischen. So entsteht ein schöner Vintage-Look. Trocknen lassen.

6 Die Fliesen mit Triple-Gloss-Lack versehen und trocknen lassen. Anschließend mit dem Montagekleber auf die Holzbox kleben. Alles gut anziehen lassen.

7 Die Mosaikfugenmasse nach Packungsanweisung anrühren und rund um die Holzbox in die Fugen und um die Fliesen verteilen. Kurz anziehen lassen.

8 Die Fugenmasse nach der kurzen Anziehzeit mit Schwämmchen und Wasser wieder von der Oberfläche abnehmen. Diesen Vorgang wiederholen, bis die Fliesen nahezu sauber sind. Dabei darauf achten, die Fugenmasse nicht aus den Fugen herauszuwischen. Alles gut durchtrocknen lassen.

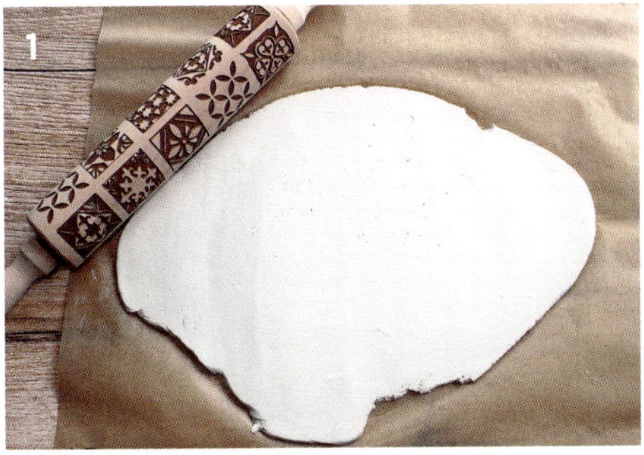
1

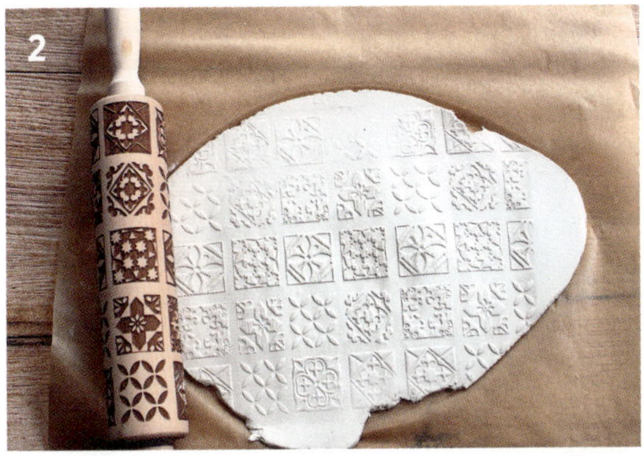
2

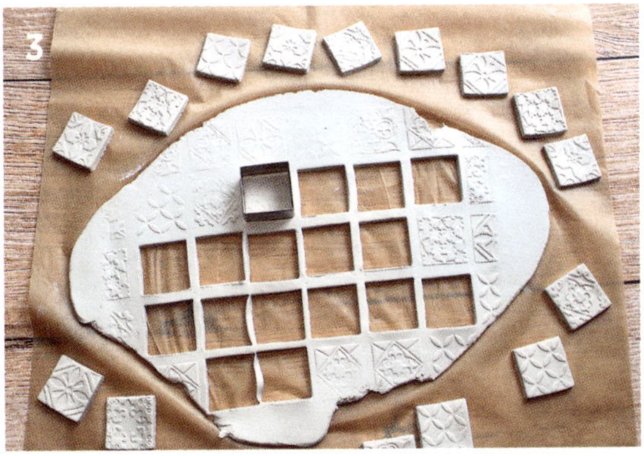
3

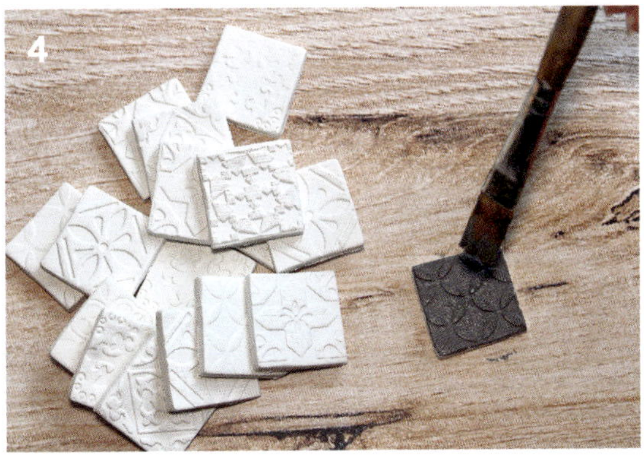
4

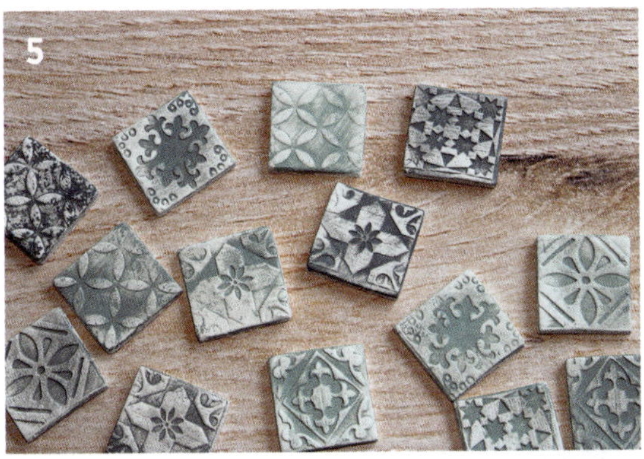
5

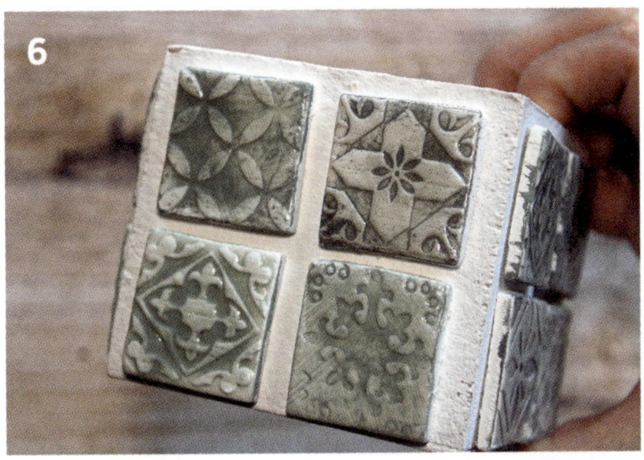
6

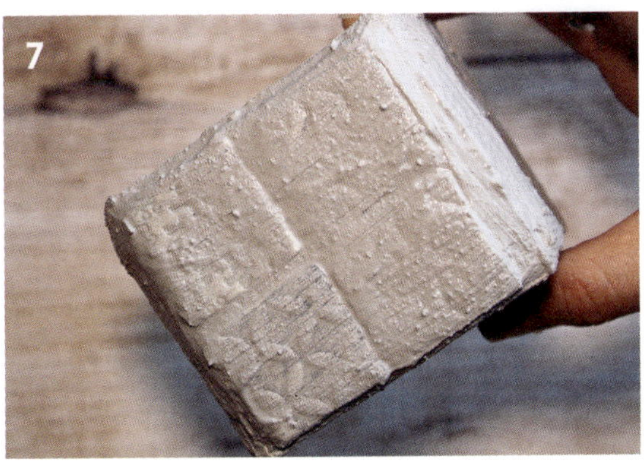
7

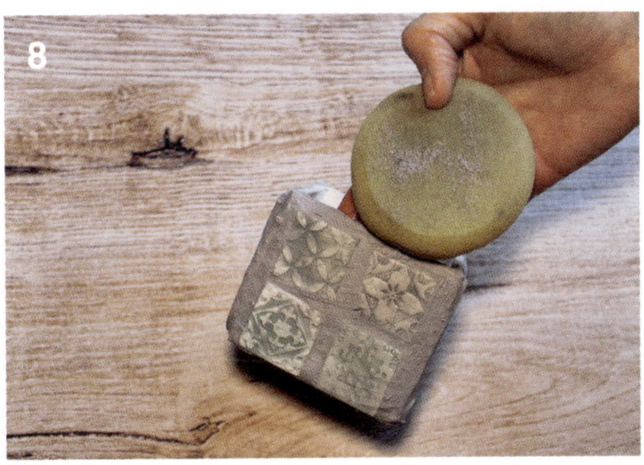
8

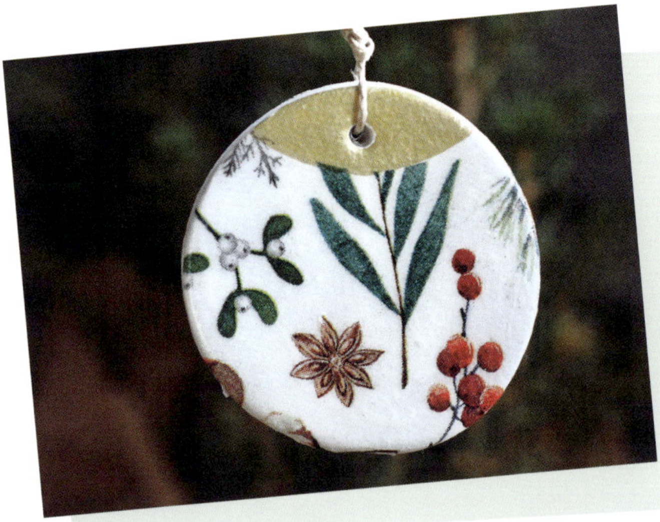

Weihnachtskugeln

Ob zu Dekorationszwecken oder als Geschenkanhänger, diese Weihnachtskugeln machen auf jeden Fall Freude.

Du benötigst:

- Lufttrocknenden Ton
- Backpapier als Unterlage
- Vierkanthölzer 0,3 cm
- Nudelholz
- Schüssel/n mit Wasser
- Ausstechformen in Form von Weihnachtskugeln, Kreis-Ausstecher oder Weihnachtskugel-Schablonen
- Dünnen Strohhalm oder hohlen Cakepop-Stiel
- Schwämmchen
- Acrylfarbe, weiß
- Lackstift oder Acryllack, gold
- Servietten mit weihnachtlichen Motiven/Mustern
- Schere
- Serviettenkleber
- Pinsel
- Triple-Gloss-Lack

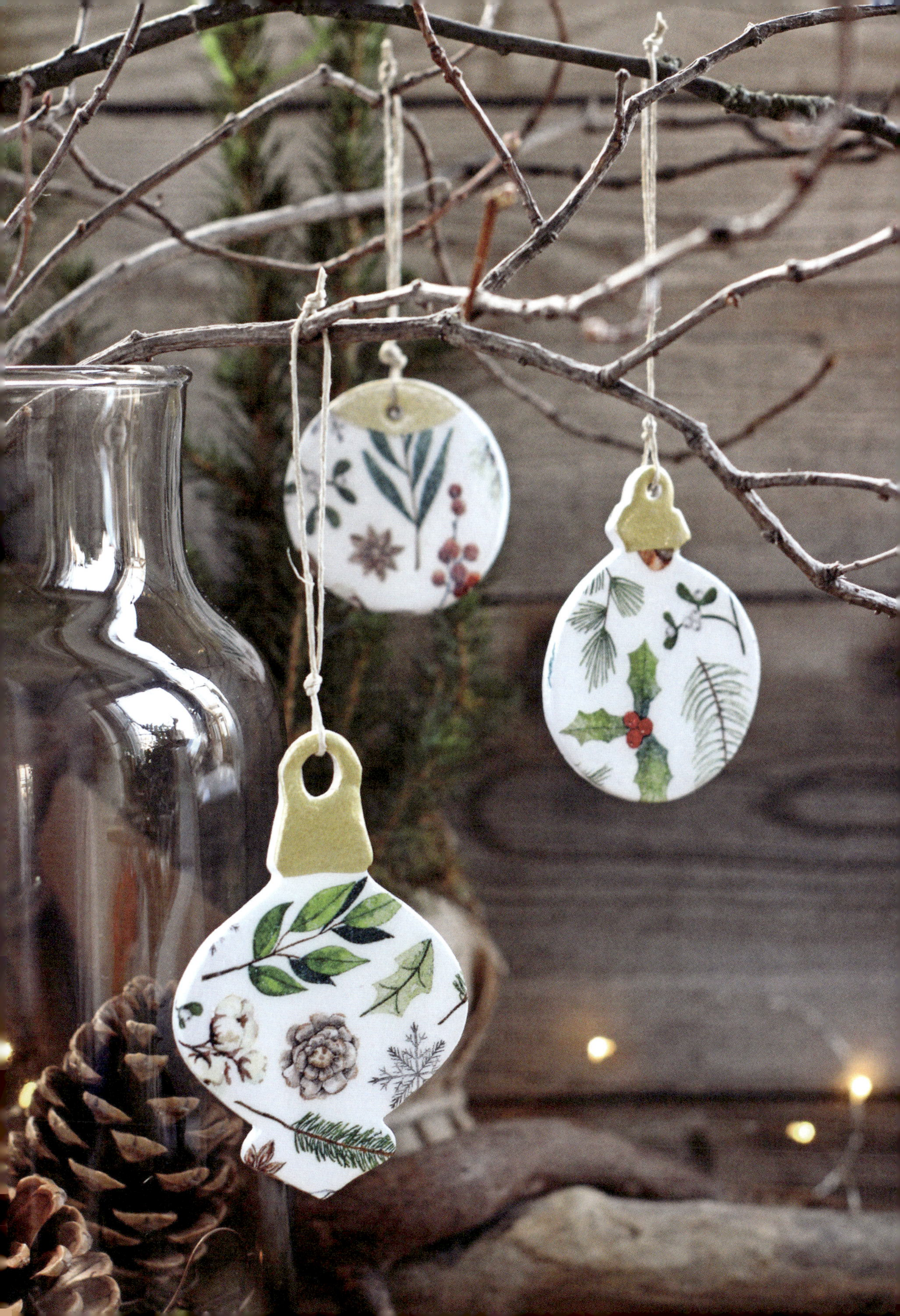

Und so geht es:

1 Den Ton auf dem Backpapier mithilfe der Vierkanthölzer gleichmäßig hoch mit dem Nudelholz ausrollen.

2 Weihnachtskugeln und Kreise aus dem Ton ausstechen und alle mithilfe des Strohhalms oder Cakepop-Stiels mit einem Loch für ein Band versehen. Sämtliche Kanten mit einem mit Wasser befeuchteten Finger glätten. Trocknen lassen.

3 Alle Kugeln nach dem Trocknen mithilfe des Schwämmchens mit weißer Acrylfarbe tünchen.

4 Den »Aufhänger« der Kugeln mit dem Lackstift oder Acryllack golden anmalen.

5 Entsprechende Serviettenstücke für die Kugeln ausschneiden. Dabei die golden angemalten Partien aussparen. Die Ausstechformen können als Schablone genutzt werden.

6 Jeweils die oberste Serviettenschicht mit Motiv von den restlichen Schichten der Serviette trennen.

7 Auf die weißen Flächen der Kugel Serviettenkleber auftragen und die zurechtgeschnittene Serviette darauflegen. Die Serviette mit weiterem Kleber glatt streichen. Sollten sich Falten bilden, können diese mit einem mit Kleber benetzten Finger behutsam glatt gestrichen werden. Trocknen lassen.

8 Nach dem Trocknen großzügig Triple-Gloss-Lack auftragen.

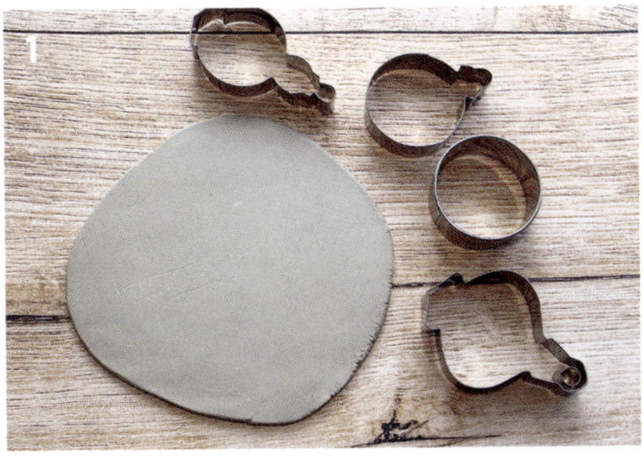
1

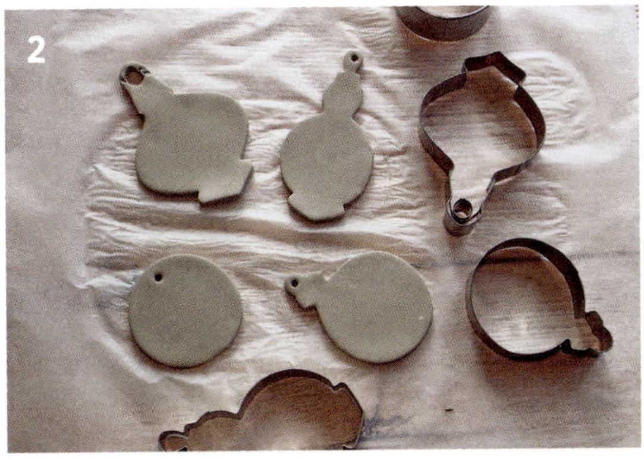
2

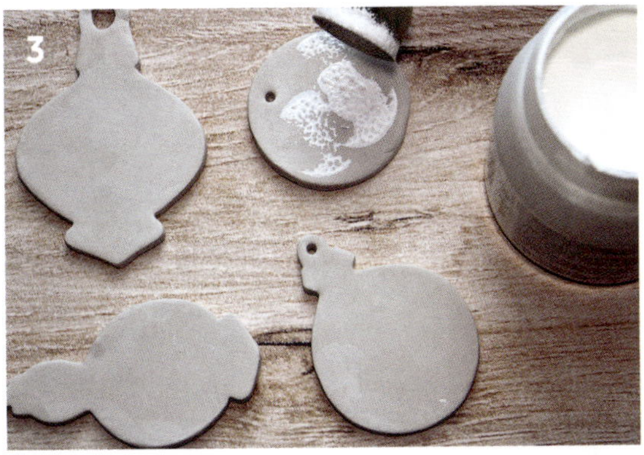
3

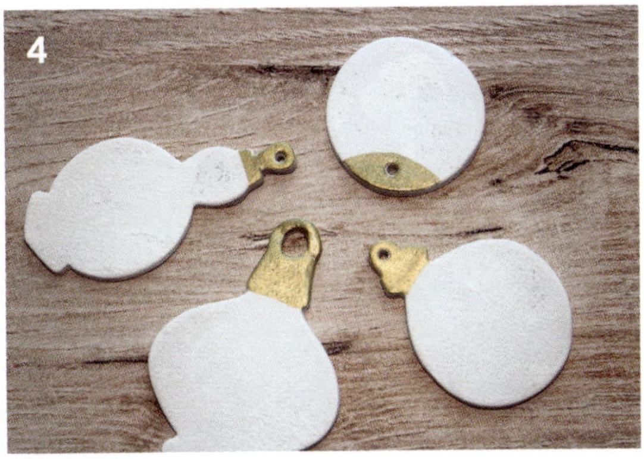
4

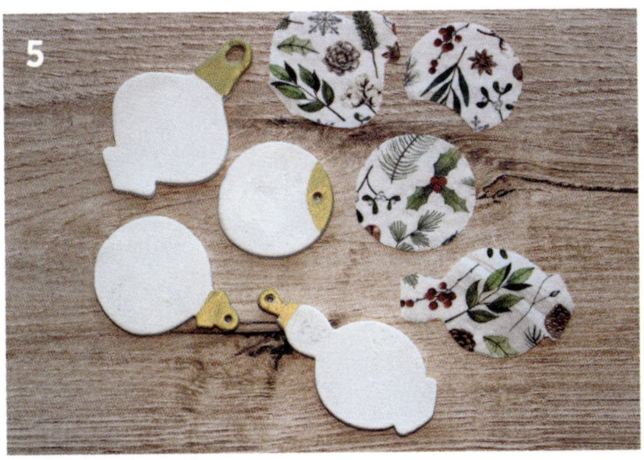
5

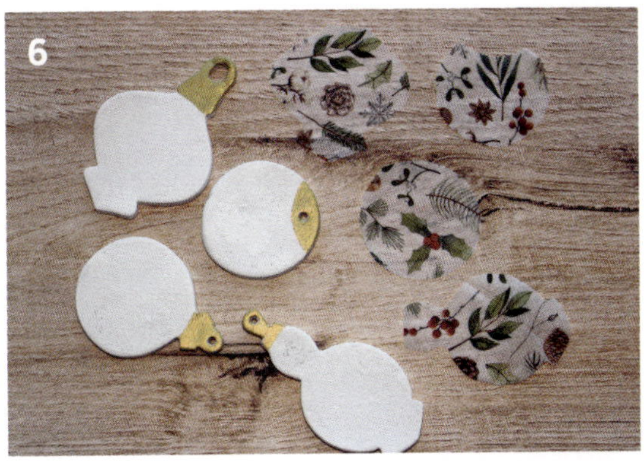
6

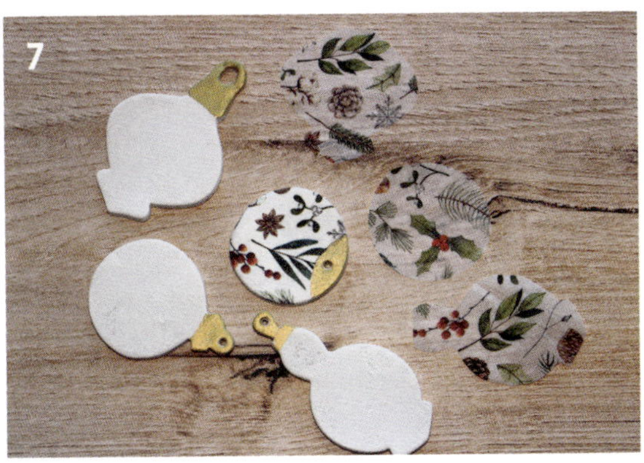
7

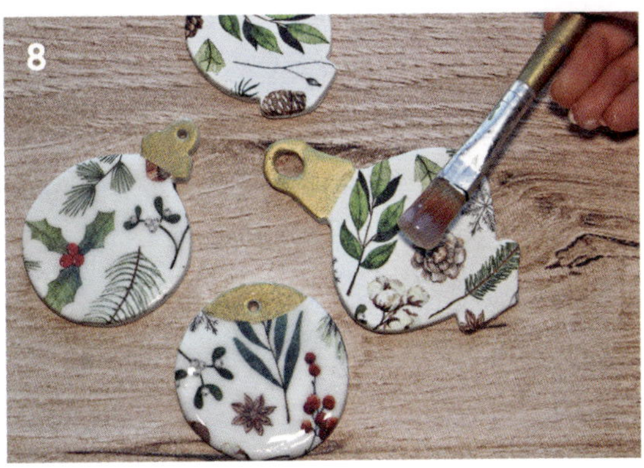
8

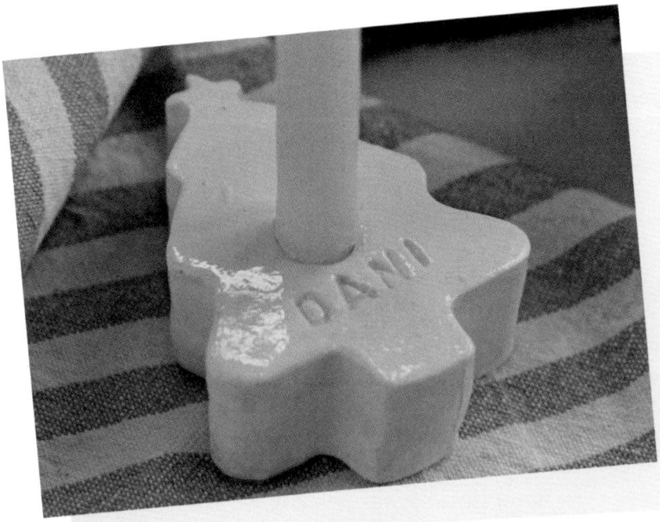

Platzkarten
KERZENHALTER

Ein schön gedeckter Tisch ist grade an Festtagen eine Freude. Mit diesen Platzkarten nimmt der Gast gleich noch ein kleines Geschenk mit nach Hause, an dem er sich immer wieder erfreuen kann.

Du benötigst:

- Modelliermasse (am besten ein neues Paket)
- Backpapier als Unterlage
- Nudelholz
- Schüssel/n mit Wasser
- Stern-, Tannenbaum-Ausstecher
- Baumkerzen
- Buchstabenstempel
- Pinsel
- Triple-Gloss-Lack

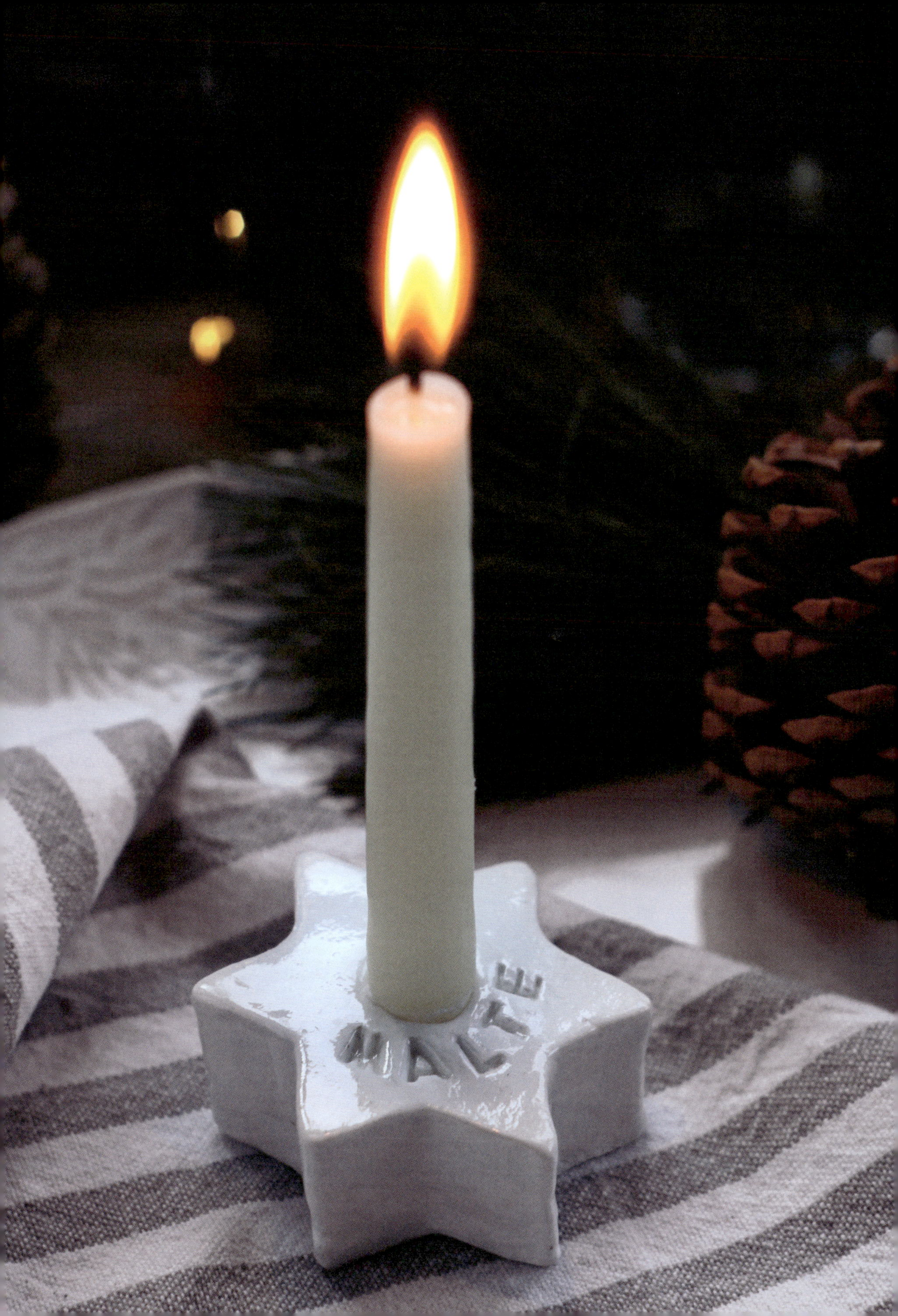
NALLE

Und so geht es:

1 Die Modelliermasse auf dem Backpapier etwas weniger hoch als die Ausstechformen ausrollen. Hierfür bietet sich ein neues Paket Modelliermasse an, da die frisch ausgepackte Masse einfach nur noch ein wenig ausgerollt werden muss und bereits schön gerade ist. Die Ausstechformen in die Modelliermasse stechen. Jeweils eine Kerze in die Mitte eines Motivs drücken.

2 Dann erst die Formen auslösen. Alle Kanten mit einem mit Wasser befeuchteten Finger glätten.

3 Die Namen der Gäste in den Kerzenhalter stempeln. Trocknen lassen.

4 Nach dem Trocknen Triple-Gloss-Lack auf den Kerzenhalter auftragen.

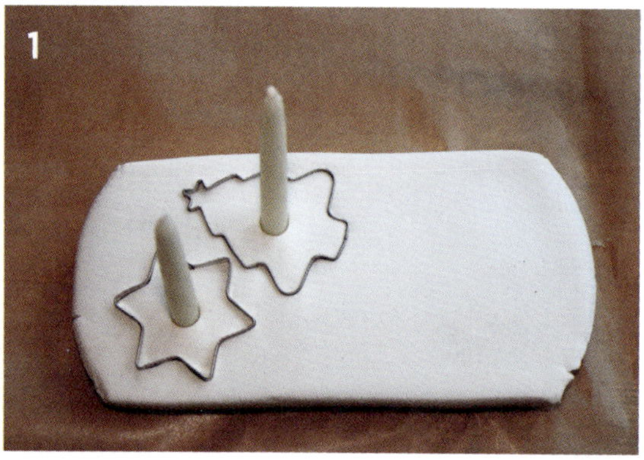

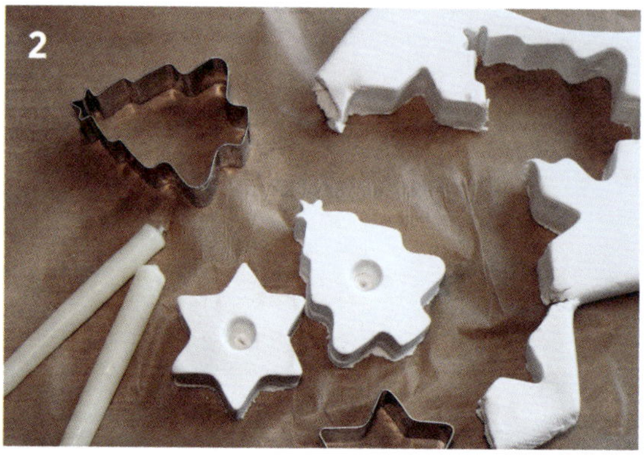

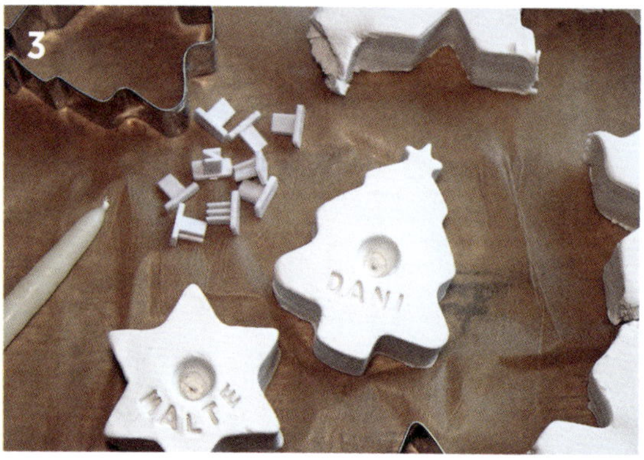

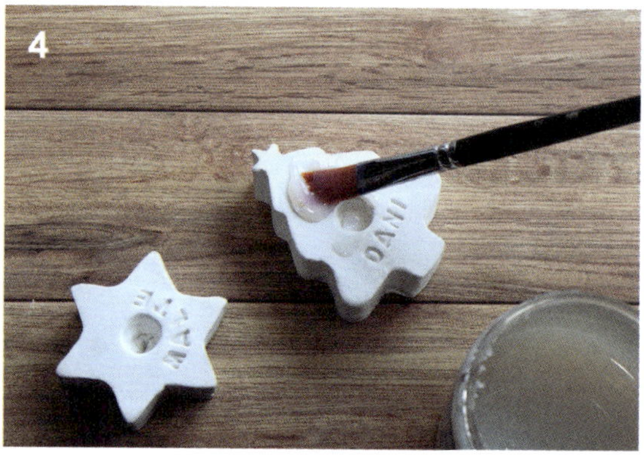

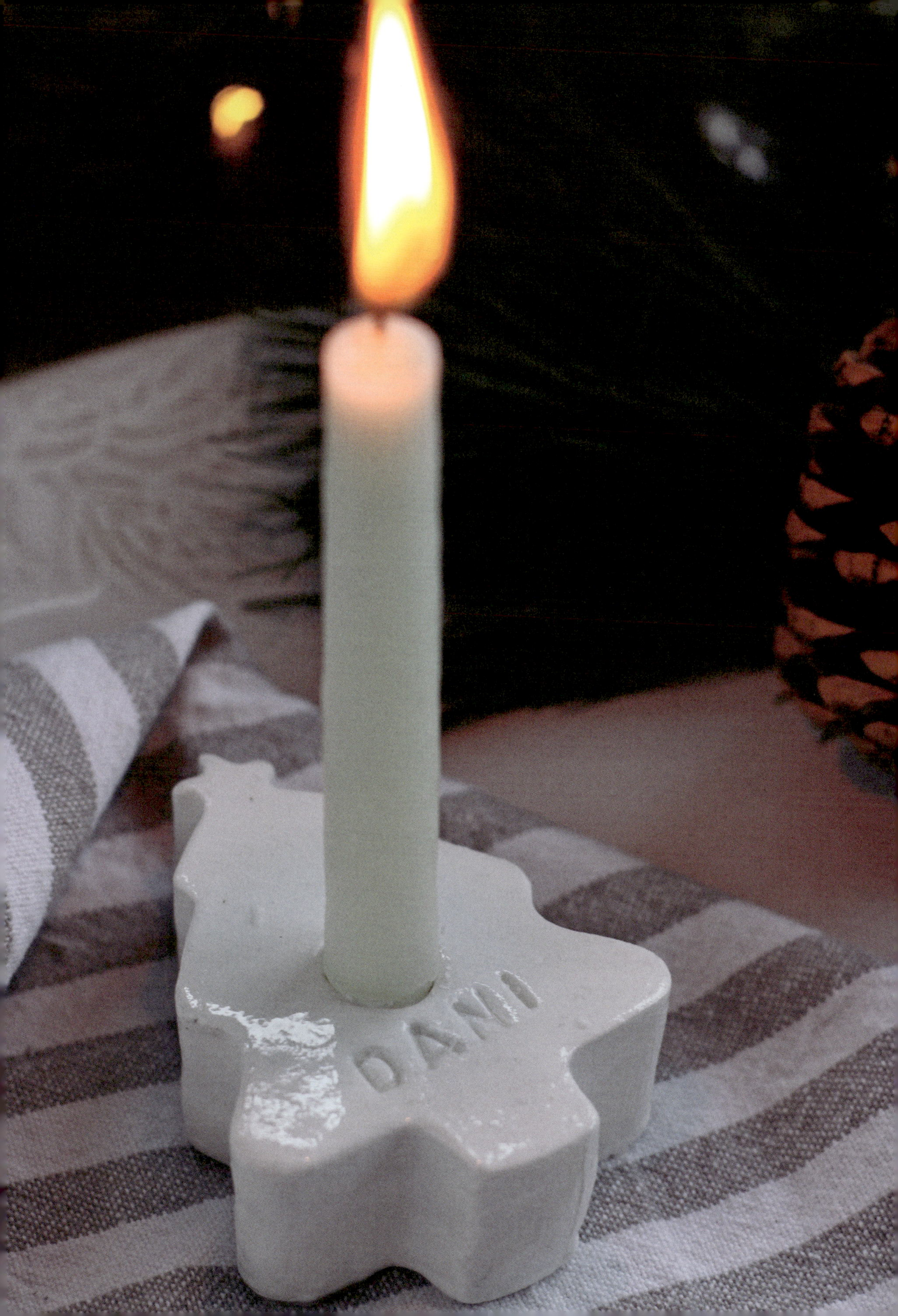
DANI

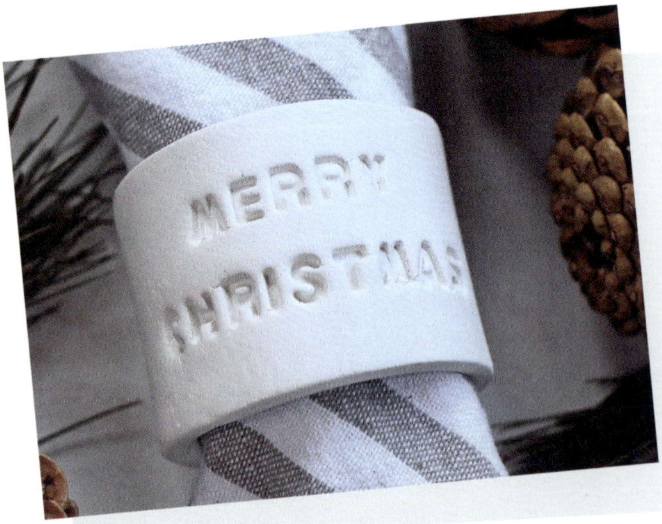

Personalisierte SERVIETTENRINGE

Mit diesen hübschen Serviettenringen lässt sich im Handumdrehen ein weihnachtlich gedeckter Tisch verschönern – das Auge isst schließlich mit!

Du benötigst:

- Modelliermasse
- Backpapier als Unterlage
- Vierkanthölzer 0,3 cm
- Nudelholz
- Schüssel/n mit Wasser
- Papprolle einer Küchenrolle
- Frischhaltefolie
- Tonpapier
- Schere oder Cutter
- Scharfes Messer
- Buchstabenstempel
- Modellierwerkzeug Spatel/Messerchen

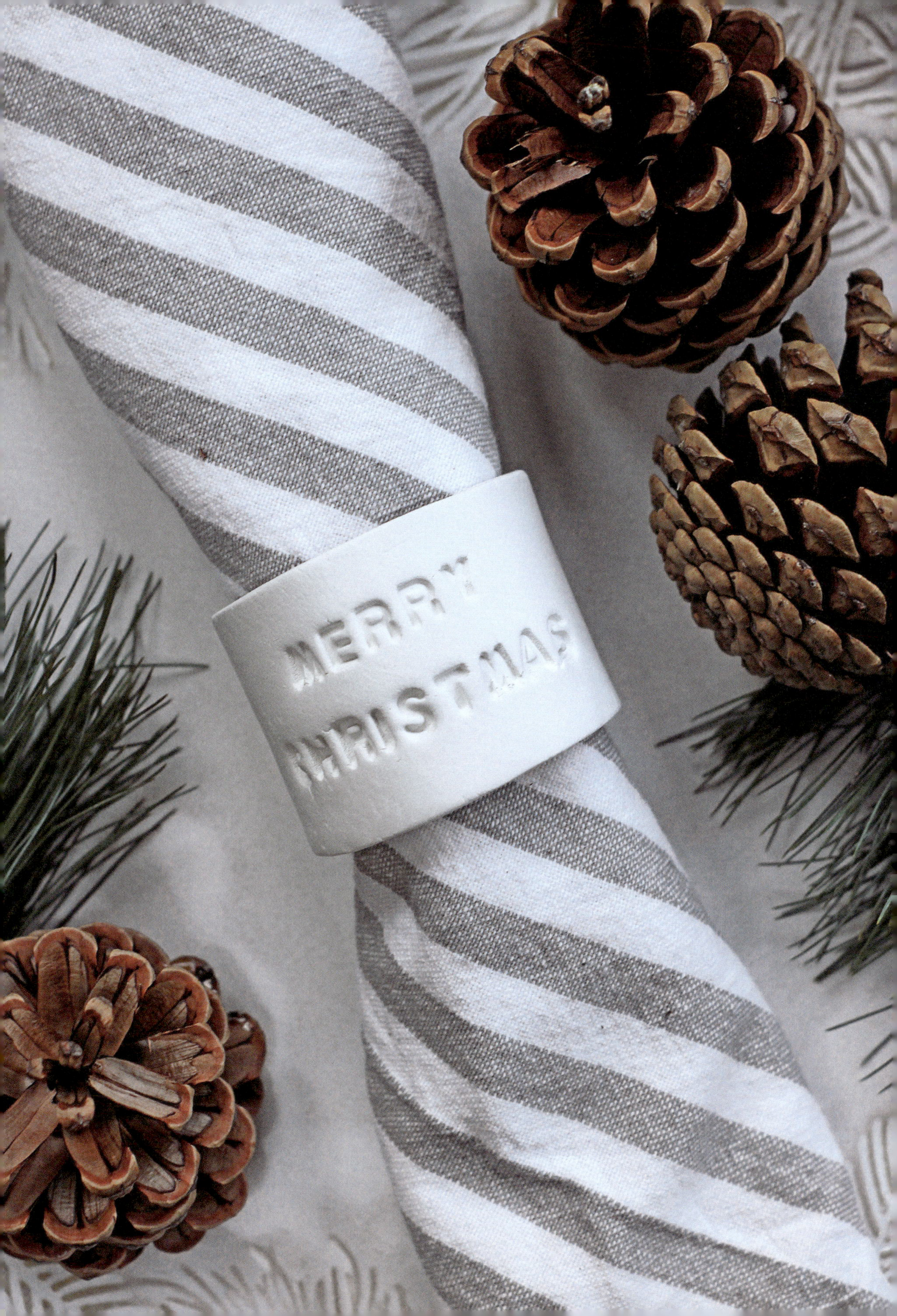
MERRY
CHRISTMAS

Und so geht es:

1 Die Modelliermasse auf dem Backpapier mithilfe der Vierkanthölzer gleichmäßig hoch mit dem Nudelholz ausrollen. Die Küchenrolle mit der Frischhaltefolie umwickeln.

2 Aus dem Tonpapier eine rechteckige Schablone in 4 x 15,5 cm Größe zurechtschneiden. Nun mithilfe der Schablone Streifen aus der Modelliermasse zuschneiden.

3 Die Streifen mit einem weihnachtlichen Gruß oder mit dem Namen des Gastes bestempeln.

4 Dann die Streifen mit der Schrift nach außen um die vorbereitete Küchenrolle legen. Die Modelliermasse gegebenenfalls knappkantig abschneiden.

5 Die Stoßkanten mit einem Modellierwerkzeug etwas aufrauen.

6 Kanten aneinanderlegen und mithilfe des Modellierwerkzeugs miteinander verbinden.

7 Die Verbindungsstelle mit einem mit Wasser befeuchteten Finger und dem Modellierwerkzeug glatt streichen.

8 Die Serviettenringe auf der Küchenrolle durchtrocknen lassen. Zum Entfernen kann die Papprolle etwas eingeknickt werden, so können die Serviettenringe problemlos abgenommen werden.

MERRY
CHRISTMAS

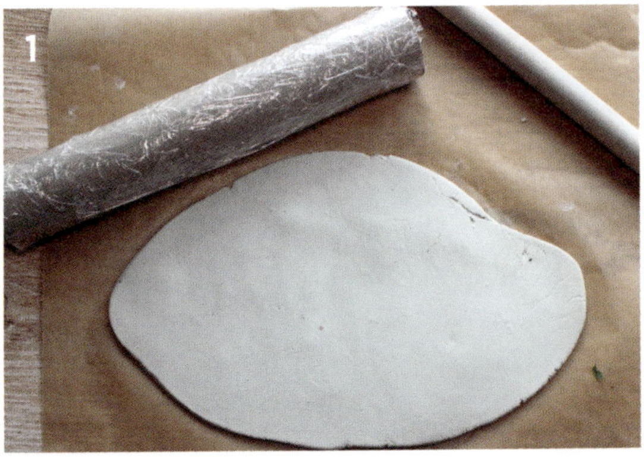
1

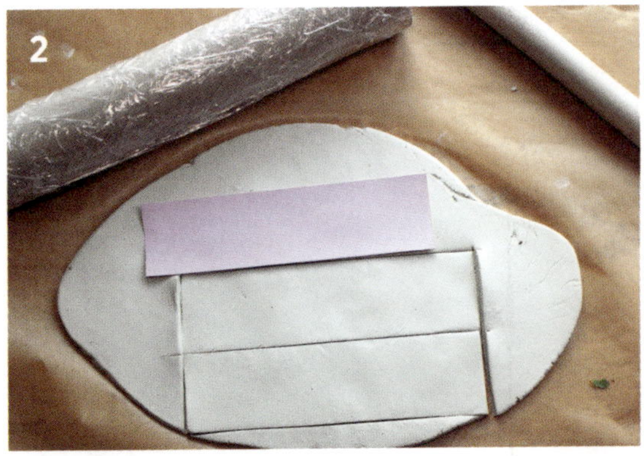
2

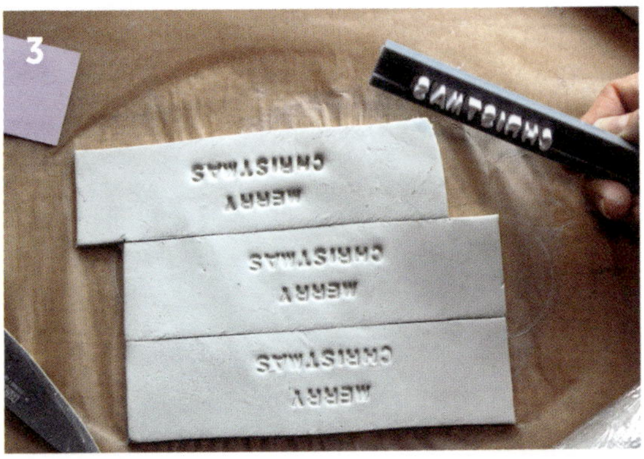
3

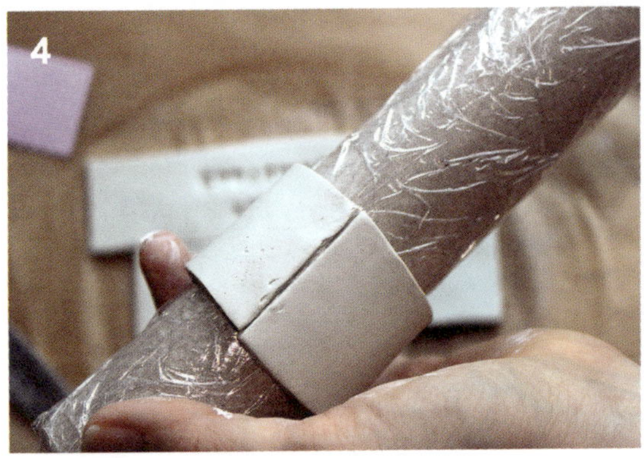
4

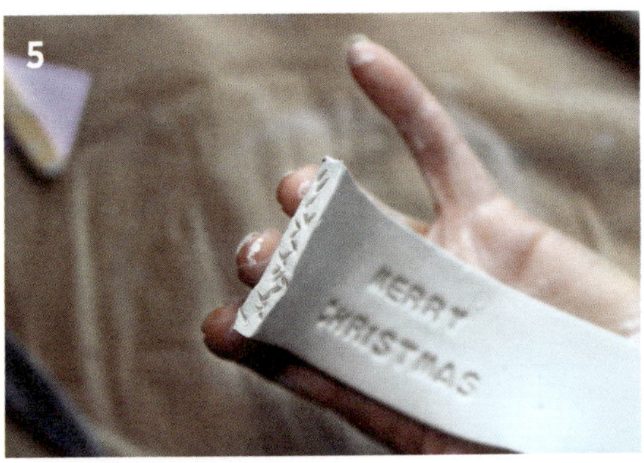
5
MERRY
CHRISTMAS

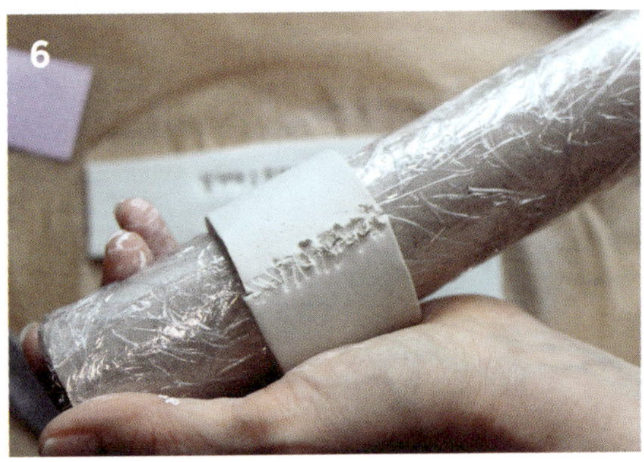
6

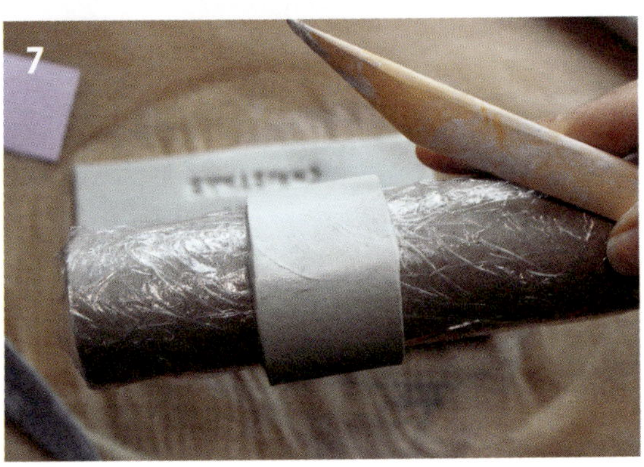
7

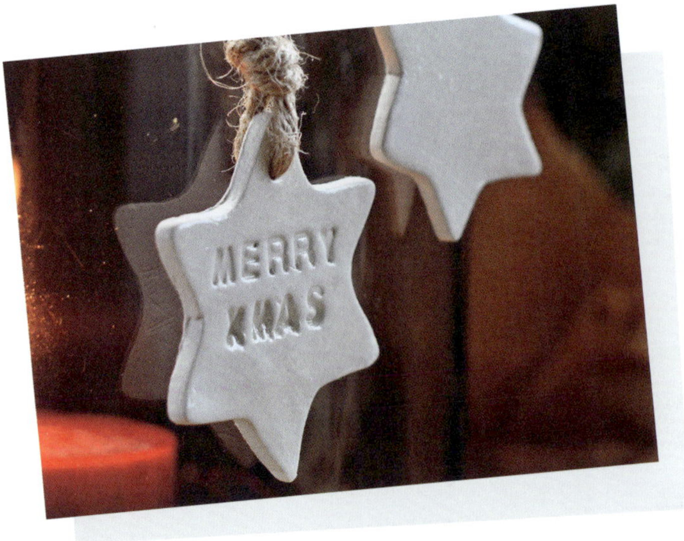

Einfache STERNE

Sterne sind das Symbol der Winter- und Weihnachtszeit. Aus Modelliermasse gefertigt, lassen sie sich als hübsche Geschenkanhänger, Christbaumschmuck oder Dekoration für ein Windlicht verwenden.

Du benötigst:

- Modelliermasse
- Backpapier als Unterlage
- Vierkanthölzer 0,3 cm
- Nudelholz
- Schüssel/n mit Wasser
- Stern-Ausstecher
- Dünnen Strohhalm oder hohlen Cakepop-Stiel
- Buchstabenstempel bei Bedarf
- Pinsel
- Triple-Gloss-Lack
- Zahnstocher bei Bedarf
- Band

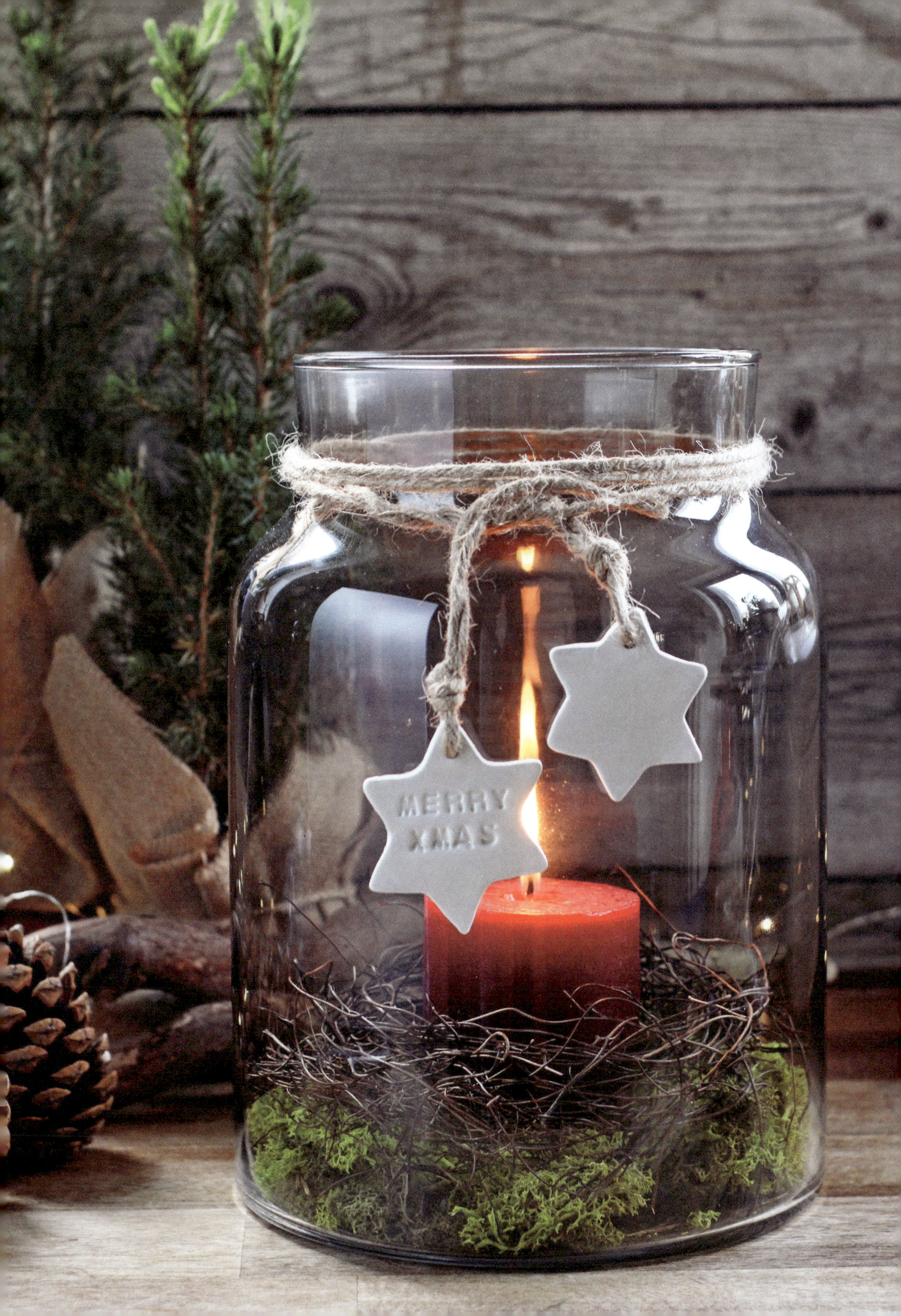
MERRY
XMAS

Und so geht es:

1 Die Modelliermasse auf dem Backpapier mithilfe der Vierkanthölzer gleichmäßig hoch mit dem Nudelholz ausrollen. Sterne ausstechen.

2 Mit dem Strohhalm oder Cakepop-Stiel ein Loch für das Band in die Sterne stechen und alle Kanten mit einem mit Wasser befeuchteten Finger glätten.

3 Bei Bedarf Schriftzüge oder Namen aufstempeln und die Sterne trocknen lassen. Die Werkstücke dabei im Auge behalten und gegebenenfalls wenden, sollten sie sich biegen.

4 Nun großzügig Triple-Gloss-Lack auftragen. Dabei darauf achten, dass keine Blasen zurückbleiben, die sich vorzugsweise in den Schriften bilden. Eventuelle Blasen mit einem Pinsel ausstreichen oder einen Zahnstocher nutzen, um sie aufzustechen. Trocknen lassen.

5 Nach dem Trocknen die Sterne mit dem Band versehen.

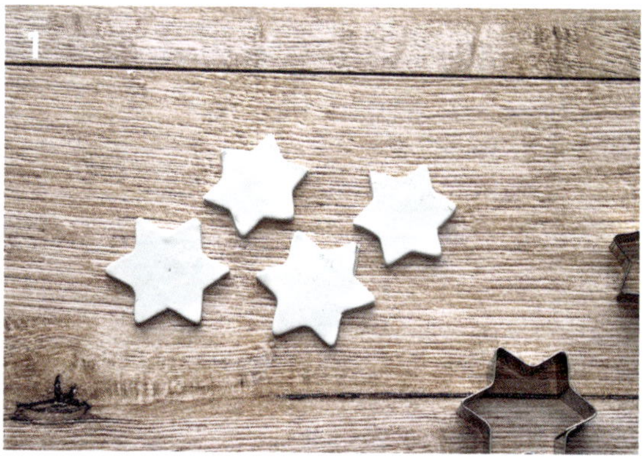

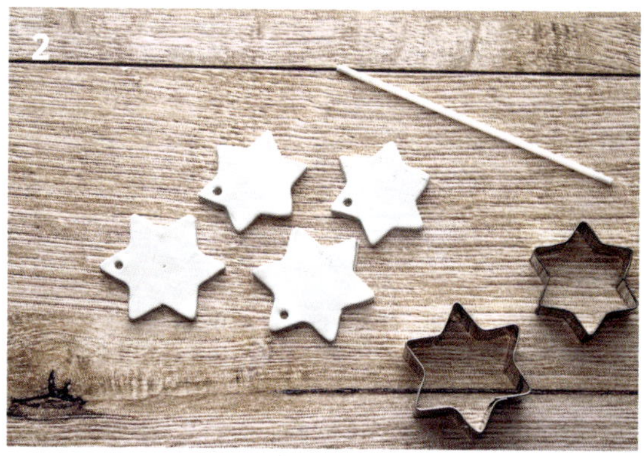

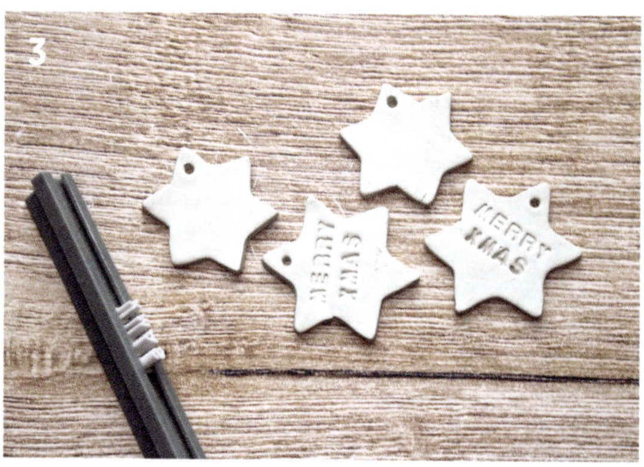

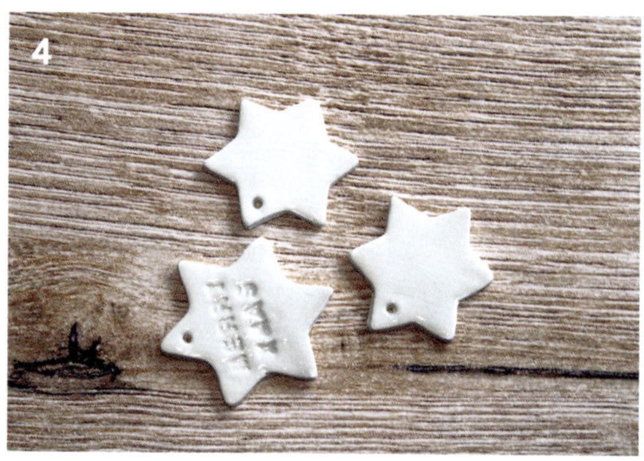

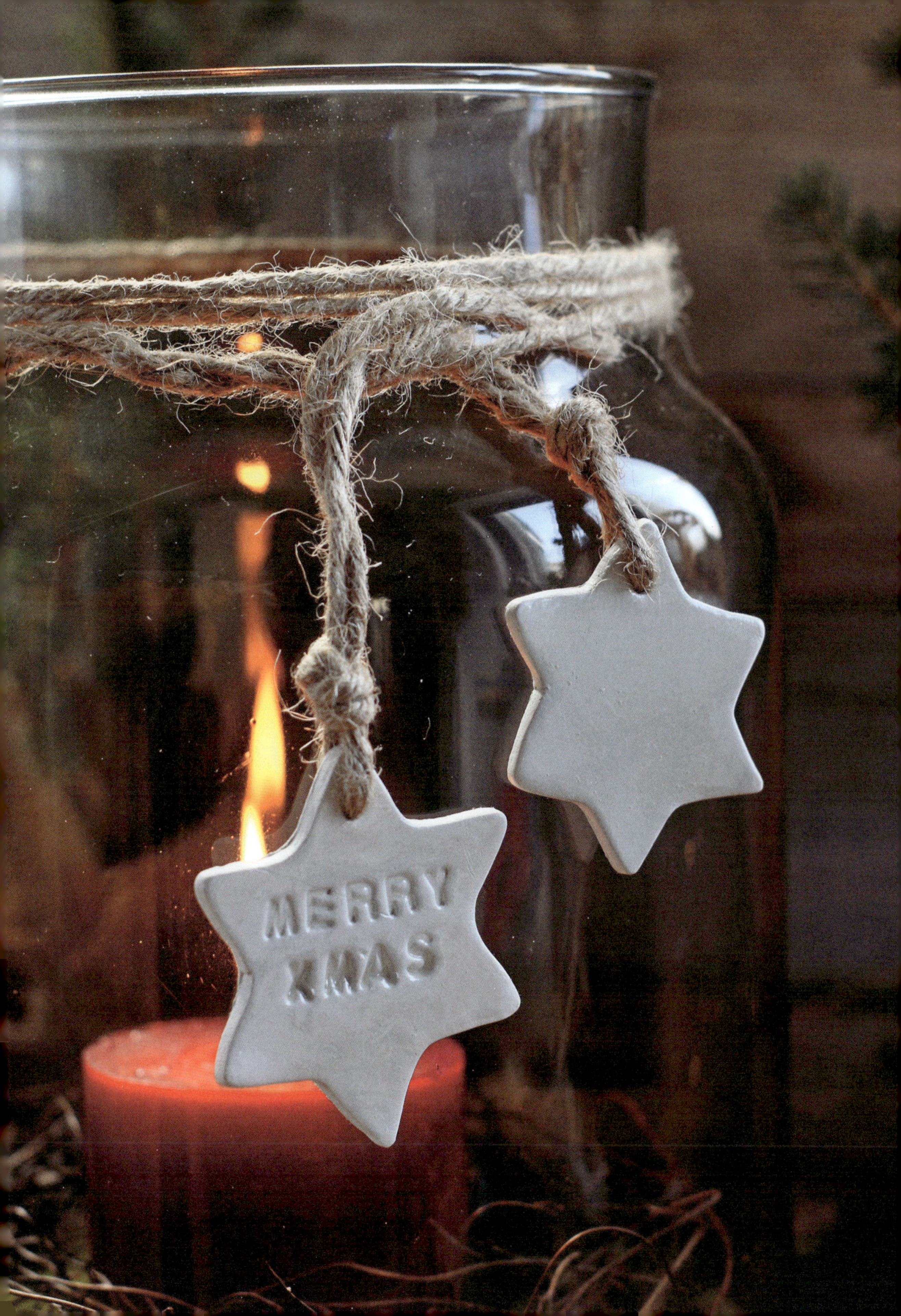
MERRY
XMAS

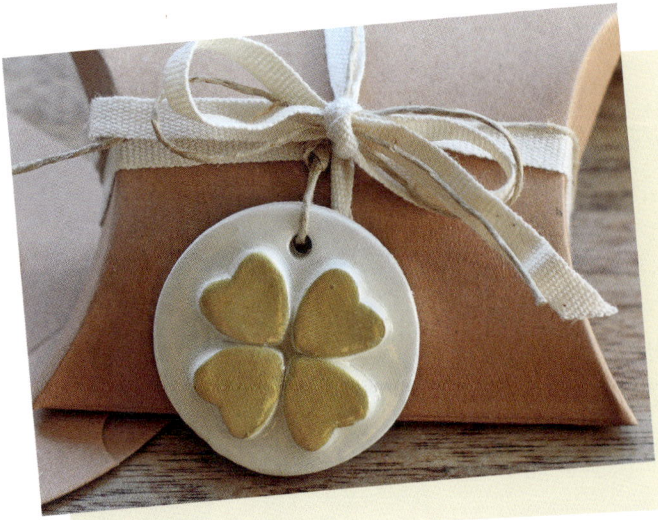

Kleiner GLÜCKSBRINGER

Wenn das Jahr sich dem Ende zuneigt, wünscht man seinen Liebsten gern eine Portion Glück für das kommende Jahr. Mit diesen kleinen Anhängern ist gleich das richtige Symbol zur Hand.

Du benötigst:

- Modelliermasse
- Backpapier als Unterlage
- Vierkanthölzer 0,3 cm
- Nudelholz
- Schüssel/n mit Wasser
- Kreis-Ausstecher, Ø 4 cm
- Herz-Ausstecher, ca. 1,3 cm hoch
- Dünnen Strohhalm oder hohlen Cakepop-Stiel
- Lackstift oder Acryllack, gold
- Pinsel
- Montagekleber
- Triple-Gloss-Lack
- Zahnstocher bei Bedarf
- Band

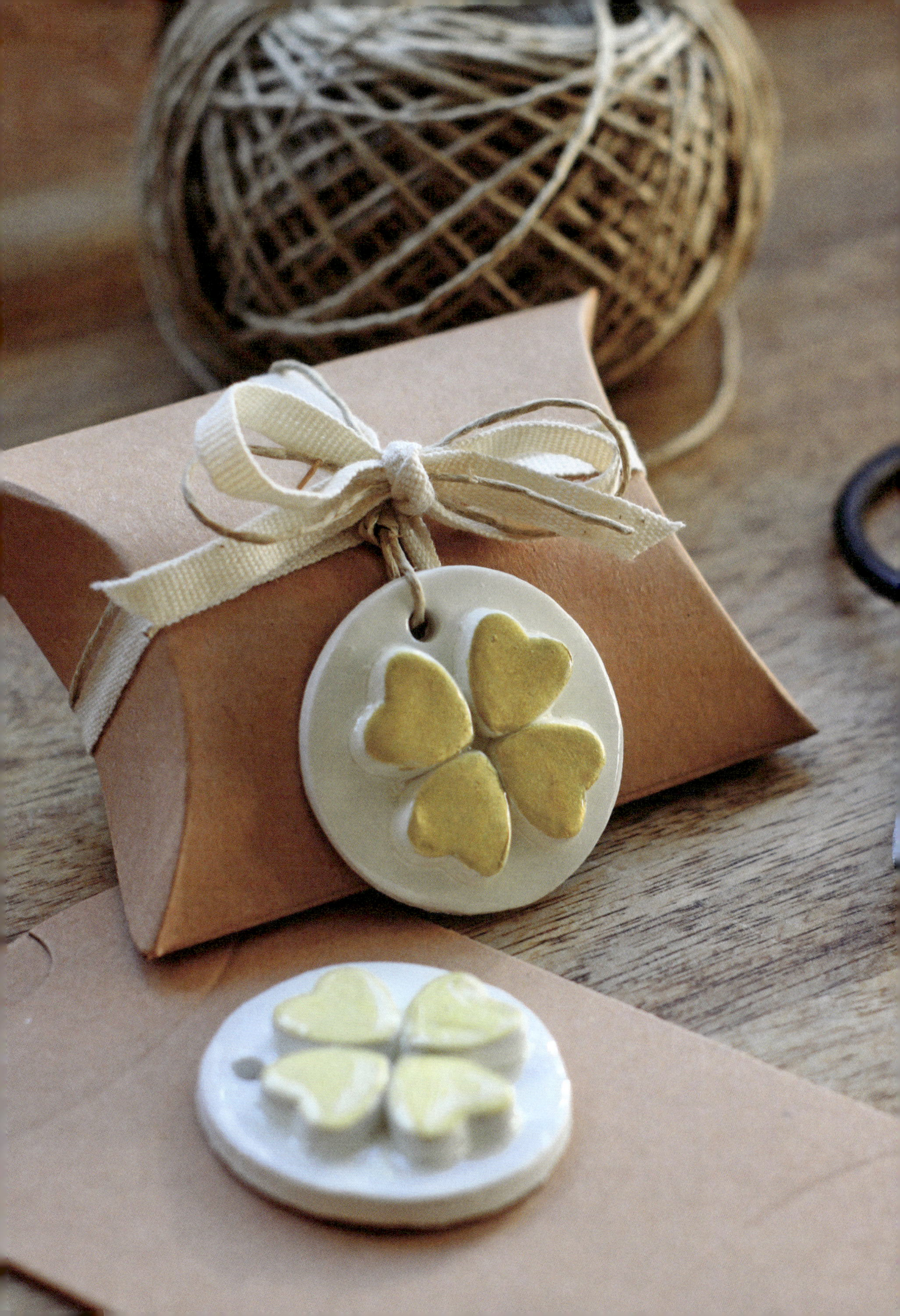

Und so geht es:

1 Die Modelliermasse auf dem Backpapier mithilfe der Vierkanthölzer gleichmäßig hoch mit dem Nudelholz ausrollen.

2 Aus der Modelliermasse Kreise und pro Kreis vier Herzen ausstechen.

3 Mithilfe des Strohhalms oder Cakepop-Stiels je ein Loch für das Band in die Kreise stechen. Alle Kanten mit einem mit Wasser befeuchteten Finger glätten. Die Werkstücke trocknen lassen, dabei darauf achten, dass sie sich während des Trocknens nicht biegen, gegebenenfalls wenden.

4 Alle Herzchen golden anmalen.

5 Nun die Herzen in Form eines Kleeblattes mit Montagekleber auf den ausgestochenen Kreis kleben.

6 Großzügig Triple-Gloss-Lack auftragen. Dabei darauf achten, dass sich die Löcher nicht zusetzen. Mit einem Zahnstocher können die Löcher vom Lack befreit werden. Trocknen lassen.

7 Nach dem Trocknen die Glücksbringer mit dem Band versehen.

TIPP

Solltest du nur einen größeren Herz-Ausstecher zur Hand haben, so passe einfach den Kreis an diesen an.

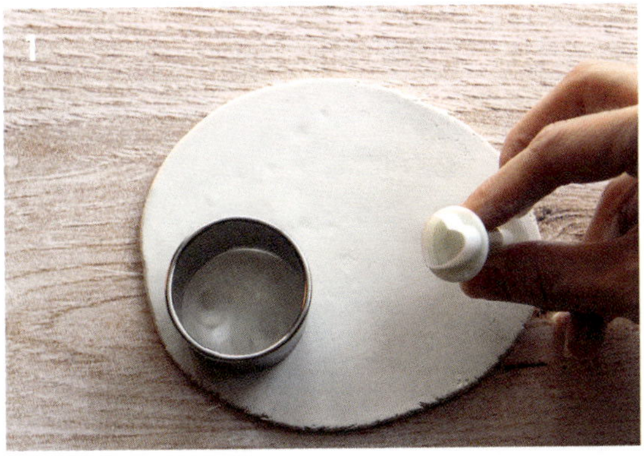
1

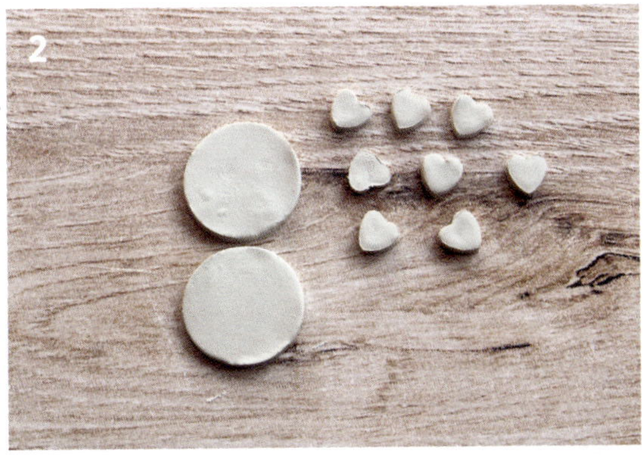
2

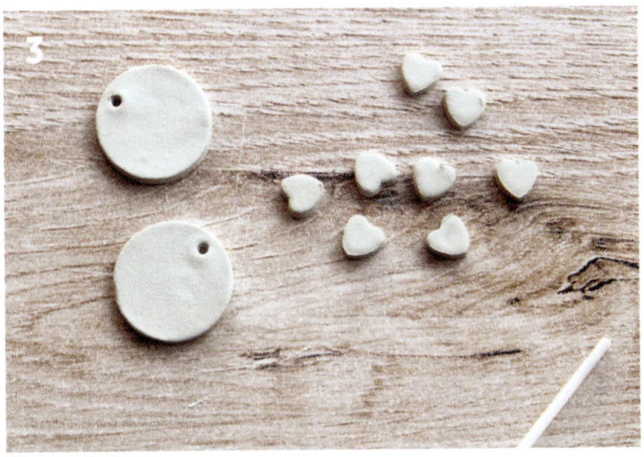
3

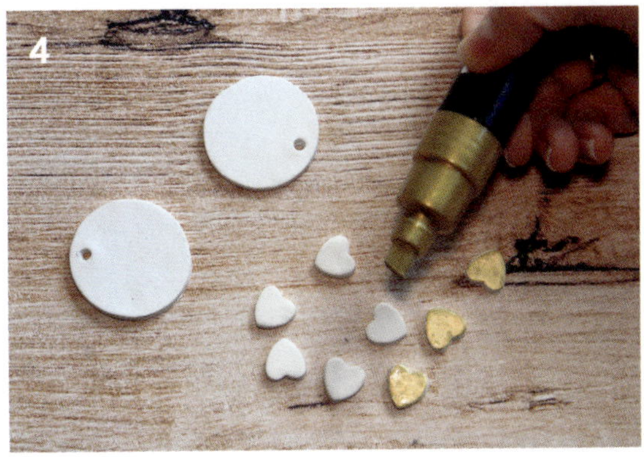
4

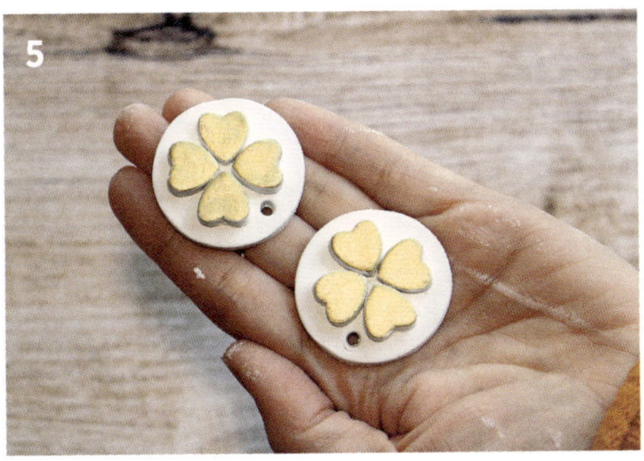
5

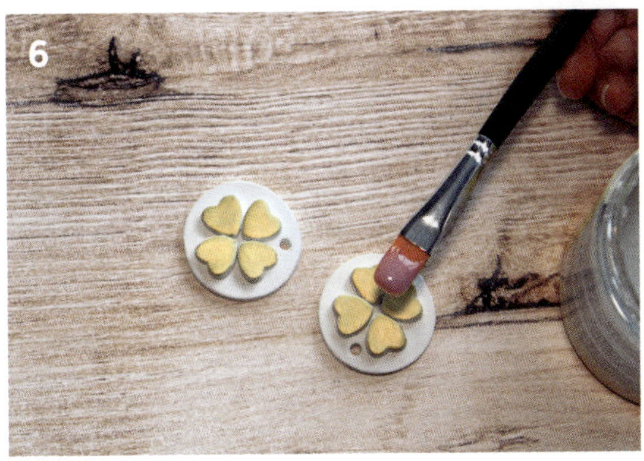
6

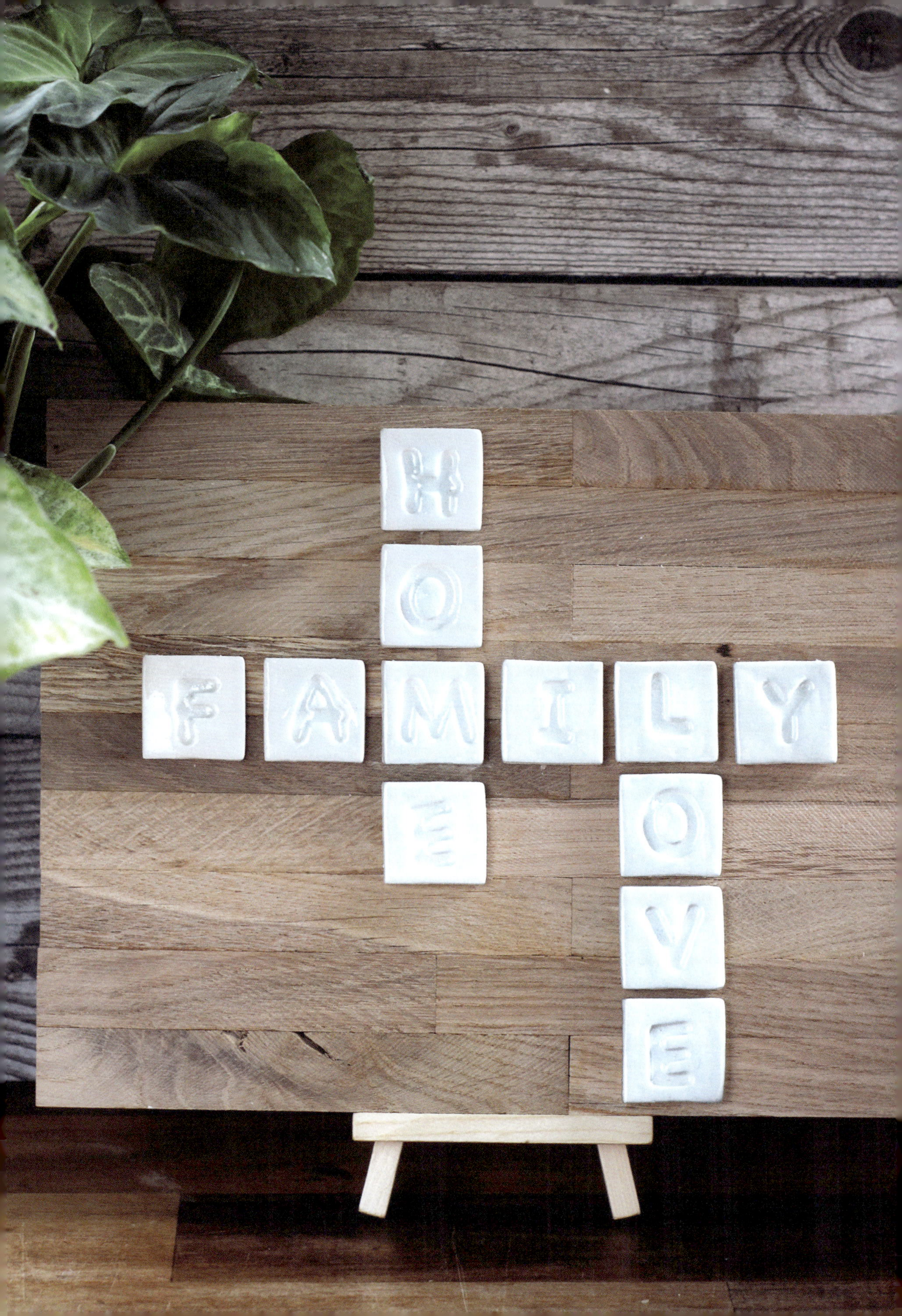
HOME
FAMILY
LOVE

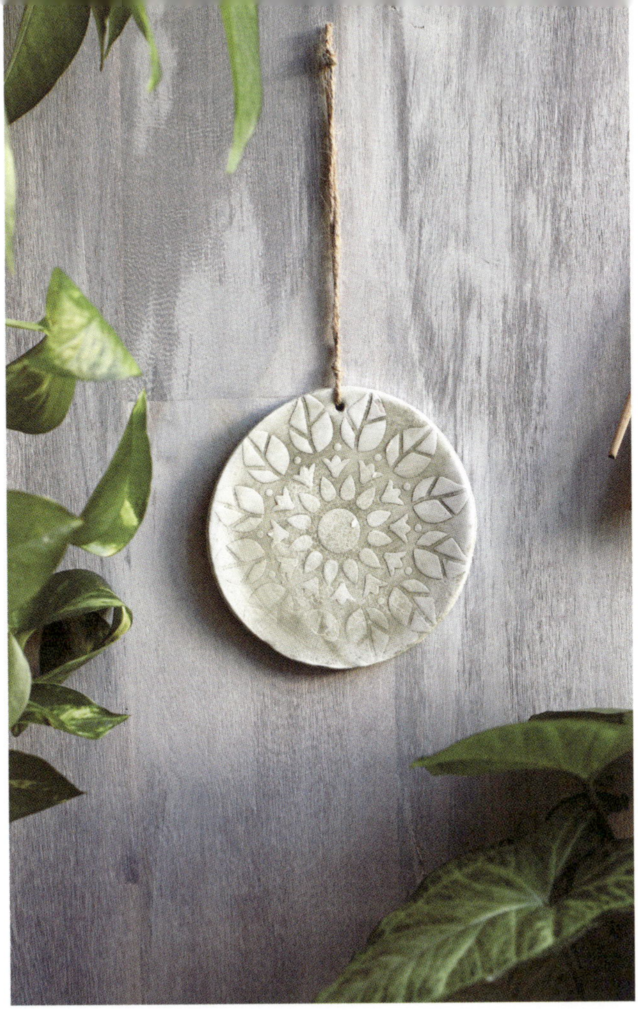
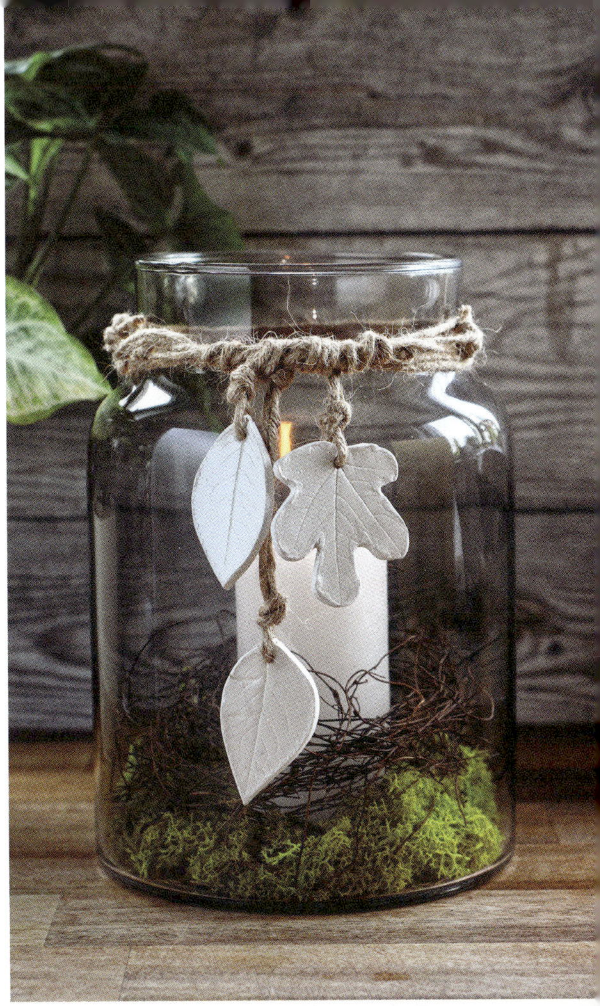
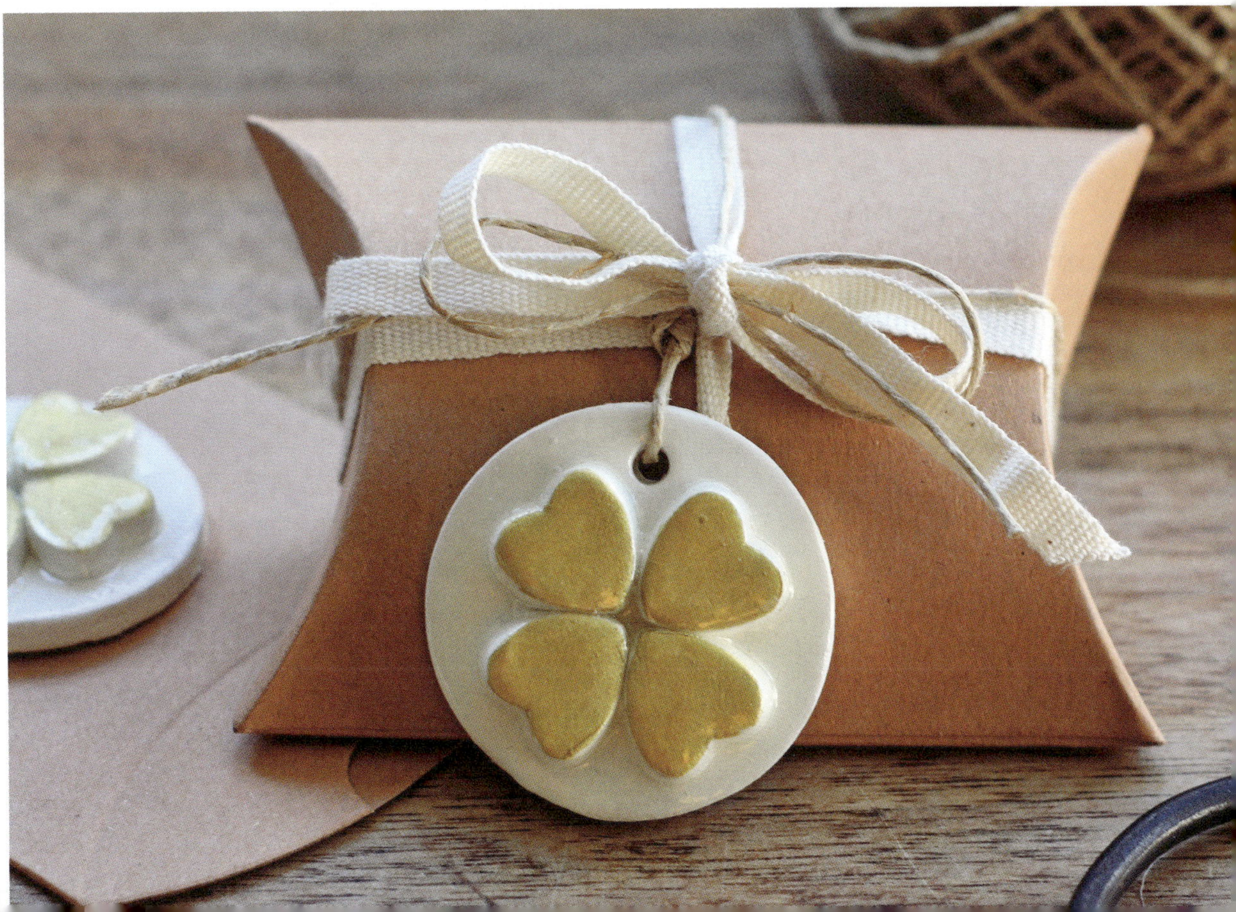

Danksagung

Ein ganz besonderer Dank geht an meine Familie. An meinen Mann Malte, der dieses Buchprojekt so liebevoll und wertschätzend unterstützt hat, und an meine Kinder, die meine überbordende Kreativität geduldig aushalten und mir gleichzeitig immer eine Inspirationsquelle sind. Außerdem bedanke ich mich bei meinen Geschwistern, die an der Entwicklung dieses Buches so begeistert Anteil genommen haben.

Widmen möchte ich dieses Buch gerne meinen Eltern, die mir die Kreativität in die Wiege gelegt haben.

Über die Autorin

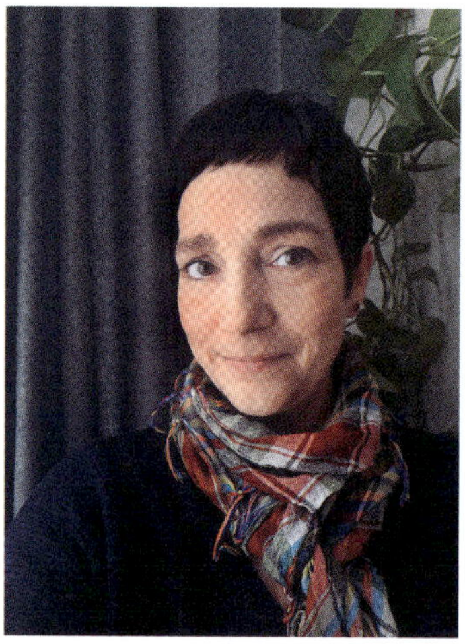

Daniela Schmidt-Kohl ist Mutter, Sozialpädagogin und DIY-Bloggerin. Mit ihrem Mann und ihren drei Kindern lebt sie am Stadtrand von Köln, direkt am Rhein. Auf ihrem Instagram-Account @klickerkram teilt sie kreative Ideen alle Art. Dort finden sich Inspirationen zu den Themen DIY, Deko und Upcycling für Haus und Garten, sowie originelle Fotoprojekte und Eindrücke aus der Natur. Bei ihren kreativen Projekten widmet sie sich vielen unterschiedlichen Materialien, wie Modelliermasse, Holz, Papier, Beton, Keramikgießmasse oder Epoxidharz. Stets begleitet wird sie dabei von der Neugierde auf Neues – denn was gibt es Schöneres, als Dinge mit den eigenen Händen zu erschaffen?

Ebenfalls erhältlich ...

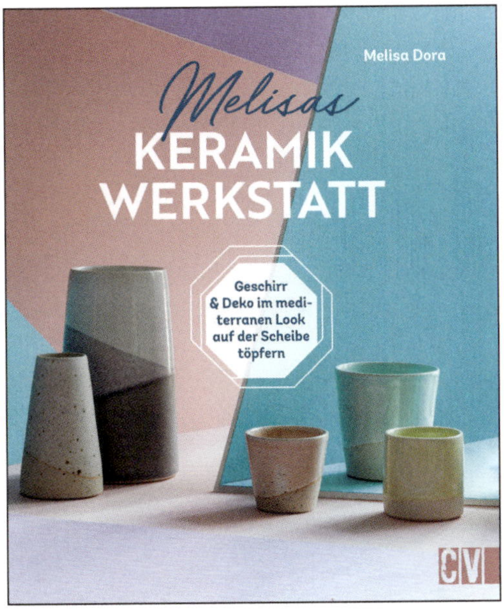

ISBN 978-3-8388-3863-2

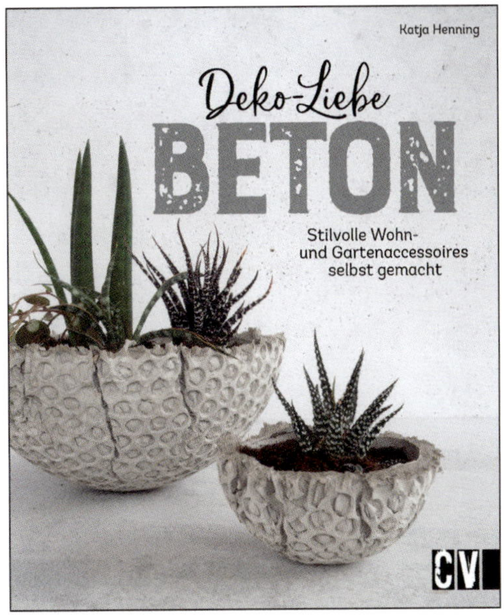

ISBN 978-3-8388-3826-7

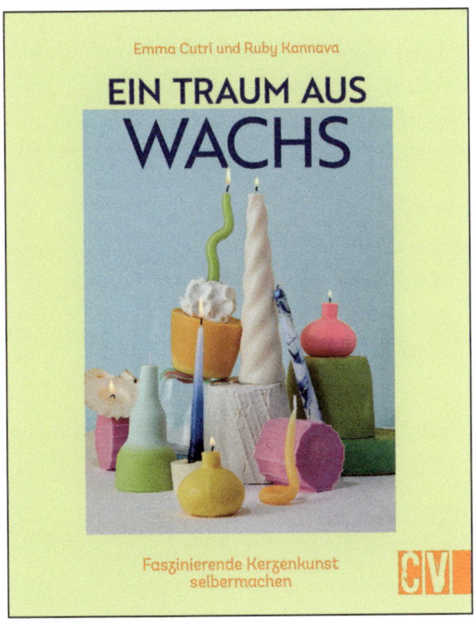

ISBN 978-3-8388-3839-7

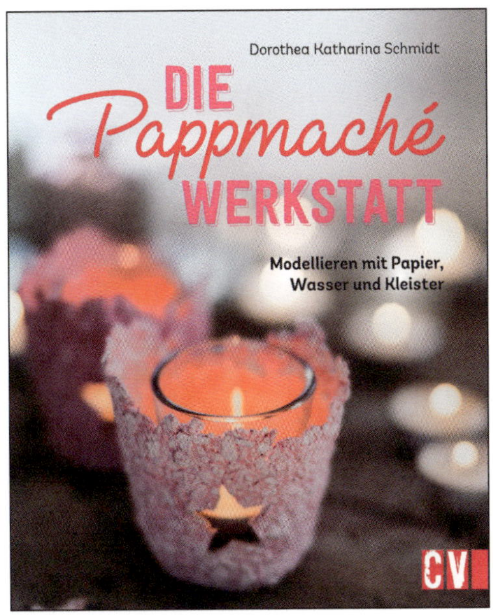

ISBN 978-3-8388-3811-3

CV

www.christophorus-verlag.de

Impressum

Anleitungen & Fotos: Daniela Schmidt-Kohl
Produktmanagement: Svenja Wiglinghaus
Lektorat: Constanze Lüdicke
Korrektorat: Brigitte Schnock
Umschlaggestaltung: Regina Degenkolbe
Layout: Elke Mader
Repro: LUDWIG:media
Herstellung: Julia Hegele
Printed in Polen, by CGS Printing

★★★★★

Sind Sie mit diesem Titel zufrieden? Dann würden wir uns über Ihre Weiterempfehlung freuen. Erzählen Sie es im Freundeskreis, berichten Sie Ihrem Buchhändler oder bewerten Sie bei Onlinekauf. Und wenn Sie Kritik, Korrekturen, Aktualisierungen haben, freuen wir uns über Ihre Nachricht an:
Christian Verlag, Postfach 40 02 09,
80702 München oder per E-Mail an
lektorat@verlagshaus.de.

Unser komplettes Programm finden Sie unter

www.christophorus-verlag.de

Bildnachweis:
Shutterstock S. 72/73 (Wiktoria Matynia);
S. 138/139 (Oleg_Yakovlev)

Die Deutsche Nationalbibliothek verzeichnet diese Publikation in der Deutschen Nationalbibliografie; detaillierte bibliografische Daten sind im Internet über www.dnb.de abrufbar.

2. Auflage 2025

Infanteriestraße 11a
80797 München

ISBN 978-3-8388-3864-9

Kreativ-Service

Sie haben Fragen zu unseren Büchern und Materialien? Wir beraten Sie gern rund um alle Kreativthemen. Rufen Sie uns einfach an. Wir interessieren uns auch für Ihre eigenen Ideen und Anregungen. Sie erreichen uns per E-Mail: **kreativ-service@c-verlag.de** oder unter der Tel.: **+49 (0)89-1306 99 577**.

Besuchen Sie uns im Internet: www.christophorus-verlag.de & www.selbstgemacht.de